职务犯罪
办案实务丛书

办理职务违法、职务犯罪疑难案例评析

齐英武/著

中国方正出版社

目　　录

一、贪污贿赂类疑难案例评析

二、失职渎职类疑难案例评析

三、其他疑难案例评析

四、相关专业术语及罪数形态的评析

一

贪污贿赂类疑难案例评析

1. 赃款的去向是否影响贪污行为的构成？如何界定主动交代和如实供述行为？

一、基本案情

栗某，中共党员，某市文化局办公室主任。2021年春节前，栗某以该局业务处需要办公用柜为由，虚开一万元办公用柜等物品发票，在单位财务报销后将该款存入个人银行卡。同年5月，市纪委根据举报对栗某贪污问题立案审查。在审查过程中，栗某能够配合核实审查工作，如实说明本人上述违纪违法事实，但栗某谈到，后将报销款全额用于单位招待外省文化厅考察团的餐费等。经查，栗某所述情况属实。

二、定性及处理建议

审理人员认为，栗某虚开一万元发票，在单位财务报销后存于个人银行卡，是利用职务上的便利，以骗取手段非法占有公共财物的行为，构成一般贪污违法行为。虽然赃款用于单位招待餐费，但并不影响栗某一般贪污违法行为的认定。同时，栗某有如实供述的情节，可以从轻处分。依据《中国共产党纪律处分条例》（以下简称《纪律处分条例》）第十七条、第二十八条规定，追究其党纪责任，给予党纪处分。

三、评析意见

本案需要厘清的问题是：赃款的去向是否影响贪污行为的认定？怎

样界定主动交代和如实供述行为？我们认为，首先，应从违纪构成主观要件所包括的具体要素，即从故意、过失、目的、动机的法理视角对赃款去向是否影响贪污行为的认定进行解读；其次，应根据条款设定的主动交代的、如实供述纪律概念来界定。具体阐释如下：

（一）赃款的去向不影响贪污行为的构成

贪污罪是指国家工作人员利用职务上的便利，侵吞、窃取、骗取或者以其他手段非法占有公共财物的行为。

在最高人民法院、最高人民检察院《关于办理贪污贿赂刑事案件适用法律若干问题的解释》（以下简称《贪污贿赂刑事案件适用法律的解释》）发布前，对贪污行为非法占有公款的去向是否影响贪污行为的最终认定，在实务界是存在争议的。第一种意见认为，赃款去向不影响贪污行为的构成；第二种意见认为，应当查明去向，去向不明，贪污行为不能成立；第三种意见认为，赃款用于单位公务支出，不构成贪污行为。我们同意第一种意见。我们认为，应从贪污行为主观要件之要素的视角进行阐释。

从贪污行为主观要件之要素看，贪污行为主观上是直接故意，过失不构成贪污行为。贪污行为在主观方面，是指行为主体对自己行为及其危害结果所抱的心理态度，它包括犯罪故意或者犯罪过失、犯罪目的和犯罪动机这三种要素。故意或者过失是犯罪构成必须具备的主观要件之要素；犯罪目的只是某些犯罪构成所必备的主观要件之要素，也称之为选择性主观要素；犯罪动机不是犯罪构成必备的主观要件之要素，其与犯罪目的同属于行为人的主观状态。犯罪目的是指行为人希望通过实施某一行为达到某种危害结果的心理态度，即是危害结果在行为人主观上的表现。犯罪动机是推动行为人实施某一行为以达到犯罪目的的内心冲动或者内心起因，它一般不影响定罪，而只影响量刑，是量刑时应考虑的情节。也就是说，不论行为人实施贪污行为的动机是什么，也不论主观动机是为公还是为私，都不影响犯罪的构成，只要有证据证明行为人有非法占有的主观故意，同时符合贪污其他构成要件的规定，即可对贪污行为进行认定。因此，以赃款去向必须查清以及赃款用于单位公务支出作为罪和非罪的界限，实质上是对贪污行为主观方面动机要素的非正确解读。

（二）栗某将赃款用于单位公务支出，不能抵消事先非法占有的主观故意，不能抵消现实的法律责任，栗某构成贪污既遂行为

《中华人民共和国刑法》（以下简称《刑法》）第三百八十二条规定，国家工作人员利用职务上的便利，侵吞、窃取、骗取或者以其他手段非法占有公共财物的，是贪污罪。受国家机关、国有公司、企业、事业单位、人民团体委托管理、经营国有财产的人员，利用职务上的便利，侵吞、窃取、骗取或者以其他手段非法占有国有财物的，以贪污论。

首先，从贪污行为既遂和未遂法定解释看，根据最高人民法院《全国法院审理经济犯罪案件工作座谈会纪要》（以下简称《审理经济犯罪案件工作纪要》）关于贪污罪既遂与未遂的认定：贪污罪是一种以非法占有为目的的财产性职务犯罪，与盗窃、诈骗、抢夺等侵犯财产罪一样，应当以行为人是否实际控制财物作为区分贪污罪既遂与未遂的标准。对于行为人利用职务上的便利，实施了虚假平账等贪污行为，但公共财物尚未实际转移，或者尚未被行为人控制就被查获的，应当认定为贪污未遂。行为人控制公共财物后，是否将财物据为己有，不影响贪污既遂的认定。贪污既遂的司法认定标准是明确的。

其次，从法律的特别规制功能和法条的客观目的看，贪污行为所要求的主观故意，是对财物的非法占有，不是非法占为己有。应当看到，行为人以贪污手段非法将赃款脱离单位的实际控制，就已经反映出主观上具有非法占有的故意。如此认定符合上述司法解释的规定。

结合本案，栗某虚开发票报销后将公款存于个人银行卡，致使公款脱离单位控制，栗某非法占有的目的已经实现，所以，栗某构成贪污既

遂。即便将赃款用于单位公务支出，也不能抵消事先非法占有的主观故意，不能抵消现实的法律责任。

《贪污贿赂刑事案件适用法律的解释》第十六条第一款明确规定，国家工作人员出于贪污、受贿的故意，非法占有公共财物、收受他人财物之后，将赃款赃物用于单位公务支出或者社会捐赠的，不影响贪污罪、受贿罪的认定，但量刑时可以酌情考虑。上述司法解释发布后，为我们对贪污受贿行为定性归责提供了司法认定依据。

（三）栗某行为属于一般贪污违法行为，不涉嫌贪污犯罪

依据《贪污贿赂刑事案件适用法律的解释》第一条第一款、第二款“贪污或者受贿数额在三万元以上不满二十万元的，应当认定为刑法第三百八十三条第一款规定的‘数额较大’，依法判处三年以下有期徒刑或者拘役，并处罚金。贪污数额在一万元以上不满三万元，具有下列情形之一的，应当认定为刑法第三百八十三条第一款规定的‘其他较重情节’，依法判处三年以下有期徒刑或者拘役，并处罚金：（一）贪污救灾、抢险、防汛、优抚、扶贫、移民、救济、防疫、社会捐助等特定款物的；（二）曾因贪污、受贿、挪用公款受过党纪、行政处分的；（三）曾因故意犯罪受过刑事追究的；（四）赃款赃物用于非法活动的；（五）拒不交待赃款赃物去向或者拒不配合追缴工作，致使无法追缴的；（六）造成恶劣影响或者其他严重后果的”规定，本案中栗某的行为属于贪污既遂，但数额未达到定罪标准，不涉嫌贪污犯罪。

（四）栗某属于如实供述，不属于主动交代

主动交代和如实供述属于法规概念，即是法规专属特征概念。

1. 主动交代。根据《纪律处分条例》第三十八条的规定，是指涉嫌违纪的党员在组织初核前向有关组织交代自己的问题，或者在初核和立案审查其问题期间交代组织未掌握的问题。主动交代有两种情况：一种是初核前主动交代，另一种是初核后主动交代。

初核前主动交代，是指涉嫌违纪的党员在组织初核前向有关组织交

代自己的问题。初核前主动交代必须具备以下四个条件：一是主动交代的时间必须在党组织进行初核前。二是主动交代的方式必须是自动地向有关组织交代。“有关组织”，包括党的纪检监察机关、司法机关以及涉嫌违纪党员所在单位、任免机关和有关党组织、行政机构。主动交代一般要求涉嫌违纪的党员本人直接向有关组织交代。如果因病、因伤及其他原因，本人不能直接向有关组织交代而委托他人，或者用书信等特殊方式向有关组织交代的，应视为“向有关组织交代”。三是主动交代的内容必须是自己的违纪事实。共同违纪案件中的涉嫌违纪的党员，不仅要交代自己在共同违纪中实施的违纪事实，还应交代自己所了解的其他共同违纪人的违纪事实。如果只交代自己的共同违纪事实，不交代自己所了解的其他共同违纪人的违纪事实，不能认定为主动交代 。如果存在数个违纪行为，只交代了部分违纪行为，只能对交代的部分违纪事实认定为主动交代。交代了自己的主要违纪事实，可视为主动交代。四是必须是如实交代。如果如实交代了自己的违纪事实，又推翻原交代内容，不能认定为主动交代。

初核后主动交代，是指涉嫌违纪的党员在初核和立案审查其问题期间交代组织未掌握的问题。初核后主动交代的成立必须具备以下两个条件：一是主动交代的时间必须在初核和立案审查其问题期间，是指初核开始至审查终结时止。二是主动交代的内容必须是组织未掌握的问题。“组织未掌握的问题”，是指党组织尚未发现，或者虽已发现但尚未掌握证据的问题。根据《纪律处分条例》第十七条第（一）项的规定，主动交代本人应当受到党纪处分的问题的，可以从轻或者减轻处分。

在实务中，必须准确掌握初核前主动交代和初核后主动交代的主要区别。一是交代的时间不同。前者交代的时间是在组织进行初核以前；而后者交代的时间是在初核和立案审查其问题期间。二是交代内容不同。前者交代的内容既可以是组织未掌握的问题，也可以是组织掌握的问题，而后者交代的内容必须是组织未掌握的问题。

2. 坦白。根据《纪律处分条例》第十七条第（二）项的规定，是指涉嫌违纪的党员，在组织核实、立案审查过程中，能够配合核实审查工作，如实说明本人违纪违法事实的。坦白成立必须具备以下两个条件：一是坦白的时间必须在组织核实、立案审查过程中。“组织核实、立案审查过程中”，是指从组织核实开始到立案审查终结时止。二是必须是如实说明本人的违纪违法事实。根据《纪律处分条例》第十七条的规定，坦白的违纪党员可以从轻或者减轻处分。

结合本案而言，栗某是在立案后，审查谈话时，如实说明了本人违纪违法事实。栗某的行为方式符合如实坦白问题的规定，应认定栗某属于如实坦白问题。不属于主动交代问题。

综上所述，栗某行为构成一般贪污违法行为，不涉嫌贪污犯罪，应依据《纪律处分条例》第二十八条规定，追究其党纪责任，给予党纪处分。

2. 如何区别处理一般贪污违法行为与涉嫌贪污犯罪问题?

（几种特殊贪污形态的认定问题）

一、基本案情

案例一：孙某，中共党员，某县人民医院财务科科长。2020 年 9 月，孙某经朋友介绍替医院接收了一位患者张某，张某在该医院做了手术，将手术费四万元交给了孙某，孙某将其中二万五千元交到了医院财务科，另一万五千元用于个人生活花销。

案例二：许某，中共党员，某县国土资源局局长。2020 年 10 月，办公室为其配备两台笔记本电脑（价值共计一万元）。同年 12 月许某大学同学纪某到其办公室，双方谈到电脑时，纪某说要给孩子买笔记本电脑，许某当即送给纪某一台笔记本电脑。

案例三：徐某，中共党员，某县教育局财务科副科长兼出纳员。2021 年 1 月，教育局机关办公室装修过程中，徐某谎称其办公室丢失四千五百元。后查明属于徐某监守自盗行为。

案例四：肖某，中共党员，某县政府办公室副主任。2020 年 12 月，肖某在办公用品采购中，虚开五千元办公用品发票，在单位报销，将该款非法据为己有。

二、处理建议

依据《刑法》第三百八十二条、第三百八十三条和《贪污贿赂刑事案件适用法律的解释》第一条的规定，上述案例中，孙某等四人均构成一般贪污违法行为。应依据《纪律处分条例》第二十八条的规定，追究孙某等四人党纪责任。

三、评析意见

（一）贪污罪犯罪构成要件的解析

贪污罪是指国家工作人员利用职务上的便利，侵吞、窃取、骗取或者以其他手段非法占有公共财物的行为。

贪污罪主体是特殊主体，即国家工作人员。根据《刑法》第九十三条规定，国家工作人员，是指国家机关中从事公务的人员。国有公司、企业、事业单位、人民团体中从事公务的人员和国家机关、国有公司、企业、事业单位委派到非国有公司、企业、事业单位、社会团体从事公务的人员，以及其他依照法律从事公务的人员，以国家工作人员论。同时，依据有关贪污罪的刑法、立法解释、司法解释和规范性文件的规定，贪污罪主体包括下列人员：

1. 国家机关工作人员。根据《审理经济犯罪案件工作纪要》的规定，刑法中所称的国家机关工作人员，是指在国家机关中从事公务的人员，包括在各级国家权力机关、行政机关、司法机关和军事机关中从事公务的人员。根据全国人民代表大会常务委员会《关于〈中华人民共和国刑法〉第九章渎职罪主体适用问题的解释》的规定，在依照法律、法规规定行使国家行政管理职权的组织中从事公务的人员，或者在受国家机关委托代表国家机关行使职权的组织中从事公务的人员，或者虽未列入国家机关人员编制但在国家机关中从事公务的人员，视为国家机关工作人员。在乡（镇）以上中国共产党机关、人民政协机关中从事公务的人员，司法实践中也应当视为国家机关工作人员。

2. 国有公司、企业、事业单位、人民团体中从事公务的人员。依据《审理经济犯罪案件工作纪要》的规定，所谓从事公务，是指代表国家机关、国有公司、企业、事业单位、人民团体等履行组织、领导、监督、管理等职责。公务主要表现为与职权相联系的公共事务以及监督、管理国有财产的职务活动。如国家机关工作人员依法履行职责，国有公司的董事、经理、监事、会计、出纳人员等管理、监督国有财产等活动，属于从事公务。那些不具备职权内容的劳务活动、技术服务工作，如售货员、售票员等所从事的工作，一般不认为是公务。

3. 国家机关、国有公司、企业、事业单位委派到非国有公司、企业、事业单位、社会团体从事公务的人员。根据《审理经济犯罪案件工作纪要》规定，所谓委派，即委任、派遣，其形式多种多样，如任命、指派、提名、批准等。不论被委派的人身份如何，只要是接受国家机关、国有公司、企业、事业单位委派，代表国家机关、国有公司、企业、事业单位在非国有公司、企业、事业单位、社会团体中从事组织、领导、监督、管理等工作，都可以认定为国家机关、国有公司、企业、事业单位委派到非国有公司、企业、事业单位、社会团体从事公务的人员。如国家机关、国有公司、企业、事业单位委派到国有控股或者参股的股份有限公司从事组织、领导、监督、管理等工作的人员，应当以国家工作人员论。国有公司、企业改制为股份有限公司后，原国有公司、企业的工作人员和股份有限公司新任命的人员中，除代表国有投资主体行使监督、管理职权的人外，不以国家工作人员论。

4. 其他依照法律从事公务的人员。根据《审理经济犯罪案件工作纪要》规定，刑法第九十三条第二款规定的“其他依照法律从事公务的人员”应当具有两个特征：一是在特定条件下行使国家管理职能；二是依照法律规定从事公务。具体包括：依法履行职责的各级人民代表大会代表；依法履行审判职责的人民陪审员；协助乡镇人民政府、街道办事处从事行政管理工作的村民委员会、居民委员会等农村和城市基层组织人员；其他由法律授权从事公务的人员。根据全国人民代表大会常务委员会《关于〈中华人民共和国刑法〉第九十三条第二款的解释》，村民委员会等村基层组织人员协助人民政府从事下列行政管理工作时，属于刑法第九十三条第二款规定的“其他依照法律从事公务的人员”：救灾、抢险、防汛、优抚、扶贫、移民、救济款物的管理；社会捐助公益事业款物的管理；国有土地的经营和管理；土地征收、征用补偿费用的管理；代征、代缴税款；有关计划生育、户籍、征兵工作；协助人民政府从事的其他行政管理工作。

5. 受国家机关、国有公司、企业、事业单位、人民团体委托管理、经营国有财产的人员。依据《审理经济犯罪案件工作纪要》规定，刑法第三百八十二条第二款规定的“受委托管理、经营国有财产”，是指因承包、租赁、临时聘用等管理、经营国有财产。

6. 另外，还包括一些特殊人员，即是其他人员与上述人员勾结，伙同贪污的，以贪污共犯论处。

贪污罪在主观上是直接故意，具有非法占有公共财物的目的。如果不具有非法占有公共财物的目的，只是在钱物管理工作中疏忽大意，发生错账、错款的，属于过失行为，不构成贪污罪。

侵犯的客体是复杂客体，既侵犯了党和国家工作人员职务行为的廉洁性，又侵犯了公共财产的所有权。犯罪对象是公共财物，即公共财产。根据《刑法》第九十一条规定，公共财产是指下列财产：国有财产、劳动群众集体所有的财产，用于扶贫和其他公益事业的社会捐助或者专项基金的财产。在国家机关、国有公司、企业、集体企业和人民团体管理、使用或者运输中的私人财产以公共财产论。需要强调的是，依据《刑法》第三百八十二条第二款的规定，受国家机关、国有公司、企业、事业单位、人民团体委托管理、经营国有财产的人员构成的贪污犯罪，其犯罪对象仅限国有财物。

贪污罪在客观方面行为方式是利用职务上的便利，以侵吞、窃取、骗取或者其他手段非法占有公共财物的行为。在客观方面必须同时具备两个条件：利用职务上的便利和非法占有公共财物。

1. 利用职务上的便利，是指利用职务上主管、管理、经营、经手公共财物的权力及方便条件。“主管”，是指具有审查、批准、调拨、处置、支配公共财物的职权。例如，局长、经理、厂长具有主管机关、公司、企业内部财物的职权。“管理”，是指负责保管、监守、办理公共财物的职务活动。管理与主管的区别是：主管对财物有支配权，它可以指定或者改变财物用途和方向；管理无此权，它只有监守、保管、办理的职务行为。例如，仓库保管员仅有保管仓库内公共财物的职责，出纳员仅有保管公款的职责。“经营”，是指将公共财物作为生产、流通手段而使公共财物增值的职务经营活动。“经手”，是指因执行公务而领取、支出和报销公共财物的职务活动。经手与管理的区别是：管理是对公共财物的直接管理的职务活动，而经手是没有对财物管理的职责，只是依据职务有权领取、支出和报销财物。

需要注意的是，利用职务上的便利，不是指利用与职务无关的对作案环境熟悉的方便条件。

2. 非法占有公共财物的手段是多样的，主要有以下几种：侵吞、窃取、骗取和其他手段。

“侵吞”，是指行为人利用职务上的便利，将自己主管、管理、经营或者经手的公共财物非法占有的行为。侵吞对象是自己主管、管理、经营或者经手的公共财物。侵吞的方法有：一是将自己管理或者经手的公共财物加以扣留，应上交不上交，应支付不支付，应入账不入账，非法占为己有或者第三者所有。例如，企业财会人员采取回收货款不销账，或者收到回款不入账等。二是将自己管理或者经手的公共财物非法转卖或者擅自赠送他人。例如，将公共财物非法转赠他人，非法出卖公共财物收入归己等。三是将自己管理的公共财物，如追缴的赃款赃物或者罚没款私自用掉或者非法占有。

“窃取”，是指行为人利用职务上的便利，采用秘密获取的方法将自己保管的公共财物非法占有的行为，就是通常所说的“监守自盗”。

采用窃取手段进行贪污的对象，只限于自己保管的公共财物。例如，保管员将自己保管的公共财物秘密窃取。如果采取秘密的方法将他人保管的财物非法占有，不构成贪污，是盗窃行为。

“骗取”，是指行为人利用职务上的便利，采取虚构事实或隐瞒真相的方法，非法占有公共财物的行为。例如，出差人员伪造、涂改单据，虚报冒领差旅费；工程负责人多报工时或伪造工资表冒领工资；等等。

“其他手段”，是指除侵吞、窃取、骗取以外的其他贪污手段。例如，少数领导或者员工中间私分国有资产，是贪污行为。

对多次贪污未经处理的，按照累计贪污数额处罚。

需要说明的是，关于贪污既遂和未遂的认定问题。根据《审理经济犯罪案件工作纪要》的规定，贪污罪是一种以非法占有为目的的财产性职务犯罪，与盗窃、诈骗、抢夺等侵犯财产罪一样，应当以行为人是否实际控制财物作为区分贪污罪既遂与未遂的标准。对于行为人利用职务上的便利，实施了虚假平账等贪污行为，但公共财物尚未实际转移，或者尚未被行为人控制就被查获的，应当认定为贪污未遂。行为人控制公共财物后，是否将财物据为己有，不影响贪污既遂的认定。

需要强调的是，关于贪污共犯的认定问题。根据《审理经济犯罪案件工作纪要》的规定，国家工作人员与非国家工作人员勾结共同非法占有单位财物行为的认定，对于国家工作人员与他人勾结，共同非法占有单位财物的行为，应当按照最高人民法院《关于审理贪污、职务侵占案件如何认定共同犯罪几个问题的解释》的规定定罪处罚。对于在公司、企业或者其他单位中，非国家工作人员与国家工作人员勾结，分别利用各自的职务便利，共同将本单位财物非法占有的，应当尽量区分主从犯，按照主犯的犯罪性质定罪。司法实践中，如果根据案件的实际情况，各共同犯罪人在共同犯罪中的地位、作用相当，难以区分主从犯的，可以贪污罪定罪处罚。

另外，关于共同贪污犯罪中“个人贪污数额”的认定问题。《刑法》第三百八十三条第一款规定的“个人贪污数额”，在共同贪污犯罪案件中应理解为个人所参与或者组织、指挥共同贪污的数额，不能只按个人实际分得的赃款数额来认定。对共同贪污犯罪中的从犯，应当按照其所参与的共同贪污的数额确定量刑幅度，并依照《刑法》第二十七条第二款的规定，从轻、减轻处罚或者免除处罚。

（二）区别处理一般贪污违法行为与涉嫌贪污犯罪问题

在审查调查中，二者区分界限所考量的因素，一是贪污的数额，二是其他较重情节。根据《刑法》第三百八十三条的规定，贪污数额较大或者有其他较重情节的，构成贪污罪。在以“数额较大”为界定量化标准时，数额未达到较大，属于一般贪污违法行为；达到“数额较大”的，涉嫌贪污犯罪问题。

在以“其他较重情节”为界定量化标准时，贪污数额在一万元以下，具有符合“其他较重情节”规定的情节之一的，构成一般贪污违法行为；贪污数额在一万元以上，三万元以下，具有符合“其他较重情节”规定的情节之一的，涉嫌贪污犯罪问题。

贪污“数额较大”“其他较重情节”的界定依据是司法解释。根据《贪污贿赂刑事案件适用法律的解释》第一条规定，贪污数额在三万元以上不满二十万元的．应当认定为“数额较大”；贪污数额在一万元以上不满三万元具有下列情形之一的，应当认定为“其他较重情节”：贪污救灾、抢险、防汛、优抚、扶贫、移民、救济、防疫、社会捐助等特定款物的；曾因贪污、受贿、挪用公款受过党纪、行政处分的；曾因故意犯罪受过刑事追究的；赃款赃物用于非法活动的；拒不交待赃款赃物去向或者拒不配合追缴工作，致使无法追缴的；造成恶劣影响或者其他严重后果的。

值得说明的是，在审查调查中，认定属于一般贪污违法行为，应依据《纪律处分条例》第二十八条的规定，追究行为人的党纪责任。认定涉嫌贪污犯罪问题，应依据《纪律处分条例》第二十七条的规定，追究行为人的党纪责任、将行为人涉嫌贪污犯罪问题移送检察机关依法提起公诉，追究行为人的刑事责任。

（三）几种特殊贪污形态的认定问题

根据《刑法》第三百八十二条第二款的规定，受国家机关、国有公司、企业、事业单位、人民团体委托管理、经营国有财产的人员，利用职务上的便利，侵吞、窃取、骗取或者以其他手段非法占有国有财物的，以贪污论。“受委托管理、经营国有财产”是指因承包、租赁、聘用等而管理、经营国有财产。

依据《刑法》第一百八十三条第二款的规定，国有保险公司的工作人员和国有保险公司委派到非国有保险公司从事公务的人员利用职务上的便利，故意编造未曾发生的保险事故进行虚假理赔，骗取保险金归自己所有的，以贪污罪追究刑事责任。

依据最高人民检察院《关于人民检察院直接受理立案侦查案件立案标准的规定（试行）》[以下简称《检察院立案标准的规定（试行）》]的规定，国有公司、企业或者其他国有单位中从事公务的人员和国有公司、企业或者其他国有单位委派到非国有公司、企业以及其他非国有单位从事公务的人员，利用职务上的便利，将本单位财物非法占为己有的，以贪污罪追究刑事责任。

依据《刑法》第三百九十四条的规定，国家工作人员在国内公务活动或者对外交往中接受礼物，依照国家规定应当交公而不交公，数额较大的，以贪污罪追究刑事责任。

（四）孙某、许某、徐某、肖某违反国家法律法规规定，均构成一般贪污违法行为

结合上述案例而言，案例一中，孙某作为医院财务科科长，将手术款一万五千元用于个人生活花销，属于利用职务上的便利，以侵吞手段非法占有公共财物行为。

案例二中，许某作为党员领导干部，将公物笔记本电脑赠送他人，属于利用职务上的便利，以侵吞手段非法占有公共财物行为。

案例三中，徐某身为财务科副科长兼出纳员，谎称自己办公室丢失公款，后查明徐某监守自盗，将公款非法占有，属于利用职务上的便利，以窃取手段非法占有公共财物的行为。

案例四中，肖某作为办公室副主任，在办公用品采购中，虚开发票报销，将该款非法据为己有，属于利用职务上的便利，以骗取手段非法占有公共财物的行为。依据《刑法》第三百八十二条、第三百八十三条和《贪污贿赂刑事案件适用法律的解释》第一条的规定，孙某等四人均构成一般贪污违法行为。应依据《纪律处分条例》第二十八条的规定，追究孙某等四人党纪责任。

3. 公物送人是否构成贪污行为?

一、基本案情

钱某，中共党员。2020 年 9 月，钱某任某省交通厅厅长期间，厅办公室主任姜某向钱某汇报工作时，提出给钱某换一部手机、一台电脑，钱某未反对。姜某用公款五万元买了一台三万元的高配置原装进口台式电脑和一部二万元的折叠手机，钱某将电脑和手机送给他人。

二、分歧意见

对钱某的行为如何定性归责，存在两种不同的意见。

第一种意见认为，钱某作为党员领导干部，利用职务上的便利，以侵吞手段非法占有国有财产五万元，构成贪污行为，属于在党的十八大、十九大之后，不收敛、不收手，顶风违纪违法。依据《贪污贿赂刑事案件适用法律的解释》第一条的规定，钱某涉嫌贪污犯罪问题，根据《纪律处分条例》第二十七条的规定，追究其党纪责任，给予党纪处分。根据《中华人民共和国公职人员政务处分法》（以下简称《政务处分法》）第三十三条第一款第（一）项的规定，追究其政务责任，给予政务处分。将钱某涉嫌贪污犯罪问题移送人民检察院依法处理，依据《中华人民共和国监察法》（以下简称《监察法》）第四十六条的规定，将追缴的台式电脑、折叠手机随案移送人民检察院。

第二种意见认为，钱某利用职权，非法将电脑和手机送给他人，属于侵占公私财物，构成侵占公私财物违纪行为。依据《纪律处分条例》

第一百零一条的规定，追究其党纪责任，给予党纪处分。依据《政务处分法》第三十三条第一款第（二）项的规定，追究其政务责任，给予政务处分。

三、评析意见

本案的焦点问题是，将公物送人是涉嫌贪污犯罪，还是构成侵占公私财物违纪行为？应从贪污犯罪构成要件和侵占公私财物违纪行为构成要件的理论视角进行准确定性归责。我们同意第一种意见。

（一）钱某不构成侵占公私财物违纪行为

侵占公私财物违纪行为，是指党和国家工作人员或者其他从事公务的人员中的党员，利用职权或者职务上的影响，侵占非本人经管的公私财物，情节较轻的行为。

该违纪主体是特殊主体，即党和国家工作人员或者其他从事公务的人员中的党员。主观上是直接故意，并具有侵占公私财物的目的。行为人明知实施上述行为是违反党规党纪行为，但仍实施。侵犯的客体是复杂客体，既侵犯职务行为廉洁性，又侵犯公私财物的所有权。行为对象是公私财物，包括国家、集体和个人财物。

在客观方面必须具有利用职权或者职务上的影响，侵占非本人经管的公私财物的行为。“利用职权”，是指利用本人职权和利用职务上有隶属和制约关系的其他国家工作人员职权，同时也包括担任领导职务的国家工作人员利用不属于自己主管的下级部门的国家工作人员的职权。“利用职务上的影响”，是指利用本人职权和地位所形成的便利条件。“利用本人职权或者地位形成的便利条件”，是指行为人与被其利用的国家工作人员之间在职务上虽然没有隶属、制约关系，但是行为人利用了本人职权或者地位产生的影响和一定的工作联系。“侵占非本人经管的公私财物的行为”，按照《纪律处分条例》第一百零一条的规定，主要有以下五种行为方式：

一是侵占非本人经管的公私财物的行为。“侵占”，是指行为人通过各种手段将公私财物占有。“占有”，既可以是归行为人本人所有，也可以是归他人所有。“非本人经管的财物”，是指不属于行为人职务范围内经手、管理的财物。

二是以象征性地支付钱款等方式侵占公私财物的行为。“象征性地支付钱款”，是指支付的价款远远低于行为人所侵占公私财物价格。

三是无偿、象征性地支付报酬接受服务、使用劳务的行为。该行为有两种表现形式：无偿接受服务、使用劳务；象征性地支付报酬接受服务、使用劳务。“无偿接受服务、使用劳务”，是指接受服务、使用劳务，未支付任何费用。“象征性地支付报酬接受服务、使用劳务”，是指接受服务、使用劳务所支付的报酬远远低于实际发生的应当支付的服务费、劳务费。

四是利用职权或者职务上的影响，将本人、配偶、子女及其配偶等亲属应当由个人支付的费用，由下属单位、其他单位或者他人支付、报销的。“下属单位”，是指有隶属关系的单位。“其他单位”，是指与行为人行使职权或者职务上的影响有关系的单位。“他人”，是指与行为人职权或者职务上的影响、工作上有关系的其他人。

五是根据中央纪委 2009 年 7 月印发的《设立“小金库”和使用“小金库”款项违纪行为适用〈中国共产党纪律处分条例〉若干问题的解释》的规定，使用“小金库”款项报销应由个人负担的费用的，对有关责任人员，依据《纪律处分条例》侵占公私财物条款的规定追究责任。

行为人只要利用职权或者职务上的影响，实施了上述五种侵占公私财物行为中的任何一种行为，即构成该违纪行为，即一般违纪行为。实施两种或两种以上行为的，按一种违纪行为论处，不合并处理，量纪时作为量纪情节予以考量。

结合本案而言，侵占公私财物违纪行为在客观方面的行为方式，是所侵占的财物不属于行为人职务范围内经手、管理的财物。从钱某的行为方式看，钱某是将交通厅的台式电脑和折叠手机送给他人，属于将自己职务范围内管理的财物送给他人，显然，钱某的行为不符合侵占公私财物违纪行为客观方面行为方式要件的规定。因此，钱某的行为不构成侵占公私财物违纪行为。

需要说明的是，侵占公私财物行为的行为方式的关键要素，不是利用本人职务上主管、管理、经手公共财物的权力侵占本单位的财物，而是利用职权或者职务上的影响侵占非本人经管的公私财物，包括下属单位、其他单位和他人的财物。行为人利用职权或者职务上的影响是侵占公私财物行为构成的必备要素要件。

需要强调的是，贪污行为与侵占公私财物违纪行为的界定区分问题尤其值得注意。两者的区别：一是主体的区别。前者的主体是国家工作人员或者受委托管理、经营国有财产的人员；而后者的主体是党和国家工作人员或者其他从事公务的人员。二是主观目的的不同。前者是非法占有公共财物的目的；而后者是侵占公私财物的目的。三是侵犯客体的不同。前者的客体是国家工作人员职务行为的廉洁性和公共财物的所有权；而后者的客体是廉洁自律制度和公私财物的所有权。四是行为对象的区别。前者的行为对象是公共财物；而后者的行为对象是公私财物。五是行为方式的区别。前者是利用职务上的便利，侵吞、窃取、骗取或者以其他手段非法占有公共财物的行为；而后者是利用职权或者职务上的影响，侵占非本人经管的公私财物行为，或者以象征性地支付钱款等方式侵占公私财物的行为，或者无偿、象征性地支付报酬接受服务、使用劳务的行为，或者利用职权或者职务上的影响，将本人、配偶、子女及其配偶等亲属应当由个人支付的费用，由下属单位、其他单位或者他人支付、报销的行为。在执纪执法实务中必须对上述区别准确把握。

（二）钱某涉嫌贪污犯罪问题

贪污罪是指国家工作人员利用职务上的便利，侵吞、窃取、骗取或者以其他手段非法占有公共财物的行为。

贪污罪主体是特殊主体，即国家工作人员。根据《刑法》第九十三条的规定，国家工作人员，是指国家机关中从事公务的人员。国有公司、企业、事业单位、人民团体中从事公务的人员和国家机关、国有公司、企业、事业单位委派到非国有公司、企业、事业单位、社会团体从事公务的人员，以及其他依照法律从事公务的人员，以国家工作人员论。同时，依据有关贪污罪的刑法、立法解释、司法解释和规范性文件的规定，贪污罪主体包括下列人员：

1. 国家机关工作人员。根据《审理经济犯罪案件工作纪要》的规定，刑法中所称的国家机关工作人员，是指在国家机关中从事公务的人员，包括在各级国家权力机关、行政机关、司法机关和军事机关中从事公务的人员。根据全国人民代表大会常务委员会《关于〈中华人民共和国刑法〉第九章渎职罪主体适用问题的解释》的规定，在依照法律、法规规定行使国家行政管理职权的组织中从事公务的人员，或者在受国家机关委托代表国家机关行使职权的组织中从事公务的人员，或者虽未列入国家机关人员编制但在国家机关中从事公务的人员，视为国家机关工作人员。在乡（镇）以上中国共产党机关、人民政协机关中从事公务的人员，司法实践中也应当视为国家机关工作人员。

2. 国有公司、企业、事业单位、人民团体中从事公务的人员。依据《审理经济犯罪案件工作纪要》的规定，从事公务，是指代表国家机关、国有公司、企业、事业单位、人民团体等履行组织、领导、监督、管理等职责。公务主要表现为与职权相联系的公共事务以及监督、管理国有财产的职务活动。如国家机关工作人员依法履行职责，国有公司的董事、经理、监事、会计、出纳人员等管理、监督国有财产等活动，属于从事公务。那些不具备职权内容的劳务活动、技术服务工作，如售货员、售票员等所从事的工作，一般不认为是公务。

3. 国家机关、国有公司、企业、事业单位委派到非国有公司、企业、事业单位、社会团体从事公务的人员。根据《审理经济犯罪案件工作纪要》规定，所谓委派，即委任、派遣，其形式多种多样，如任命、指派、提名、批准等。不论被委派的人身份如何，只要是接受国家机关、国有公司、企业、事业单位委派，代表国家机关、国有公司、企业、事业单位在非国有公司、企业、事业单位、社会团体中从事组织、领导、监督、管理等工作，都可以认定为国家机关、国有公司、企业、事业单位委派到非国有公司、企业、事业单位、社会团体从事公务的人员。如国家机关、国有公司、企业、事业单位委派在国有控股或者参股的股份有限公司从事组织、领导、监督、管理等工作的人员，应当以国家工作人员论。国有公司、企业改制为股份有限公司后，原国有公司、企业的工作人员和股份有限公司新任命的人员中，除代表国有投资主体行使监督、管理职权的人外，不以国家工作人员论。

4. 其他依照法律从事公务的人员。根据《审理经济犯罪案件工作纪要》规定，刑法第九十三条第二款规定的“其他依照法律从事公务的人员”应当具有两个特征：一是在特定条件下行使国家管理职能；二是依照法律规定从事公务。具体包括：依法履行职责的各级人民代表大会代表；依法履行审判职责的人民陪审员；协助乡镇人民政府、街道办事处从事行政管理工作的村民委员会、居民委员会等农村和城市基层组织人员；其他由法律授权从事公务的人员。根据全国人民代表大会常务委员会《关于〈中华人民共和国刑法〉第九十三条第二款的解释》规定，村民委员会等村基层组织人员协助人民政府从事下列行政管理工作时，属于刑法第九十三条第二款规定的“其他依照法律从事公务的人员”：救灾、抢险、防汛、优抚、扶贫、移民、救济款物的管理；社会捐助公益事业款物的管理；国有土地的经营和管理；土地征收、征用补偿费用的管理；代征、代缴税款；有关计划生育、户籍、征兵工作；协助人民政府从事的其他行政管理工作。

5. 受国家机关、国有公司、企业、事业单位、人民团体委托管理、经营国有财产的人员。依据《审理经济犯罪案件工作纪要》规定，刑法第三百八十二条第二款规定的“受委托管理、经营国有财产”，是指因承包、租赁、临时聘用等管理、经营国有财产。

6. 另外，还包括一些特殊人员，即是其他人员与上述人员勾结，伙同贪污的，以贪污共犯论处。

贪污罪在主观上是直接故意，具有非法占有公共财物的目的。如果不具有非法占有公共财物的目的，只是在钱物管理工作中疏忽大意，发生错账、错款的，属于过失行为，不构成贪污罪。

侵犯的客体是复杂客体，既侵犯了党和国家工作人员职务行为的廉洁性，又侵犯了公共财产的所有权。犯罪对象是公共财物，即公共财产。根据《刑法》第九十一条规定，公共财产是指下列财产：国有财产、劳动群众集体所有的财产，用于扶贫和其他公益事业的社会捐助或者专项基金的财产。在国家机关、国有公司、企业、集体企业和人民团体管理、使用或者运输中的私人财产以公共财产论。需要强调的是，依据《刑法》第三百八十二条第二款的规定，受国家机关、国有公司、企业、事业单位、人民团体委托管理、经营国有财产的人员构成的贪污犯罪，其犯罪对象仅限国有财物。

贪污罪在客观方面的行为方式是利用职务上的便利，以侵吞、窃取、骗取或者其他手段非法占有公共财物的行为。在客观方面必须同时具备两个条件：利用职务上的便利和非法占有公共财物。

1. 利用职务上的便利，是指利用职务上主管、管理、经营、经手公共财物的权力及方便条件。主管，是指具有审查、批准、调拨、处置、支配公共财物的职权。譬如，局长、经理、厂长具有主管机关、公司、企业内部财物的职权。管理，是指负责保管、监守、办理公共财物的职务活动。管理与主管的区别是：主管对财物有支配权，它可以指定或者改变财物用途和方向；管理无此权，它只有监守、保管、办理的职务行为。例如，仓库保管员仅有保管仓库内公共财物的职责，出纳员仅有保管公款的职责。经营，是指将公共财物作为生产、流通手段而使公共财物增值的职务经营活动。经手，是指因执行公务而领取、支出和报销公共财物的职务活动。经手与管理的区别是：管理是对公共财物的直接管理的职务活动，而经手是没有对财物管理的职责，只是依据职务有权领取、支出和报销财物。

需要注意的是，利用职务上的便利，不是指利用与职务无关的对作案环境熟悉的方便条件。

2. 非法占有公共财物的手段是多样的，主要有侵吞、窃取、骗取和其他手段。

“侵吞”，是指行为人利用职务上的便利，将自己主管、管理、经营或者经手的公共财物非法占有的行为。侵吞对象是自己主管、管理、经营或者经手的公共财物。侵吞的方法有：一是将自己管理或者经手的公共财物加以扣留，应上交不上交，应支付不支付，应入账不入账，非法占为己有或者第三者所有。例如，企业财会人员采取回收货款不销账，或者收到回款不入账等。二是将自己管理或者经手的公共财物非法转卖或者擅自赠送他人。例如，将公共财物非法转赠他人，非法出卖公共财物收入归己等。三是将自己管理的公共财物，如追缴的赃款赃物或者罚没款私自用掉或者非法占有。

“窃取”，是指行为人利用职务上的便利，采用秘密获取的方法将自己保管的公共财物非法占有的行为，就是通常所说的“监守自盗”。采用窃取手段进行贪污的对象，只限于自己保管的公共财物。例如，保管员将自己保管的公共财物秘密窃取。如果采取秘密的方法将他人保管的财物非法占有，不构成贪污，构成盗窃行为。

“骗取”，是指行为人利用职务上的便利，采取虚构事实或隐瞒真相的方法，非法占有公共财物的行为。例如，出差人员伪造、涂改单据，虚报冒领差旅费；工程负责人多报工时或伪造工资表冒领工资；等等。

“其他手段”，是指除侵吞、窃取、骗取以外的其他贪污手段。例如，少数领导或者员工中间私分国有资产，是贪污行为。

对多次贪污未经处理的，按照累计贪污数额处罚。

需要说明的是，关于贪污既遂和未遂的认定问题。根据《审理经济犯罪案件工作纪要》的规定，贪污罪是一种以非法占有为目的的财产性职务犯罪，与盗窃、诈骗、抢夺等侵犯财产罪一样，应当以行为人是否实际控制财物作为区分贪污罪既遂与未遂的标准。对于行为人利用职务上的便利，实施了虚假平账等贪污行为，但公共财物尚未实际转移，或者尚未被行为人控制就被查获的，应当认定为贪污未遂。行为人控制公共财物后，是否将财物据为己有，不影响贪污既遂的认定。

需要强调的是，关于贪污共犯的认定问题。根据《审理经济犯罪案件工作纪要》的规定，国家工作人员与非国家工作人员勾结共同非法占有单位财物行为的认定，对于国家工作人员与他人勾结，共同非法占有单位财物的行为，应当按照最高人民法院《关于审理贪污、职务侵占案件如何认定共同犯罪几个问题的解释》的规定定罪处罚。对于在公司、企业或者其他单位中，非国家工作人员与国家工作人员勾结，分别利用各自的职务便利，共同将本单位财物非法占有的，应当尽量区分主从犯，按照主犯的犯罪性质定罪。司法实践中，如果根据案件的实际情况，各共同犯罪人在共同犯罪中的地位、作用相当，难以区分主从犯的，可以贪污罪定罪处罚。

另外，关于共同贪污犯罪中“个人贪污数额”的认定问题。《刑法》第三百八十三条第一款规定的“个人贪污数额”，在共同贪污犯罪案件中应理解为个人所参与或者组织、指挥共同贪污的数额，不能只按个人实际分得的赃款数额来认定。对共同贪污犯罪中的从犯，应当按照其所参与的共同贪污的数额确定量刑幅度，并依照《刑法》第二十七条第二款的规定，从轻、减轻处罚或者免除处罚。

在本案中，钱某属于利用职务上的便利，以侵吞方式将自己管理的省交通厅公物台式电脑、折叠手机擅自赠送他人，钱某的行为符合贪污罪构成要件的规定，依据《贪污贿赂刑事案件适用法律的解释》第一条第一款贪污三万元以上的，涉嫌贪污犯罪问题的规定，钱某涉嫌贪污犯罪问题。应依据《纪律处分条例》第二十七条的规定，追究其党纪责任，给予党纪处分。依据《政务处分法》第三十三条第一款第（一）项的规定，追究其政务责任，给予政务处分。将钱某涉嫌贪污犯罪问题移送人民检察院依法处理，依据《监察法》第四十六条的规定，将追缴的台式电脑、折叠手机随案移送人民检察院。

4. 骗取手段的贪污行为与诈骗行为有何区别?

一、基本案情

案例一：赵某，中共党员，A 市某区财政局办公室主任。2020 年 11 月，赵某在某炊具批发商场为财政局采购了十一万元食堂炊具，但赵某让该商场给其开具十二万元发票，后在财政局报销，赵某将多报的 1 万元非法据为己有。

案例二：高某，中共党员，B 市某区公安分局局长。2020 年 9 月，高某找某汽车销售公司经理李某提出公安分局购买一辆轿车，商定价格二十五万元，但按三十一万元开具购车发票。车款到账后，李某取出六万元交给了高某，高某据为己有。

案例三：王某，中共党员，某省教育出版社教材发行处处长，负责全省初中教材的印刷工作。2005 年前，省教育出版社在初中教材的印刷中收取监印费。2005 年 1 月，省教育出版社停止收取该费用。2020 年 8 月至 10 月，王某对新合作的某印刷厂谎称继续收取监印费，并让该印刷厂将共计三十六万元监印费直接打入其指定公司账户，王某套取后据为己有。

二、分歧意见

在上述案件中，审查调查人员对行为的定性归责出现分歧意见。在案例一、案例二中，有的观点认为赵某、高某构成骗取手段的贪污行为，有的认为不构成贪污行为。

在案例三中，王某是构成骗取手段的贪污行为，还是构成诈骗行为也出现分歧意见。有的观点认为王某构成骗取手段的贪污行为，有的观点认为王某构成诈骗行为。

三、评析意见

在审查调查实务中，对骗取手段的贪污行为如何认定，很多基层审查调查人员认为不好把握。我们认为，应从骗取手段的贪污行为在客观方面的骗取行为专属特征概念及贪污行为骗取手段具有职务性的视角进行认定。对骗取手段的贪污行为与诈骗行为的区别，应以贪污罪和诈骗罪构成四要件进行界定。以下对“贪污行为之中非法占有公共财物的手段”，“贪污行为中，利用职务上的便利，骗取手段非法占有公共财物行为方式的法律含义”，“诈骗罪的概念及构成”进行理论范式的解读，进而对上述案例中赵某、高某、王某的行为定性归责。

（一）贪污行为之中非法占有公共财物的手段

贪污罪是指国家工作人员利用职务上的便利，侵吞、窃取、骗取或者以其他手段非法占有公共财物的行为。

根据《刑法》第三百八十二条的规定，贪污行为之中非法占有公共财物的手段有四种：侵吞、窃取、骗取和其他手段。

“侵吞”，是指行为人利用职务上的便利，将自己主管、管理、经营或者经手的公共财物非法占有的行为。侵吞对象是自己主管、管理、经营或者经手的公共财物。侵吞的方法有：一是将自己管理或者经手的公共财物加以隐匿、扣留，应上交不上交，应支付不支付，应入账不入账，非法占为己有或者第三者所有。例如，企业财会人员采取回收货款不销账，或者收到回款不入账等。二是将自己管理或者经手的公共财物非法转卖或者擅自赠送他人。例如，将公共财物非法转赠他人，非法出卖公共财物收入归己等。三是将自己管理的公共财物，如追缴的赃款赃物或者罚没款私自用掉或者非法占有。

“窃取”，是指行为人利用职务上的便利，采用秘密获取的方法将自己保管的公共财物非法占有的行为，就是通常所说的“监守自盗”。采用窃取手段进行贪污的对象，只限于自己保管的公共财物。例如，保管员将自己保管的公共财物秘密窃取。如果采取秘密的方法将他人保管的财物非法占有，不构成贪污，是盗窃行为。

“骗取”，是指行为人利用职务上的便利，采取虚构事实或隐瞒真相的方法，非法占有公共财物的行为。例如，出差人员伪造、涂改单据，虚报冒领差旅费；行为人虚开购物发票，骗取公款；工程负责人多报工时或伪造工资表冒领工资；等等。国有保险公司的工作人员利用职务之便，故意编造未曾发生的保险事故进行虚假理赔，骗取保险金；等等。

“其他手段”，是指除侵吞、窃取、骗取以外的其他贪污手段。例如，少数领导或者员工中间私分国有资产，是贪污行为。

国家工作人员，只要利用职务上的便利，非法占有公共财物的，无论采取什么手段，都构成贪污。

（二）贪污行为中，“利用职务上的便利，骗取手段非法占有公共财物”行为方式的法律含义

上述三个案例难点问题是，如何理解和把握贪污行为中，“利用职务上的便利，骗取手段非法占有公共财物”这种行为方式法律含义是什么？

我们认为，“贪污行为利用职务上的便利，骗取手段非法占有公有财物”行为方式的法律含义包括两层：

一是要搞清楚“贪污行为利用职务上的便利，骗取手段非法占有公共财物”行为中非法占有的是什么财物？非法占有的财物与行为人职务行为的关系是什么？

贪污罪侵犯的客体是复杂客体，既侵犯了党和国家工作人员职务行为的廉洁性，又侵犯了公共财产的所有权。犯罪对象是公共财物，即公共财产。根据《刑法》第九十一条规定，公共财产是指下列财产：国有财产，劳动群众集体所有的财产，用于扶贫和其他公益事业的社会捐助或者专项基金的财产。在国家机关、国有公司、企业、集体企业和人民团体管理、使用或者运输中的私人财产以公共财产论。需要强调的是，依据《刑法》第三百八十二条第二款的规定，受国家机关、国有公司、企业、事业单位、人民团体委托管理、经营国有财产的人员构成的贪污犯罪，其犯罪对象仅限国有财物。

贪污罪是职务行为的违法及涉嫌犯罪，是利用职务上的便利对公共财产的侵害，即贪污行为具有职务性，利用职务上的便利，是指利用职务上主管、管理、经手公共财物的权力及方便条件。显然，非法占有的是行为人自己主管、管理、经手、经营的公共财产。

二是此类贪污行为之中的骗取行为人都包括哪些人员？

根据《检察院立案标准的规定（试行）》中“贪污罪是指国家工作人员利用职务上的便利，侵吞、窃取、骗取或者以其他手段非法占有公共财物的行为。‘利用职务上的便利’是指利用职务上主管、管理、经手公共财物的权力及方便条件。受国家机关、国有公司、企业、事业单位、人民团体委托管理、经营国有财产的人员，利用职务上的便利，侵吞、窃取、骗取或者以其他手段非法占有国有财物的，以贪污罪追究其刑事责任”的规定，主管的领导，管理人员中包括会计、出纳等，经营人员中的公司经理及承包、租赁、聘用人员等都存在用骗取手段贪污公款的问题。也就是说，骗取手段贪污行为人包括主管、管理、经手、经营公共财物人员。

（三）诈骗罪的概念及构成

诈骗罪，是指以非法占有为目的，用虚构事实或者隐瞒真相的方法，骗取公私财物，数额较大的行为。

该罪的主体为已满16周岁、具有刑事责任能力的自然人。该罪在主观方面是直接故意，是以非法占有为目的。该罪侵犯的客体是公私财物的所有权。犯罪对象是各种财物，包括动产和不动产。

该罪在客观方面的行为方式，是用虚构事实或者隐瞒真相的欺骗方法，骗取公私财物，数额较大的行为。诈骗罪显著的特征是诈骗人使被害人产生对客观事物的不正确的知觉，即产生认识错觉。使被害人自愿将自己所有或持有的财物交给诈骗人或者放弃所有权，或者免除诈骗人给付、交还财物的义务。诈骗罪在客观方面必须具备两个条件：

1. 用虚构事实或者隐瞒真相的欺骗方法，骗取公私财物。诈骗手段具体表现的行为方式如下：一是虚构事实，编造不存在的或者不可能发生的事，骗取他人财物。例如，谎称能为被害人找人打官司，购买商品打折，联系贷款、担保，通过审批项目，承揽工程、调转工作、安排工作，等等。此类诈骗，常常是利用被害人缺乏警惕、愚昧无知、贪图利益，使其被骗。二是隐瞒真相，即隐瞒客观存在的事实，既可以是隐瞒部分事实，也可以是隐瞒全部事实。诈骗人往往通过隐瞒事实的方法，使公私财物所有人、管理人“自愿”交付财物。

2. 诈骗公私财物数额较大，才构成诈骗罪。数额较大是构成诈骗罪的一个必要条件。根据2011年最高人民法院、最高人民检察院《关于办理诈骗刑事案件具体应用法律若干问题的解释》（以下简称《诈骗刑事案件应用法律的解释》）第一条的规定，诈骗公私财物价值三千元至一万元以上、三万元至十万元以上、五十万元以上的，应当分别认定为刑法第二百六十六条规定的“数额较大”“数额巨大”“数额特别巨大”。

根据《诈骗刑事案件应用法律的解释》第三条的规定，诈骗公私财物虽已达到本解释第一条规定的“数额较大”的标准，但具有下列情形之一，且行为人认罪、悔罪的，可以根据刑法第三十七条、刑事诉讼法第一百四十二条的规定不起诉或者免予刑事处罚：（一）具有法定从宽处罚情节的;(二)一审宣判前全部退赃、退赔的;(三)没有参与分赃或者获赃较少且不是主犯的;(四)被害人谅解的;(五)其他情节轻微、危害不大的。根据《诈骗刑事案件应用法律的解释》第四条的规定,诈骗近亲属的财物,近亲属谅解的,一般可不按犯罪处理。诈骗近亲属的财物,确有追究刑事责任必要的,具体处理也应酌情从宽。

诈骗罪的刑事责任问题。根据《刑法》第二百六十六条的规定,诈骗公私财物,数额较大的,处三年以下有期徒刑、拘役或者管制,并处或者单处罚金;数额巨大或者有其他严重情节的,处三年以上十年以下有期徒刑,并处罚金;数额特别巨大或者有其他特别严重情节的,处十年以上有期徒刑或者无期徒刑,并处罚金或者没收财产。本法另有规定的,依照规定。

需要注意的,一是用欺骗方法骗取公私财物,《刑法》另有规定的,应依据相应规定定罪处罚。我国《刑法》分则第三章破坏社会主义市场经济秩序罪的第五节和第八节,还规定了包括八个罪名的金融诈骗罪及合同诈骗罪。诈骗罪与上述犯罪是一般与特殊的关系。例如,集资诈骗罪、贷款诈骗罪、保险诈骗罪,合同诈骗罪等应按特殊法优于一般法的原则,适用特殊法的规定定罪处罚。二是用欺骗方法骗取其他非法利益的,不构成诈骗罪。例如,伪造国家机关公文,骗取相关审批证件。三是根据2000年最高人民法院《关于审理扰乱电信市场管理秩序案件具体应用法律若干问题的解释》第九条的规定,以虚假、冒用的身份证件办理入网手续并使用移动电话,造成电信资费损失数额较大的,依照《刑法》第二百六十六条的规定,以诈骗罪定罪处罚。四是根据《诈骗刑事案件应用法律的解释》第八条的规定,冒充国家机关工作人员进行诈骗,同时构成诈骗罪和招摇撞骗罪的,依照处罚较重的规定定罪处罚。

需要说明的是,关于诈骗罪未遂的问题。根据《诈骗刑事案件应用法律的解释》第五条第一款的规定，诈骗未遂，以数额巨大的财物为诈骗目标的，或者具有其他严重情节的，应当定罪处罚。第二款规定，利用发送短信、拨打电话、互联网等电信技术手段对不特定多数人实施诈骗，诈骗数额难以查证，但具有下列情形之一的，应当认定为刑法第二百六十六条规定的“其他严重情节”，以诈骗罪（未遂）定罪处罚：（一）发送诈骗信息五千条以上的；（二）拨打诈骗电话五百人次以上的；（三）诈骗手段恶劣、危害严重的。第三款规定，实施前款规定行为，数量达到前款第（一）、（二）项规定标准十倍以上的，或者诈骗手段特别恶劣、危害特别严重的，应当认定为刑法第二百六十六条规定的“其他特别严重情节”，以诈骗罪（未遂）定罪处罚。第六条规定，诈骗既有既遂，又有未遂，分别达到不同量刑幅度的，依照处罚较重的规定处罚；达到同一量刑幅度的，以诈骗罪既遂处罚。

需要特别注意的是，要正确界定诈骗罪与非罪的问题，在审查调查实务中需要正确界定诈骗罪与借贷纠纷的界限。

诈骗罪，是指以非法占有为目的，用虚构事实或者隐瞒真相的方法，骗取公私财物，数额较大的行为。借贷纠纷，是指借用他人财物未按时归还，出借人与借用人产生的纠纷。借贷纠纷是一种民事法律关系，属于平等民事主体之间产生的纠纷，由民法调整，不属于刑法调整范畴，不产生刑事责任。但是，如果行为人以借贷为名，行诈骗财物之实，应以诈骗罪论处。为了正确区分以借贷为名诈骗行为与借贷纠纷的界限，在具体认定时，不能仅仅看是否有借款手续，应当根据以下因素综合判定：

一是借款前借用人与出借人的关系。正常借贷关系是发生在相互了解、相互信任、相互有往来的亲友之间。而以借贷为名诈骗行为，虽然双方认识，有的是同学、朋友，但多年素无来往，有的是经朋友介绍认识的，相互并不了解，行为人为了达到诈骗的目的，虚构事实，骗取对方信任，以借贷为名，诈骗财物。

二是借钱的原因。正常借贷关系中，借用人遇到困难，是在没有办法的情况下，才向他人借贷。以借贷为名诈骗行为是故意编造虚假事实，骗取出借人同情信任，骗取财物。如果行为人遇到实际困难，为了将财物借到手，说在短期内归还，实际上到期不能归还的，行为人不赖账积极归还，因为行为人没有非法占有出借人财物的目的，因此不能认定为诈骗行为。

三是要看所借款项是否用于借款时所说的借款用途。正常借贷关系中，借款人是将借款用于借款时所说的借款用途。而以借贷为名诈骗行为是故意编造虚假事实，借款后大部分是大肆挥霍或者进行违法活动。

四是借用人不能按期归还的原因。正常借贷关系，借用人不能按期归还，是遇到了不能归还的客观困难，例如，发生产品滞销、企业倒闭、天灾、人祸等，以致无法按期归还实际情况。而以借贷为名的诈骗行为根本无归还之意，诈骗后有的携款潜逃，有的大肆挥霍或者进行违法活动，不存在归还问题。

五是借用人不能归还的态度，即是否有归还的诚意和实际行动。正常借贷关系中，借用人是积极争取按期归还，确实无力按时归还，也会说明原因，努力履行归还义务。以借贷为名的诈骗行为根本无归还意思，无归还实际行动。

六是区分以借贷为名的诈骗行为与借贷纠纷的界限，最关键的是要看行为人有无非法占有他人财物的目的。

（四）骗取手段的贪污行为与诈骗行为的区别

在审查调查实务中，必须正确区分骗取手段的贪污行为与诈骗行为的界限。贪污与诈骗的犯罪对象都涉及财物所有权，贪污行为中的骗取与诈骗行为在手段上比较相似，容易产生混淆，其主要区别在于：

一是主体不同。骗取手段的贪污行为的主体是特殊主体，即国家工作人员。根据《刑法》第九十三条的规定，国家工作人员，是指国家机关中从事公务的人员。国有公司、企业、事业单位、人民团体中从事公务的人员和国家机关、国有公司、企业、事业单位委派到非国有公司、企业、事业单位、社会团体从事公务的人员，以及其他依照法律从事公务的人员，以国家工作人员论。同时依据《刑法》第三百八十二条第二款、第三款的规定，受国家机关、国有公司、企业、事业单位、人民团体委托管理、经营国有财产的人员，利用职务上的便利，侵吞、窃取、骗取或者以其他手段非法占有国有财物的，以贪污论。与前两款所列人员勾结，伙同贪污的，以共犯论处。诈骗行为主体是一般主体，即年满 16 周岁，具有刑事责任能力的自然人。

二是客体和犯罪对象不同。骗取手段的贪污行为侵犯的客体是复杂客体，即国家工作人员职务行为的廉洁性和公共财物的所有权，犯罪对象是公共财产。诈骗行为侵犯的客体是公私财物的所有权，犯罪对象仅限于公私财物。

三是在客观方面的行为方式不同。骗取手段贪污行为在客观方面表现为利用职务上的便利，以骗取手段非法占有公共财物的行为。诈骗行为在客观方面表现为用虚构事实或者隐瞒真相的方法，骗取公私财物行为，无利用职务上便利的行为要素。

（五）对案例一、案例二、案例三中赵某、高某、王某的定性归责

案例一中，赵某让某炊具批发商场给其多开发票数额，将多报的 1 万元非法据为己有，其行为属于利用职务上经手公共财物所形成的便利条件，多开发票数额骗取公款非法据为己有，符合骗取手段贪污行为的构成要件规定，构成贪污行为。依据《贪污贿赂刑事案件适用法律的解释》第一条的规定，赵某构成一般贪污违法行为，依据《纪律处分条例》第二十八条的规定，追究其党纪责任。依据《政务处分法》第三十三条第一款第（一）项的规定，追究其政务责任。

案例二中，高某身为公安分局局长，将二十五万元购车款发票开成三十一万元，将多开的六万元据为己有。其行为是利用职务上自己主管财物的权力，以骗取手段将公款据为己有，构成贪污行为。根据《贪

污贿赂刑事案件适用法律的解释》第一条的规定，高某已经涉嫌贪污犯罪问题。依据《纪律处分条例》第二十七条的规定，追究其党纪责任，给予党纪处分。依据《政务处分法》第三十三条第一款第（一）项的规定，追究其政务责任，给予政务处分。将高某涉嫌贪污犯罪问题移送人民检察院依法处理，依据《监察法》第四十六条的规定，将高某贪污所得六万元，随案移送人民检察院。

从上述两个案例可以看出，赵某、高某属于骗取手段的贪污行为，属于贪污行为中分别是经手、主管两种不同职务的人员实施的骗取手段贪污行为。

案例三中，王某是以非法占有为目的，采用虚构事实，隐瞒真相的方法，骗取印刷厂钱款，其行为构成诈骗行为。骗取手段的贪污行为犯罪对象是公共财物，不包括非公共财物。就案例三而言，省教育出版社已停止收取教材监印费，王某对印刷厂谎称继续收取，并让印刷厂将三十六万元监印费打入其指定公司账户，三十六万元监印费属于印刷厂资金，王某的犯罪对象是企业资金，不是公共财产，因此，王某的行为不符合贪污行为客观构成要件要素的规定，不构成贪污行为。

依据《诈骗刑事案件应用法律的解释》第一条“诈骗公私财物价值三千元至一万元以上、三万元至十万元以上、五十万元以上的，应当分别认定为刑法第二百六十六条规定的‘数额较大’、‘数额巨大’、‘数额特别巨大’”的规定，王某已涉嫌诈骗犯罪问题。依据《纪律处分条例》第二十七条的规定，追究其党纪责任，给予党纪处分。依据《政务处分法》第四十一条的规定，追究其政务责任，给予政务处分。将王某涉嫌诈骗犯罪问题移送公安机关依法处理。

5. 利用职务上有隶属关系的其他国家工作人员职务便利骗取公款行为如何定性？

一、基本案情

案例一：肖某，中共党员，某市规划局局长，2020 年 10 月，肖某将本局一台价值二万元的笔记本电脑送给省住房和城乡建设厅已退休领导洪某。

案例二：李某，中共党员，某区区长，主管文教工作。2020 年 12 月，李某在与区教育委员会（以下简称区教委）主任刘某去某省参加会议期间，李某购买三部名牌手机，共计三万元，李某找人在书店虚开了三万元工具书发票，让刘某在区教委报销。

二、分歧意见

审查调查终结后，审查调查组成员对案例一中的肖某构成一般贪污违法行为没有异议，但对案例二中的李某是否构成贪污行为产生了分歧意见：意见一认为李某构成贪污行为；意见二认为李某不构成贪污行为，理由是李某利用的是与自己有隶属关系的刘某的职务便利，而不是利用自己职务上的便利，不符合贪污客观要件要素规定。

三、评析意见

我们认为，案例一中肖某构成一般贪污违法行为，案例二中李某构成贪污行为。关于案例二中的李某"利用职务上有隶属关系的其他国家工作人员职务便利"的行为方式是不是属于贪污行为客观方面规定的要件要素问题，应当从贪污行为客观方面行为方式的实质判断视角进行分析认定。

（一）肖某违反国家法律规定，构成一般贪污违法行为

贪污罪是指国家工作人员利用职务上的便利，侵吞、窃取、骗取或者以其他手段非法占有公共财物的行为。

贪污罪主体是特殊主体，即国家工作人员。根据《刑法》第九十三条的规定，国家工作人员，是指国家机关中从事公务的人员。国有公司、企业、事业单位、人民团体中从事公务的人员和国家机关、国有公司、企业、事业单位委派到非国有公司、企业、事业单位、社会团体从事公务的人员，以及其他依照法律从事公务的人员，以国家工作人员论。同时，依据有关贪污罪的刑法、立法解释、司法解释和规范性文件的规定，贪污罪主体包括下列人员：

1. 国家机关工作人员。根据《审理经济犯罪案件工作纪要》的规定，刑法中所称的国家机关工作人员，是指在国家机关中从事公务的人员，包括在各级国家权力机关、行政机关、司法机关和军事机关中从事公务的人员。根据全国人民代表大会常务委员会《关于〈中华人民共和国刑法〉第九章渎职罪主体适用问题的解释》的规定，在依照法律、法规规定行使国家行政管理职权的组织中从事公务的人员，或者在受国家机关委托代表国家机关行使职权的组织中从事公务的人员，或者虽未列入国家机关人员编制但在国家机关中从事公务的人员，视为国家机关工作人员。在乡（镇）以上中国共产党机关、人民政协机关中从事公务的人员，司法实践中也应当视为国家机关工作人员。

2. 国有公司、企业、事业单位、人民团体中从事公务的人员。依据《审理经济犯罪案件工作纪要》的规定，从事公务，是指代表国家机关、国有公司、企业、事业单位、人民团体等履行组织、领导、监

督、管理等职责。公务主要表现为与职权相联系的公共事务以及监督、管理国有财产的职务活动。如国家机关工作人员依法履行职责，国有公司的董事、经理、监事、会计、出纳人员等管理、监督国有财产等活动，属于从事公务。那些不具备职权内容的劳务活动、技术服务工作，如售货员、售票员等所从事的工作，一般不认为是公务。

3. 国家机关、国有公司、企业、事业单位委派到非国有公司、企业、事业单位、社会团体从事公务的人员。根据《审理经济犯罪案件工作纪要》规定，所谓委派，即委任、派遣，其形式多种多样，如任命、指派、提名、批准等。不论被委派的人身份如何，只要是接受国家机关、国有公司、企业、事业单位委派，代表国家机关、国有公司、企业、事业单位在非国有公司、企业、事业单位、社会团体中从事组织、领导、监督、管理等工作，都可以认定为国家机关、国有公司、企业、事业单位委派到非国有公司、企业、事业单位、社会团体从事公务的人员。如国家机关、国有公司、企业、事业单位委派在国有控股或者参股的股份有限公司从事组织、领导、监督、管理等工作的人员，应当以国家工作人员论。国有公司、企业改制为股份有限公司后，原国有公司、企业的工作人员和股份有限公司新任命的人员中，除代表国有投资主体行使监督、管理职权的人外，不以国家工作人员论。

4. 其他依照法律从事公务的人员。根据《审理经济犯罪案件工作纪要》规定，刑法第九十三条第二款规定的“其他依照法律从事公务的人员”应当具有两个特征：一是在特定条件下行使国家管理职能；二是依照法律规定从事公务。具体包括：依法履行职责的各级人民代表大会代表；依法履行审判职责的人民陪审员；协助乡镇人民政府、街道办事处从事行政管理工作的村民委员会、居民委员会等农村和城市基层组织人员；其他由法律授权从事公务的人员。根据全国人民代表大会常务委员会《关于〈中华人民共和国刑法〉第九十三条第二款的解释》，村民委员会等村基层组织人员协助人民政府从事下列行政管理工作时，属于《刑法》第九十三条第二款规定的“其他依照法律从事公务的人员”：救灾、抢险、防汛、优抚、扶贫、移民、救济款物的管理；社会捐助公益事业款物的管理；国有土地的经营和管理；土地征用补偿费用的管理；代征、代缴税款；有关计划生育、户籍、征兵工作；协助人民政府从事的其他行政管理工作。

5. 受国家机关、国有公司、企业、事业单位、人民团体委托管理、经营国有财产的人员。依据《审理经济犯罪案件工作纪要》规定，《刑法》第三百八十二条第二款规定的“受委托管理、经营国有财产”，是指因承包、租赁、临时聘用等管理、经营国有财产。

6. 另外，还包括一些特殊人员，即是其他人员与上述人员勾结，伙同贪污的，以贪污共犯论处。

贪污罪在主观上是直接故意，具有非法占有公共财物的目的。如果不具有非法占有公共财物的目的，只是在钱物管理工作中疏忽大意，发生错账、错款的，属于过失行为，不构成贪污罪。

侵犯的客体是复杂客体，既侵犯了党和国家工作人员职务行为的廉洁性，又侵犯了公共财产的所有权。犯罪对象是公共财物，即公共财产。根据《刑法》第九十一条规定，公共财产是指下列财产：国有财产、劳动群众集体所有的财产、用于扶贫和其他公益事业的社会捐助或者专项基金的财产。在国家机关、国有公司、企业、集体企业和人民团体管理、使用或者运输中的私人财产以公共财产论。需要强调的是，根据《刑法》第三百八十二条第二款规定，受国家机关、国有公司、企业、事业单位、人民团体委托管理、经营国有财产的人员构成的贪污犯罪，其犯罪对象仅限国有财物。

贪污罪在客观方面行为方式是利用职务上的便利，以侵吞、窃取、骗取或者其他手段非法占有公共财物的行为。在客观方面必须同时具备两个条件：利用职务上的便利和非法占有公共财物。

1. 利用职务上的便利，是指利用职务上主管、管理、经营、经手公共财物的权力及方便条件。主管，是指具有审查、批准、调拨、处置、支配公共财物的职权。例如，局长、经理、厂长具有主管机关、公司、企业内部财物的职权。管理，是指负责保管、监守、办理公共财物的职务活动。管理与主管的区别是：主管对财物有支配权，它可以指定或者改变财物用途和方向；管理无此权，它只有监守、保管、办理的职务行为。例如，仓库保管员仅有保管仓库内公共财物的职责，出纳员仅有保管公款的职责。经营，是指将公共财物作为生产、流通手段而使公共财物增值的职务经营活动。经手，是指因执行公务而领取、支出和报销公共财物的职务活动。经手与管理的区别是：管理是对公共财物的直接管理的职务活动，而经手是没有对财物管理的职责，只是依据职务有权领取、支出和报销财物。

需要注意的是，利用职务上的便利，不是指利用与职务无关的对作案环境熟悉的方便条件。

2. 非法占有公共财物的手段是多样的，主要有以下几种：侵吞、窃取、骗取和其他手段。

“侵吞”，是指行为人利用职务上的便利，将自己主管、管理、经营或者经手的公共财物非法占有的行为。侵吞对象是自己主管、管理、经营或者经手的公共财物。侵吞的方法：一是将自己管理或者经手的公共财物加以扣留，应上交不上交，应支付不支付，应入账不入账，非法占为己有或者第三者所有。例如，企业财会人员采取回收货款不销账，或者收到回款不入账等。二是将自己管理或者经手的公共财物非法转卖或者擅自赠送他人。例如，将公共财物非法转赠他人，非法出卖公共财物收入归己等。三是将自己管理的公共财物，如追缴的赃款赃物或者罚没款私自用掉或者非法占有。

“窃取”，是指行为人利用职务上的便利，采用秘密获取的方法将自己保管的公共财物非法占有的行为，就是通常所说的“监守自盗”。采用窃取手段进行贪污的对象，只限于自己保管的公共财物。例如，保管员将自己保管的公共财物秘密窃取。如果采取秘密的方法将他人保管的财物非法占有，不构成贪污，是盗窃行为。

“骗取”，是指行为人利用职务上的便利，采取虚构事实或隐瞒真相的方法，非法占有公共财物的行为。例如，出差人员伪造、涂改单据，虚报冒领差旅费；工程负责人多报工时或伪造工资表冒领工资；等等。

“其他手段”，是指除侵吞、窃取、骗取以外的其他贪污手段。例如，少数领导或者员工中间私分国有资产，是贪污行为。

对多次贪污未经处理的，按照累计贪污数额处罚。

需要说明的是，关于贪污既遂和未遂的认定问题。根据《审理经济犯罪案件工作纪要》的规定，贪污罪是一种以非法占有为目的的财产性职务犯罪，与盗窃、诈骗、抢夺等侵犯财产罪一样，应当以行为人是否实际控制财物作为区分贪污罪既遂与未遂的标准。对于行为人利用职务上的便利，实施了虚假平账等贪污行为，但公共财物尚未实际转移，或者尚未被行为人控制就被查获的，应当认定为贪污未遂。行为人控制公共财物后，是否将财物据为己有，不影响贪污既遂的认定。

需要强调的是，关于贪污共犯的认定问题。根据《审理经济犯罪案件工作纪要》的规定，国家工作人员与非国家工作人员勾结共同非法占有单位财物行为的认定，对于国家工作人员与他人勾结，共同非法占有单位财物的行为，应当按照最高人民法院《关于审理贪污、职务侵占案件如何认定共同犯罪几个问题的解释》的规定定罪处罚。对于在公司、企业或者其他单位中，非国家工作人员与国家工作人员勾结，分别利用各自的职务便利，共同将本单位财物非法占有的，应当尽量区分主从犯，按照主犯的犯罪性质定罪。司法实践中，如果根据案件的实际情况，各共同犯罪人在共同犯罪中的地位、作用相当，难以区分主从犯的，可以贪污罪定罪处罚。

另外，关于共同贪污犯罪中“个人贪污数额”的认定问题，《刑法》第三百八十三条第一款规定的“个人贪污数额”，在共同贪污犯罪案件中应理解为个人所参与或者组织、指挥共同贪污的数额，不能只按个人实际分得的赃款数额来认定。对共同贪污犯罪中的从犯，应当按照其所参与的共同贪污的数额确定量刑幅度，并依照《刑法》第二十七条第二款的规定，从轻、减轻处罚或者免除处罚。

在案例一中，肖某属于利用职务上的便利，以侵吞方式将自己管理的规划局公共财物笔记本电脑擅自赠送他人，肖某的行为符合贪污罪构成要件的规定，依据《贪污贿赂刑事案件适用法律的解释》第一条第一款规定，贪污三万元以上的，涉嫌贪污犯罪问题。肖某构成一般贪污违法行为。应依据《纪律处分条例》第二十八条、第四十条的规定，追究其党纪责任，将笔记本电脑收缴。依据《政务处分法》第三十三条第一款第（一）项的规定，追究其政务责任。

（二）李某违反国家法律规定，涉嫌贪污犯罪问题

案例二中的焦点问题是，贪污行为人“利用职务上的便利”的法律概念范畴包括什么？利用职务上有隶属关系的其他国家工作人员职务便利骗取公款是否属于该范畴？该行为是否构成贪污行为？我们认为，这需要从贪污行为客观方面行为方式的实质判断视角进行分析认定。

从贪污行为客观方面行为方式看。《刑法》贪污罪的条文比较详细地叙述了贪污行为的构成要件，客观方面要件是国家工作人员利用职务上的便利，侵吞、窃取、骗取或者以其他手段非法占有公共财物的行为，利用职务上便利是指利用自己本身职务行为。依据最高人民检察院《检察院立案标准的规定（试行）》的规定，“利用职务上的便利”是指利用职务上主管、管理、经手公共财物的权力及方便条件。司法解释进一步给出了利用职务上的便利是指自己本身职务上主管、管理、经手公共财物的权力和方便条件。

案例二中，李某利用的是与自己有隶属关系的下级区教委主任刘某职务上的便利，将自己虚开的三万元发票报销，以骗取的方式将区教委

的公共财物非法占有。从李某的行为看，李某符合贪污行为主体、客体、主观方面要件的规定，但是其行为是否符合贪污客观方面要件的规定？我们认为完全符合，理由如下：

贪污行为人利用职务上有隶属关系的其他国家工作人员职务便利，利用的是隶属于自己的下属职务上主管、管理、经手公共财物的权力和方便条件。对于下属而言，上级属于下属职务行为的主管，是领导与被领导关系，体现出对下级职务行为再管理的直接性，也就是上级、下级职务行为对同一国家财物进行管理一致性。因此，行为人利用有隶属关系的其他国家工作人员职务便利，符合贪污行为客观方面要件要素“利用职务上的便利”的规定，故李某的行为构成贪污行为。

从上述情况看，“利用职务上的便利”，既包括利用本人职务上主管、管理公共财物的职务便利，也包括利用职务上有隶属关系的其他国家工作人员的职务便利。

结合案例二而言，李某利用的是与自己有隶属关系的下级区教委主任刘某职务上的便利，将自己虚开的三万元发票报销，属于以骗取的方式将区教委的公共财物非法占有，构成贪污行为。依据《贪污贿赂刑事案件适用法律的解释》第一条第一款规定，贪污三万元以上的，涉嫌贪污犯罪问题。李某涉嫌贪污犯罪问题。依据《纪律处分条例》第二十七条的规定，追究李某党纪责任，给予党纪处分。依据《政务处分法》第三十三条第一款第（一）项的规定，追究其政务责任，给予政务处分。将李某涉嫌贪污犯罪问题移送人民检察院依法处理，依据《监察法》第四十六条的规定，将李某贪污所得三万元，应当随案移送人民检察院。

需要强调的，实践中还应当注意的是，如果国家工作人员利用了有制约关系的其他国家工作人员职务便利，非法占有被制约的其他国家工作人员所在单位的公共财物的行为是否构成贪污行为？

我们认为，“制约关系”，是指行为人虽不直接领导管理其他国家工作人员，但其职务范围内的权力能够派生出对其他国家工作人员的约束力，多表现为不同部门与不同单位之间在公务上存在的制约关系。实践中，由于制约者与被制约者不是主管关系，也不是领导与被领导关系，制约者对被制约者职务范围内主管、管理、经手、经营的公共财物也不具有再管理职务权力。所以，制约者利用被制约的其他国家工作人员职务便利，不符合贪污行为客观方面要件要素“利用职务上的便利”的规定，因此不构成贪污行为。

6. 明知他人有具体请托事项而收受其财物行为如何定性归责？

一、基本案情

介某，中共党员，某县国有渔场场长。2020 年年底，渔场决定将两个鱼池对外发包，介某具体负责对外发包工作。二十多家渔业养殖户报名竞争承包权。2021 年春节期间，渔业养殖户晓某以拜年为名到介某家中，送给介某三万元，介某欣然接受，双方并未谈及承包鱼池之事。但介某知道晓某是竞争承包权的养殖户。2021 年 4 月，晓某和另一渔业养殖户钱某取得渔场鱼池承包权。

二、分歧意见

对介某收受晓某三万元的行为如何定性归责，存在两种不同意见：

第一种意见认为，介某虽然收受了晓某的钱款，但对晓某承包鱼池之事并未承诺给予帮助，即介某没有在为他人谋取利益的承诺、实施和实现三个阶段之中任何一个环节实施违纪行为，所以不应认定介某构成受贿行为。介某构成收受可能影响公正执行公务的财物违纪行为。

第二种意见认为，介某收受晓某三万元时，明知晓某有具体请托事项，属于一种暗示承诺的受贿行为，属于为他人谋取利益范畴，应认定介某构成受贿行为。依据《贪污贿赂刑事案件适用法律的解释》第一条的规定，晓某涉嫌受贿犯罪问题。根据《纪律处分条例》第二十七条的规定，追究其党纪责任，给予党纪处分。根据《政务处分法》第三十三条第一款第（一）项的规定，追究其政务责任，给予政务处分。将晓某涉嫌受贿犯罪问题移送人民检察院依法处理，依据《监察法》第四十六条的规定，将晓某受贿所得三万元随案移送人民检察院。

三、评析意见

本案的焦点问题是，受贿行为客观方面的行为要素“为他人谋取利益”的法律定义是什么？我们同意第二种意见，并认为，应从行为人“为他人谋取利益的时间”和“谋取利益的不同阶段行为”等多维视角来研究考量为他人谋取利益的实质概念。我国司法解释对此从多维视角作出了准确的界定。因此，在执纪执法实务中，要依据相关的司法解释规定准确认定“为他人谋取利益问题”。介某的行为应认定为受贿行为。具体理由如下：

（一）介某的行为不构成收受可能影响公正执行公务的财物违纪行为

收受可能影响公正执行公务的财物违纪行为，是指党和国家工作人员或者其他从事公务的人员中的党员，收受可能影响公正执行公务的礼品、礼金、消费卡和有价证券、股权、其他金融产品等财物，情节较轻的行为。

违纪主体是特殊主体，即党和国家工作人员或者其他从事公务的人员中的党员。主观方面是故意，即明知收受可能影响公正执行公务的礼品、礼金、消费卡和有价证券、股权、其他金融产品等财物是违反党纪行为，但仍收受。侵犯的客体是职务行为的廉洁性及党和国家机关、人民团体、国有企业、事业单位的正常管理秩序。行为对象是礼品、礼金、消费卡和有价证券、股权、其他金融产品等财物。

在客观方面必须具有收受可能影响公正执行公务的礼品、礼金、消费卡和有价证券、股权、其他金融产品等财物的行为。“收受”，是指行为人已经接受并占有上述财物。“可能影响公正执行公务”，是指接受与执行公务相关联或者与履行职责相冲突。所收受的财物既包括管理和服务对象所送，也包括主管范围内的下属单位和个人所送，还包括其他与行使职权有关系的单位和个人所送。“公务”，是指党和国家机关、人民团体、国有企业、事业单位中从事有关组织、监督、管理方面的事务。“可能”，是指只要具有影响公正执行公务的可能性，必须禁止。根据《纪律处分条例》第八十八条第一款规定，收受可能影响公正执行公务的礼品、礼金、消费卡和有价证券、股权、其他金融产品等财物，情节较轻的，即构成一般违纪。如果行为人收受的不是可能影响公正执行公务的财物，不构成违纪。

中共中央、国务院对上述违纪行为有明文规定。例如，中共中央办公厅、国务院办公厅 1995 年 4 月发布的《关于对党和国家机关工作人员在国内交往中收受的礼品实行登记制度的规定》第二条第一款规定，党和国家机关工作人员在国内交往中，不得收受可能影响公正执行公务的礼品馈赠，因各种原因未能拒收的礼品，必须登记上交。中央纪委 1996 年 10 月印发的《〈关于对党和国家机关工作人员在国内交往中收受的礼品实行登记制度的规定〉中几个问题的答复》也规定，凡属可能影响公正执行公务的即使是亲友馈赠的礼品，也不能收受，收受的必须登记上交。中央纪委、监察部 2001 年 3 月发布的《关于各级领导干部接受和赠送现金、有价证券和支付凭证的处分规定》规定，党和国家机关中担任副科级以上职务的领导干部，事业单位、人民团体中担任相当于副科级以上职务的领导干部，国有企业的中层以上领导人员“一律不得接受下列单位或者个人的现金、有价证券和支付凭证：（一）管理和服务的对象；（二）主管范围内的下属单位和个人；（三）外商、私营企业主；（四）其他与行使职权有关系的单位和个人”。依据上述规定，凡收受可能影响公正执行公务的礼品必须登记、上交，不登记上交的，即构成违纪行为。

收受可能影响公正执行公务的财物违纪行为与受贿违纪行为的主要区别在于，收受他人钱物是否利用职务上的便利为他人谋取利益。收受他人钱物又利用职务上的便利为他人谋利，即构成受贿行为。收受他人钱物并没有利用职务便利为他人谋利，不构成受贿行为，构成收受可能影响公正执行公务的财物违纪行为。依据《贪污贿赂刑事案件适用法律的解释》第十三条规定，具有下列情形之一的，应当认定为“为他人谋取利益”，构成犯罪的，应当依照刑法关于受贿犯罪的规定定罪处罚：（一）实际或者承诺为他人谋取利益的；（二）明知他人有具体请托事项的；（三）履职时未被请托，但事后基于该履职事由收受他人财物的。国家工作人员索取、收受具有上下级关系的下属或者具有行政管理关系的被管理人员的财物价值三万元以上，可能影响职权行使的，视为承诺为他人谋取利益。介某属于“明知他人有具体请托事项的”为他谋取利益的情况 。

在本案中，介某的行为显然不符合收受可能影响公正执行公务的财物违纪行为客观方面的要件规定，因此介某的行为不构成收受可能影响公正执行公务的财物违纪行为。

（二）介某违反国家法律规定，涉嫌受贿犯罪问题

受贿罪，是指国家工作人员利用职务上的便利，索取他人财物，或者非法收受他人财物，为他人谋取利益的行为。

该罪主体只能由国家工作人员构成。国家工作人员是指在职的国家工作人员。国家工作人员范畴根据《刑法》第九十三条“本法所称国家工作人员，是指国家机关中从事公务的人员。国有公司、企业、事业单位、人民团体中从事公务的人员和国家机关、国有公司、企业、事业单位委派到非国有公司、企业、事业单位、社会团体从事公务的人员，以及其他依照法律从事公务的人员，以国家工作人员论”的规定确定。根据全国人民代表大会常务委员会《关于〈中华人民共和国刑法〉第九十三条第二款的解释》的规定，村民委员会等村基层组织人员协助人民政

府从事下列行政管理工作，属于刑法第九十三条第二款规定的“其他依照法律从事公务的人员”：（一）救灾、抢险、防汛、优抚、扶贫、移民、救济款物的管理；（二）社会捐助公益事业款物的管理和发放；（三）国有土地的经营和管理；（四）土地征用补偿费用的管理；（五）代征、代缴税款；（六）有关计划生育、户籍、征兵工作；（七）协助人民政府从事的其他行政管理工作。村民委员会等村基层组织人员在从事前款规定的公务，利用职务上的便利，索取他人财物，或者非法收受他人财物，构成犯罪的，适用刑法第三百八十五条和第三百八十六条受贿罪的规定。

还有特殊情况的受贿主体，例如，最高人民法院给江苏省高级人民法院《关于国家工作人员利用职务上便利为他人谋取利益离退休后收受财物行为如何处理问题的批复》中明确批复，国家工作人员利用职务上的便利为请托人谋取利益，并与请托人事先约定，在其离退休后收受请托人财物，构成犯罪的，以受贿罪定罪处罚。再如，最高人民法院、最高人民检察院《关于办理受贿刑事案件适用法律若干问题的意见》（以下简称《受贿刑事案件适用法律的意见》）规定，国家工作人员利用职务上的便利为请托人谋取利益之前或者之后，约定在其离职后收受请托人财物，并在离职后收受的，以受贿论处。该罪主观方面是故意。

该罪侵犯的客体是国家工作人员职务廉洁性。受贿行为所索取、收受的财物称为“贿赂”，犯罪对象是贿赂。贿赂即是《刑法》所规定的财物。《贪污贿赂刑事案件适用法律的解释》第十二条规定，贿赂犯罪中的“财物”，包括货币、物品和财产性利益。财产性利益包括可以折算为货币的物质利益如房屋装修、债务免除等，以及需要支付货币的其他利益如会员服务、旅游等。后者的犯罪数额，以实际支付或者应当支付的数额计算。需要注意的是，非财产性利益不属于贿赂。

该罪在客观方面表现为利用职务上的便利，索取他人财物，或者非法收受他人财物，为他人谋取利益的行为。包括两种不同的行为方式：

一是利用职务上的便利，索取他人财物。即索取贿赂行为。索取贿赂，是指行为人主动向他人索要、勒索财物。体现的是索要的主动性和给付财物的被动性。索取他人财物不论是否“为他人谋取利益”，均构成受贿行为。根据《检察院立案标准的规定（试行）》的规定，受贿罪中的“利用职务上的便利”是指利用本人职务范围内的权力，即自己职务上主管、负责或者承办某项公共事务的职权及其所形成的便利条件。索取他人财物的，不论是否“为他人谋取利益”，均可构成受贿罪。根据《审理经济犯罪案件工作纪要》的规定，受贿罪中“利用职务上的便利”，既包括利用本人职务上主管、负责、承办某项公共事务的职权，也包括利用职务上有隶属、制约关系的其他国家工作人员的职权。担任单位领导职务的国家工作人员通过不属自己主管的下级部门的国家工作人员的职务为他人谋取利益的，应当认定为“利用职务上的便利”为他人谋取利益。

二是利用职务上的便利，非法收受他人财物，为他人谋取利益。即收受贿赂行为。收受贿赂，是指行为人接受请托人的财物。体现的是给付财物行为的主动自愿性和接受财物的被动性。根据《检察院立案标准的规定（试行）》的规定，“非法收受他人财物的，必须同时具备‘为他人谋取利益’的条件，才能构成受贿罪。但是为他人谋取的利益是否正当，为他人谋取的利益是否实现，不影响受贿罪的认定”。根据《审理经济犯罪案件工作纪要》的规定，“为他人谋取利益包括承诺、实施和实现三个阶段的行为。只要具有其中一个阶段的行为，如国家工作人员收受他人财物时，根据他人提出的具体请托事项，承诺为他人谋取利益的，就具备了为他人谋取利益的要件。明知他人有具体请托事项而收受其财物的，视为承诺为他人谋取利益”。“为他人谋取利益”包括五种情况：第一是承诺（承诺包括明示、暗示和默许）为他人谋取利益，但尚未实际进行；第二是已经实施为他人谋取利益，也就是实施过程中，但尚未谋取到利益；第三是已经实施为他人谋取利益，但尚未完全实现；第四是为他人谋取利益，已经完全实现。第五是明知他人有具体请托事项而收受其财物的，视为承诺为他人谋取利益。《贪污贿赂刑事案件适用法律的解释》第十三条规定，“具有下列情形之一的，应当认定为‘为他人谋取利益’，构成犯罪的，应当依照刑法关于受贿犯罪的规定定罪处罚：（一）实际或者承诺为他人谋取利益的；（二）明知他人有具体请托事项的；（三）履职时未被请托，但事后基于该履职事由收受他人财物的。国家工作人员索取、收受具有上下级关系的下属或者具有行政管理关系的被管理人员的财物价值三万元以上，可能影响职权行使的，视为承诺为他人谋取利益”。

除上述受贿行为的基本行为方式之外，我国《刑法》还规定了特殊的受贿形态，即经济往来中受贿和斡旋受贿。

根据《刑法》第三百八十五条第二款的规定，经济往来中受贿，是指国家工作人员在经济往来中，违反国家规定，收受各种名义的回扣、手续费，归个人所有的行为，以受贿论处。违反国家规定，是指违反全国人民代表大会及其常务委员会制定的法律和决定以及国务院制定的行政法规、规定的行政措施、发布的决定和命令。对于经济往来中的受贿行为，应当根据具体行为事实，将其区分为索取贿赂与收受贿赂；然后依照《刑法》第三百八十五条第一款的规定，判断行为是否构成受贿罪。

根据《刑法》第三百八十八条的规定，斡旋受贿，是指国家工作人员利用本人职权或者地位形成的便利条件，通过其他国家工作人员职务上的行为，为请托人谋取不正当利益，索取请托人财物或者收受请托人财物的行为，该行为以受贿论处。斡旋受贿的特征如下：

一是必须利用本人职权或者地位形成的便利条件。根据《审理经济犯罪案件工作纪要》的规定，“利用本人职权或者地位形成的便利条件”，是指行为人与被其利用的国家工作人员之间在职务上虽然没有隶属、制约关系，但是行为人利用了本人职权或者地位产生的影响和一定的工作联系，如单位内不同部门的国家工作人员之间、上下级单位没有职务上隶属、制约关系的国家工作人员之间、有工作联系的不同单位的国家工作人员之间等。

二是接受他人请托，通过其他国家工作人员职务上的行为，为请托人谋取不正当利益。根据1999年最高人民法院、最高人民检察院《关于办理受贿犯罪大要案的同时要严肃查处严重行贿犯罪分子的通知》的规定，“谋取不正当利益”是指谋取违反法律、法规、国家政策和国务院各部门规章规定的利益，以及要求国家工作人员或者有关单位提供违反法律、法规、国家政策和国务院各部门规章规定的帮助或者方便条件。根据最高人民法院、最高人民检察院《关于办理商业贿赂刑事案件适用法律若干问题的意见》(以下简称《商业贿赂刑事案件适用法律的意见》)的规定，在行贿犯罪中，“谋取不正当利益”，是指行贿人谋取违反法律、法规、规章或者政策规定的利益，或者要求对方违反法律、法规、规章、政策、行业规范的规定提供帮助或者方便条件。在招标投标、政府采购等商业活动中，违背公平原则，给予相关人员财物以谋取竞争优势的，属于“谋取不正当利益”。根据最高人民法院、最高人民检察院《关于办理行贿刑事案件具体应用法律若干问题的解释》(以下简称《行贿刑事案件应用法律的解释》)第十二条的规定，行贿犯罪中的“谋取不正当利益”，是指行贿人谋取的利益违反法律、法规、规章、政策规定，或者要求国家工作人员违反法律、法规、规章、政策、行业规范的规定，为自己提供帮助或者方便条件。违背公平、公正原则，在经济、组织人事管理等活动中，谋取竞争优势的，应当认定为“谋取不正当利益”。

三是必须索取请托人财物或者收受请托人财物。

斡旋受贿行为人不是直接利用本人职务上的便利为请托人谋取利益，而是利用本人职权或者地位形成的便利条件，通过其他国家工作人员职务上的行为，为请托人谋取利益。因为是间接利用职权为他人谋利，所以斡旋受贿又称为“间接受贿”，与此相对，直接利用职权为他人谋利的基本受贿行为和经济往来中的受贿行为被称为“直接受贿”。

结合本案，我们认为，《刑法》第九十三条规定，本法所称国家工作人员，是指国家机关中从事公务的人员。国有公司、企业、事业单位、人民团体中从事公务的人员和国家机关、国有公司、企业、事业单位委派到非国有公司、企业、事业单位、社会团体从事公务的人员，以及其他依照法律从事公务的人员，以国家工作人员论。介某系某县国有渔场场长，属于以国家工作人员论的人员，符合受贿罪的主体要件。

受贿罪在主观上是直接故意，并具有非法获取他人财物的目的。这可以从非法收受贿赂的行为中表现出来。在本案中，介某明知晓某有具体请托事项的情况下仍收受其所送三万元，属于明知自己行为违法却依然为之，介某主观上是直接故意，符合受贿罪主观方面要件的规定。介某非法收受晓某三万元的行为，侵犯了国家工作人员职务廉洁性，符合受贿罪的客体要件的规定。

受贿罪在客观方面利用职务上的便利，是构成该罪的前提条件。受贿罪中的“利用职务上的便利”，是指利用本人职务范围内的权力，即自己职务上主管、负责或者承办某项公共事务的职权及其所形成的便利条件。介某是某县国有渔场场长，负责鱼池对外发包工作，显然介某的行为属于利用职务上的便利。

依据《贪污贿赂刑事案件适用法律的解释》第十三条和《审理经济犯罪案件工作纪要》第三条关于受贿罪第（二）项为他人谋取利益的认定规定，虽然晓某在给介某送钱时，双方未谈鱼池承包事宜，但是，介某收受晓某财物时，明知晓某是报名承包鱼池的养殖户，也明知晓某有具体请托事项，介某的行为属于一种暗示承诺行为，属于关于受贿罪“为他人谋取利益”认定范畴。所以，介某的行为属于利用职务上的便利，非法收受他人财物，为他人谋取利益的行为，符合受贿罪客观方面要件的规定，也符合受贿罪其他要件的规定，其构成受贿行为。

依据《贪污贿赂刑事案件适用法律的解释》第一条第一款“贪污或者受贿数额在三万元以上不满二十万元的，应当认定为刑法第三百八十三条第一款规定的‘数额较大’，依法判处三年以下有期徒刑或者拘役，并处罚金”的规定，介某涉嫌受贿犯罪问题。根据《纪律处分条例》第二十七条的规定，追究其党纪责任，给予党纪处分。依据《政务处分法》第三十三条第一款第（一）项的规定，追究其政务责任，给予政务处分。

将介某涉嫌受贿犯罪问题移送检察机关依法处理，依据《监察法》第四十六条的规定，将介某涉嫌犯罪取得的财物，应当随案移送人民检察院。

值得注意的是，在审查调查实务中，一是对受贿罪与接受亲友财物行为的区别问题。接受亲友财物行为基本有两种情况：一种是亲友出于亲情友谊，单方面、无条件地赠与财物；另一种是单纯利用亲友关系，为亲友办事，收受了亲友的礼物。上述接受亲友财物行为是合法行为。区别受贿罪与接受亲友财物行为的关键在于行为人接受亲友的财物是否利用职务上的便利为亲友谋取利益。利用职务上的便利为亲友谋取利益，从而接受亲友财物的，构成受贿罪，否则，不应以受贿罪论处。二是对多次受贿未经处理的，依据《刑法》第三百八十三条、第三百八十五条、第三百八十六条的规定，按照累计受贿数额处罚。

7. 为请托人谋取利益前后多次收受请托人财物应当如何认定受贿数额？

一、基本案情

刘某，中共党员，某地级市卫健委医政处处长。李某，中共党员，市卫健委医政处工作人员。

丁某，某牙科诊所经营者，刘某邻居。丁某知道刘某系市卫健委医政处处长，有意和刘某联络感情。2020 年国庆节，丁某送给刘某三千元；2021 年春节，丁某送给刘某六千元，同年 3 月，丁某对刘某说，自己诊所想升级为医院，请其帮助。刘某应允后，安排李某等人到丁某处实地核查诊所升级医院场地面积，丁某送给李某价值五百元洗牙机一台。2021 年 4 月，经刘某审批，丁某牙科医院执照下发。同年五一节期间，丁某送给刘某一万元。市纪委监委驻市卫健委纪检监察组对刘某立案审查调查。

二、定性及处理建议

刘某违反中央八项规定精神，违反廉洁纪律，违反国家法律规定，属于在党的十八大、十九大之后，不收敛、不收手，顶风违纪，构成收受可能影响公正执行公务的财物违纪行为，构成一般受贿违法行为，依据《纪律处分条例》第二十三条、第二十八条、第八十八条的规定，合并处理，追究其党纪责任，给予党纪处分。同时依据《政务处分法》

第十五条、第三十三条、第三十四条的规定，追究其政务责任。收缴相应违纪款。

三、评析意见

（一）刘某违反中央八项规定精神，违反廉洁纪律，构成收受可能影响公正执行公务的财物违纪行为

收受可能影响公正执行公务的财物违纪行为，是指党和国家工作人员或者其他从事公务的人员中的党员，收受可能影响公正执行公务的礼品、礼金、消费卡和有价证券、股权、其他金融产品等财物，情节较轻的行为。

违纪主体是特殊主体，即党和国家工作人员或者其他从事公务的人员中的党员。主观方面是故意，即明知收受可能影响公正执行公务的礼品、礼金、消费卡和有价证券、股权、其他金融产品等财物是违反党纪行为，但仍收受。侵犯的客体是职务行为的廉洁性及党和国家机关、人民团体、国有企业、事业单位的正常管理秩序。行为对象是礼品、礼金、消费卡和有价证券、股权、其他金融产品等财物。

在客观方面必须具有收受可能影响公正执行公务的礼品、礼金、消费卡和有价证券、股权、其他金融产品等财物的行为。“收受”是指行为人已经接受并占有上述财物。“可能影响公正执行公务的财物”是指可能与公职相关联的、与公正执行公务相冲突的财物，既包括管理和服务对象所送，也包括主管范围内的下属单位和个人所送，还包括其他与行使职权有关系的单位和个人所送。“公务”是指党和国家机关、人民团体、国有企业、事业单位中从事有关组织、监督、管理方面的事务。“可能”，是指只要具有影响公正执行公务的可能性，必须禁止。根据《纪律处分条例》第八十八条第一款规定，收受可能影响公正执行公务的礼品、礼金、消费卡和有价证券、股权、其他金融产品等财物，情节较轻的，即构成违纪。如果行为人收受的不是可能影响公正执行公务的

财物，不构成违纪。

在本案中，刘某于2020年国庆节、2021年春节收受丁某所送两笔现金共计九千元，是接受丁某请托之前所收受的，属于收受可能影响公正执行公务的财物违纪行为，应依据《纪律处分条例》第八十八条规定，追究刘某的党纪责任。收缴违纪款。

(二) 刘某违反国家法律规定，构成一般受贿违法行为

受贿罪，是指国家工作人员利用职务上的便利，索取他人财物的，或者非法收受他人财物，为他人谋取利益的行为。受贿行为在客观方面包括两种不同的行为方式：一是利用职务之便，索取他人财物，即索取贿赂；二是利用职务之便，非法收受他人财物，为他人谋取利益，即收受贿赂。

在本案中，刘某利用职务上的便利为他人谋取利益，收受丁某一万元现金，虽未造成恶劣影响，但其行为符合受贿行为四要件构成的规定，依据《贪污贿赂刑事案件适用法律的解释》第一条规定，刘某不涉嫌受贿犯罪，属于一般受贿违法行为。应依据《纪律处分条例》纪法衔接条款第二十八条规定，追究刘某的党纪责任。收缴违纪款。

综上，刘某违反中央八项规定精神，违反廉洁纪律，违反国家法律规定，属于在党的十八大、十九大之后，不收敛、不收手，顶风违纪，构成收受可能影响公正执行公务的财物违纪行为，构成一般受贿违法行为，依据《纪律处分条例》第二十三条、第二十八条、第八十八条的规定，合并处理，追究其党纪责任，给予党纪处分。同时依据《政务处分法》第十五条、第三十三条、第三十四条的规定，追究其政务责任。收缴违纪款。

需要指出的是，如何准确把握刘某受贿数额认定问题。依据《贪污贿赂刑事案件适用法律的解释》第十五条的规定，国家工作人员利用职务上的便利为请托人谋取利益前后多次收受请托人财物，受请托之前收受的财物数额在一万元以上的，应当一并计入受贿数额。在本

案中，刘某受请托前收受两笔合计九千元，未达到一万元，不计入受贿数额，而刘某为请托人谋取利益后收受的一万元，应认定为受贿数额。

8. 如何理解收受干股、以交易形式受贿？

一、基本案情

案例一：李某，中共党员，某县委书记。张某，某环保公司经理。2019 年至 2021 年，在李某的介入下，张某在该县承揽了建筑、污水处理等十五项工程，工程造价六亿元。2020 年 9 月，张某表示送给李某四百万元公司股份，该四百万元股份未进行股权转让登记，公司股东均不知此事，年末张某以分红名义送给李某一千万元，李某让交给其弟李某某。2021 年 1 月，张某送给李某三百万元股份，并按李某之意将股份登记在李某某名下，至 2021 年末共获分红二千万元。

案例二：刘某，中共党员，某市主管城建的副市长。孙某，某房地产开发公司经理。在孙某开发地产时，刘某在审批手续等方面给予关照。2020 年 11 月，刘某对孙某表示其弟要买一百平方米住宅，请其价格上关照，孙某答应在最低优惠价格以下售给其弟。该公司房屋交易时当地市场价格为七千元/每平方米，同时公司事先设定不针对特定人最低优惠价格为六千七百元/每平方米，优惠条件是所售楼房封顶前交款。最后刘某的弟弟以四千元/每平方米购得住房，交款时间符合优惠条件。

二、处理建议

案例一中，李某属于干股受贿，属于利用职务上便利为他人谋取利益，授意请托人将干股转让登记给特定关系人，分红给特定关系人，自己接受分红，李某受贿数额应认定为一千三百万元，受贿孳息二千万元。依据《贪污受贿刑事案件适用法律的解释》的规定，李某涉嫌受贿犯罪。应依据《纪律处分条例》第二十七条、《政务处分法》第三十三条第一款第（一）项的规定，追究李某党纪政务责任，给予党纪政务处分。对孙某的涉嫌受贿犯罪问题，移送检察机关依法追究刑事责任。涉案款物随案移送检察机关。

案例二中，刘某属于以交易形式收受贿赂，属于利用职务上便利为请托人谋取利益，以明显低于市场的价格向请托人购买房屋，授意请托人将房屋差价给予特定关系人，刘某受贿数额应认定为二十七万元。依据《贪污受贿刑事案件适用法律的解释》的规定，刘某已涉嫌受贿犯罪。应依据《纪律处分条例》第二十七条、《政务处分法》第三十三条第一款第（一）项的规定，追究其党纪政务责任，给予党纪政务处分。对刘某的涉嫌受贿犯罪问题，移送检察机关依法追究刑事责任。涉案款物随案移送检察机关。

三、评析意见

（一）关于收受干股的界定及数额认定

案例一中，李某利用职务上的便利为请托人谋取利益，2020 年 9 月张某口头表示送给李某四百万元股份，属于收受无资本依托的干股，年末张某将以分红名义给李某的一千万元交给其弟李某某。李某属于收受干股给特定关系人，构成受贿行为，该四百万元股份未进行股权转让登记，公司股东均不知此事，属于无证据证明股份发生了事实转让情况。因此，应依据《受贿刑事案件适用法律的意见》中“关于收受干股问题”，“股份未实际转让，以股份分红名义获取利益的，实际获利数额应当认定为受贿数额”规定，认定李某受贿数额是一千万元。

2021 年 1 月，张某按李某之意将三百万元股权登记在其弟李某某名下，至2021年末，李某分红利二千万元。李某属于收受干股转让登记给特定关系人，该三百万元干股属于有资本依托的干股，并已发生股权转让登记，应依据《受贿刑事案件适用法律的意见》“关于收受干股问题”，“进行了股权转让登记，或者相关证据证明股份发生了实际转让的，受贿数额按转让行为时股份价值计算，所分红利按受贿孳息处理”规定，应认定李某受贿数额是三百万元，李某接受的二千万元分红款属于受贿孳息。李某上述属于连续受贿，受贿数额应认定为一千三百万元，受贿孳息二千万元。

需要注意的是，一是关于干股的理解。根据上述意见关于干股概念的界定，主要有两种情况：一种是由请托人等实际出资，无偿转让的干股；另一种是无资金依托的干股，其本身无价值，未损害公司股东的股份。以收受干股形式受贿行为而言，行贿人是否实际出资不影响定性，也不影响数额计算。二是收受干股不是以登记转让股权为成立要件。必须清楚，刑事犯罪行为与民商事法律行为的界定标准不一样，前者强调的是犯罪客观事实，后者强调的是法律登记要件形式完备，犯罪行为非法占有目的的实现并不以得到法律上的确认为条件，是否在法律上取得对股票的所有权，并不对事实上占有股票的认定构成障碍。所以，在实践中，没有股权转让登记，但相关证据证明股份发生了实际转让的，应当认定为受贿。

（二）关于以交易形式收受贿赂的认定

案例二中的刘某，利用职务上便利为请托人谋取利益，授意请托人将房屋差价款给予特定关系人，刘某构成以交易形式收受贿赂。依据《受贿刑事案件适用法律的意见》“关于以交易形式收受贿赂问题”，“受贿数额按照交易时当地市场价格与实际支付价格的差额计算。前款所列市场价格包括商品经营者事先设定的不针对特定人的最低优惠价格。根据商品经营者事先设定的各种优惠交易条件，以优惠价格购买商品的，不属于受贿”规定，应以每平方米最低优惠价格六千七百元与刘某实际支付每平方米四千元价格的差额，即每平方米二千七百元计算受贿数额，即刘某受贿数额是二十七万元。

需要强调的是：第一，以交易形式收受贿赂数额认定问题。根据《受贿刑事案件适用法律的意见》的规定，以交易形式收受贿赂数额按照交易时当地市场价格与实际支付价格的差额计算。

第二，市场价格的问题。市场价格包括当地市场公开的价格，也包括最低优惠价格。最低优惠价格是商品经营者事先设定的不针对特定人的最低优惠价格。

第三，关于最低优惠价格的理解。一是优惠价格应当不限于社会上公开的价格，同时优惠价格必须是针对不特定人；二是必须是事先设定的各种优惠交易条件。以上两个条件是认定最低优惠价格的关键。实践中，如果符合商品经营者事先设定的各种优惠交易条件，那么在计算受贿数额时，应当将优惠部分的差价在受贿数额中减去，如不符合，应当按照交易时当地市场价格与实际支付价格的差额计算；三是根据《受贿刑事案件适用法律的意见》的规定，特定关系人与国家工作人员通谋，共同实施上述行为的，对特定关系人以受贿罪的共犯论处。特定关系人以外的其他人与国家工作人员通谋，由国家工作人员利用职务上的便利为请托人谋取利益，收受请托人财物后双方共同占有的，以受贿罪的共犯论处。

第四，根据商品经营者事先设定的各种优惠交易条件，以优惠价格购买商品的，不属于受贿。

9. 如何把握利用职务上的便利中有“隶属关系”“制约关系”受贿行为？

一、基本案情

案例一：张某，中共党员，B 市教育局副局长。洪某，B 市 C 区教育局局长。2020 年 10 月，张某为朋友赵某子女违规择校，找到洪某，让其违规将赵某女儿安排入学，事后张某收受赵某一万元。

案例二：李某，中共党员，A 区国税局征管科科长。孙某，某国有水利发电公司经理。2020 年 11 月，李某对该公司违规问题处罚时，趁机要求孙某将其战友郝某儿子安排在该公司工作。事后郝某送给李某三万元。

案例三：钱某，中共党员，D 省财政厅主管社会保障处（主管民政厅行政经费的拨付工作）的副厅长。晓某，D 省民政厅厅长。2021 年 3 月，钱某为大学同学胡某女儿调转工作，找到晓某，晓某将其安排在民政厅办公室工作。钱某收受胡某二万元。

二、处理建议

案例一中，张某利用职务上有隶属关系的下级国家工作人员的职权，非法收受他人财物，为他人谋取利益，依据《贪污贿赂刑事案件适用法律的解释》第一条的规定，张某收受一万元，构成一般受贿违法行为，不涉嫌受贿犯罪问题。依据《纪律处分条例》第二十八条的规定，追究张某的党纪责任，给予党纪处分。

案例二中，李某利用职务上的便利，非法收受他人财物，为他人谋取利益，依据《贪污贿赂刑事案件适用法律的解释》第一条的规定，李某收受三万元，涉嫌受贿犯罪问题。依据《纪律处分条例》第二十七条的规定，追究李某的党纪责任，给予党纪处分。依据《政务处分法》第三十三条第一款第（一）项的规定，追究李某政务责任，给予政务处分。依据《纪律处分条例》第二十九条规定，“党组织在纪律审查中发现党员严重违纪涉嫌违法犯罪的，原则上先作出党纪处分决定，并按照规定给予政务处分后，再移送有关国家机关依法处理”。上述处分决定作出后，监察机关制作起诉意见书，移送同级人民检察院。扣押的涉嫌职务犯罪所得财物随案移送检察机关。

案例三中，钱某利用职务上的便利，非法收受他人财物，为他人谋取利益，依据《贪污贿赂刑事案件适用法律的解释》第一条的规定，钱某收受二万元，构成一般受贿违法行为，不涉嫌受贿犯罪问题。依据《纪律处分条例》第二十八条的规定，追究钱某的党纪责任。

三、评析意见

在审查调查中，对利用职务上的便利中有“隶属关系”“制约关系”的其他国家工作人员的职权等情形的受贿行为，如何准确认定，是实务中经常遇到且必须厘清的问题。

（一）张某等三人违反国家法律法规规定，张某、钱某构成一般受贿违法行为，李某涉嫌受贿犯罪问题

受贿罪是指国家工作人员利用职务上的便利，索取他人财物的，或者非法手受他人财物，为他人谋取利益的行为。

“利用职务上的便利”，是指利用本人职务范围内的权力，即自己职务上主管、负责或者承办某项公共事务的职权及其所形成的便利条件。

受贿罪在客观方面的行为方式是利用职务上的便利，索取他人财物，或者非法收受他人财物，为他人谋取利益的行为。利用职务上的便利是构成受贿罪的前提条件。受贿行为中的“利用职务上的便利”，《审理经济犯罪案件工作纪要》规定，“刑法第三百八十五条第一款规定的‘利用职务上的便利’，既包括利用本人职务上主管、负责、承办某项公共事务的职权，也包括利用职务上有隶属、制约关系的其他国家工作人员的职权”。其中包括以下两种情况：

一是利用本人职权，即利用本人职务上主管、负责或者承办某项公务的职权。

二是利用职务上有隶属、制约关系的其他国家工作人员的职权。

结合实务，我们认为，“隶属关系”是纵向制约关系，是指单位内部国家工作人员之间或者上下级单位国家工作人员之间的管理和被管理、领导与被领导的关系。“隶属关系”在实践中易于把握。例如，案例一中，张某是利用职务上有隶属关系的下级国家工作人员的职权，非法收受他人财物，为他人谋取利益的行为。

“制约关系”是横向制约关系，是指行为人虽不直接领导、管理其他国家工作人员，但其职务范围内的权力能够派生出对其他国家工作人员的职务利害影响力和相关约束力。例如，组织部门负责干部管理工作的人员对所管辖机关单位的国家工作人员、税务机关从事公务的人员对所管辖的纳税公司及企业等单位，均能产生职务利害影响力和相关约束力。

进而，利用职务上的“制约关系”包括两种类型：第一种是利用职务上“现行具体职务行为”的职权，第二种是利用职务上“现有职务权限”的职权。前者如同上述案例二中，李某在对该公司违规问题处罚时，要求孙某将战友之子安排在该公司工作。李某就是利用职务上“现行具体职务行为”制约关系的其他工作人员的职权。后者是指行为人没有利用“现行具体职务行为”，但是被利用的其他国家工作人员所在单位的相关事务在行为人“现有职务权限”管辖范畴内。例如，案例三中，钱某主管民政厅行政经费的拨付工作。钱某的现有职务权限在客观上能够产生对民政厅在行政经费拨付方面的制约。“现有职务权限”能否构成制约关系，关键要看“现有职务权限”在客观上，对被利用的国家工作人员是否能够产生职务利害影响力和相关约束力。如果能产生，就属于“现有职务权限”制约关系。

应当注意的是，单位与单位之间的制约关系，与单位之间国家工作人员之间的制约关系是不同的。例如，检察机关具有侦查监督和审判监督职责，并不能认定检察机关的所有工作人员对公安机关都有侦查监督权力，对人民法院都有审判监督权力，而是要根据检察机关具体国家工作人员的职责来判断认定。因此，在认定制约关系时，单位权限是认定个人权限的前提，在单位具有权限后，在此基础上，要根据行为人现有职务权限进行具体判断认定。

应当强调的是，依据《审理经济犯罪案件工作纪要》的规定，担任单位领导职务的国家工作人员通过不属自己主管的下级部门的国家工作人员的职务为他人谋取利益的，应当认定为“利用职务上的便利”为他人谋取利益。

（二）“利用职务上的便利中的制约关系”与“利用职权或地位形成的便利条件”的区别

利用《刑法》第三百八十五条第一款规定的“利用职务上的便利”中“制约关系”的受贿行为与《刑法》第三百八十八条规定的“国家工作人员利用本人职权或者地位形成的便利条件”的受贿行为，均是行为人通过其他国家工作人员的职务行为为请托人谋取利益，但是二者是有区别的。

1. 根据《审理经济犯罪案件工作纪要》的规定，刑法第三百八十八条规定的“利用本人职权或者地位形成的便利条件”，是指行为人与被其利用的国家工作人员之间在职务上虽然没有隶属、制约关系，但是行为人利用了本人职权或者地位产生的影响和一定的工作联系，如单位内不同部门的国家工作人员之间、上下级单位没有职务上隶属、制约关系的国家工作人员之间、有工作联系的不同单位的国家工作人员之间等。“利用本人职权或者地位形成的便利条件”强调的是本人职权或者地位产生的影响和一定的工作联系。行为人与其他国家工作人员之间是平等的关系，其他国家工作人员所以为行为人行事，一般是为了互相利用。“利用本人职权或者地位形成的便利条件”通过其他国家工作人员职务上的行为，为请托人谋取的必须是不正当利益，索取请托人财物或者收受请托人财物，才构成受贿。应当依据《刑法》第三百八十八条的规定，定罪处罚。

2. 利用职务上的便利中的“制约关系”强调的是行为人职务范围内的权力能够派生出对其他国家工作人员的职务利害影响力和相关约束力，是行为人的职权形成的职务利害影响力和相关约束力致使其他国家工作人员实施职务行为，为行为人谋取利益。行为人“利用职务上的便利”中“制约关系”的其他国家工作人员的职权，索取他人财物的，或者非法收受他人财物，为他人谋取利益的受贿行为，应当依据《刑法》第三百八十五条的规定，定罪处罚。

10. 以借用之名长期占有使用他人汽车行为如何定性归责？

一、基本案情

晓某，中共党员，A 市交通局副局长，主管全市出租汽车运管工作。2015 年 9 月，A 市某出租汽车有限公司（以下简称某出租车公司）在办理出租车增编中，晓某违反规定，给该公司增加了十台出租车编制。该出租车公司经理刘某为了感谢晓某，将公司刚花四十万元购买的一辆进口轿车送给了晓某。晓某接受后，对刘某说其借用，事后将该车交给儿子使用。该车行车执照等手续均系该出租车公司，没有办理过户手续。2020 年 9 月 A 市纪检监察机关审查调查前，晓某之子使用该轿车长达五年。审查调查时，刘某证实，在办理出租汽车增编前根本不认识晓某。

二、分歧意见

在研究晓某案件时，对晓某的违纪违法事实无异议，但是，对晓某行为定性归责上出现了分歧意见：

第一种意见认为，晓某作为党员领导干部，虽然利用职务上的便利，接受了某出租车公司的进口轿车，但是，由于该轿车没有办理权属过户变更登记手续，轿车所有权仍属于该出租车公司。无论使用轿车时间长短，轿车的所有权都不属于晓某，晓某与该出租车公司之间的关系是《中华人民共和国民法典》（以下简称《民法典》）调整的范畴，晓某的行为属于借用汽车的行为，不构成违纪违法行为。

第二种意见认为，晓某利用职务上的便利，违反规定为某出租车公司谋取利益，以借用之名长期占有使用该出租车公司轿车，构成受贿行为，依据《贪污贿赂刑事案件适用法律的解释》第一条的规定，晓某涉嫌受贿犯罪问题。根据《纪律处分条例》第二十七条的规定，追究其党纪责任，给予党纪处分。根据《政务处分法》第三十三条第一款第（一）项的规定，追究其政务责任，给予政务处分。将晓某涉嫌受贿犯罪问题移送人民检察院依法处理，依据《监察法》第四十六条的规定，将晓某受贿所得40万元随案移送人民检察院。

三、评析意见

我们同意第二种意见，第一种意见是不正确的，是对《刑法》上非法占有的认定标准与《民法典》动产物权的合法所有的认定标准存在解读误区。现具体阐释如下：

（一）晓某的行为方式不是民法调整的平等民事主体之间的借用关系

《受贿刑事案件适用法律的意见》"关于收受贿赂物品未办理权属变更问题"明确规定，"国家工作人员利用职务上的便利为请托人谋取利益，收受请托人房屋、汽车等物品，未变更权属登记或者借用他人名义办理权属变更登记的，不影响受贿的认定。认定以房屋、汽车等物品为对象的受贿，应注意与借用的区分。具体认定时，除双方交代或者书面协议之外，主要应当结合以下因素进行判断：（1）有无借用的合理事由；（2）是否实际使用；（3）借用时间的长短；（4）有无归还的条件；（5）有无归还的意思表示及行为"。

2007年中共中央纪委《关于严格禁止利用职务上的便利谋取不正当利益的若干规定》第九条规定，利用职务上的便利为请托人谋取利益，收受请托人房屋、汽车等物品，未变更权属登记或者借用他人名义办理权属变更登记的，不影响违纪的认定。认定以房屋、汽车等物品为对象的违纪，应注意与借用的区分。具体认定时，除双方交待或者书面协议之外，主要应当结合以下因素进行判断：（1）有无借用的合理事由；（2）是否实际使用；（3）借用时间的长短；（4）有无归还的条件；（5）有无归还的意思表示及行为。

在执纪执法实务中，我们应根据上述规定的几个因素，来判断晓某的行为是属于《民法典》调整的平等民事主体之间的借用关系，还是属于利用职务上的便利为请托人谋取利益，收受请托人汽车，未变更权属登记的受贿行为。

具体本案而言：第一，某出租车公司经理刘某证实，在办理出租汽车增编前根本不认识晓某，说明晓某没有借用轿车的理由。第二，晓某之子实际使用了该轿车。第三，晓某之子使用时间长达5年，而且至案发前并没有归还之意和行为。上述事实说明晓某与某出租车公司之间不属于《民法典》调整的平等民事主体之间的借用关系，而是属于晓某利用职务上的便利为请托人谋取利益，收受请托人汽车，未变更权属登记的受贿行为。

（二）第一种观点对《刑法》上非法占有的认定标准与《民法典》动产物权合法所有的认定标准存在解读误区

第一种观点强调的是由于该轿车没有办理权属过户变更登记手续，轿车所有权还是属于某出租车公司，无论晓某儿子使用轿车时间长短，轿车的所有权都不属于晓某，晓某与某出租车公司之间的关系是《民法典》调整的平等民事主体之间的借用关系，属于《民法典》调整的范畴。我们认为第一种观点是对《刑法》上非法占有的认定标准与《民法典》动产物权合法所有的认定标准存在解读误区。对这种收受汽车的受贿行为，我们必须看到具体行为方式的本质所在，即是权钱交易的行为。中央纪委、最高人民法院、最高人民检察院作出的上述规定、意见与《民法典》关于动产物权的设立和转让，自交付时发生效力的规定并不相悖。《刑法》上非法占有的认定标准与《民法典》动产合法所有的认定标准不完全一样，《刑法》上非法占有目的的实现并不以得到法律上的确认为条件。是否在法律上取得对汽车等的所有权，并不能对事实上占有汽车等的认定构成障碍。根据《民法典》的规定，对于动产汽车而言，机动车辆这类特殊动产物权的设立和转让是以“自交付时”为生效标准的，登记只是对抗要件，未办理权属变更登记不影响行为人对汽车的控制和占有。只要双方有明确的送、收的意思表示，受贿方实际占有汽车等条件即可认定为受贿既遂。

（三）晓某违反国家法律规定，涉嫌受贿犯罪问题

受贿罪，是指国家工作人员利用职务上的便利，索取他人财物，或者非法收受他人财物，为他人谋取利益的行为。

该罪主体由国家工作人员构成。国家工作人员是指在职的国家工作人员。国家工作人员范畴根据《刑法》第九十三条“本法所称国家工作人员，是指国家机关中从事公务的人员。国有公司、企业、事业单位、人民团体中从事公务的人员和国家机关、国有公司、企业、事业单位委派到非国有公司、企业、事业单位、社会团体从事公务的人员，以及其他依照法律从事公务的人员，以国家工作人员论”的规定确定。根据全国人民代表大会常务委员会《关于〈中华人民共和国刑法〉第九十三条第二款的解释》的规定，村民委员会等村基层组织人员协助人民政府从事下列行政管理工作时，属于刑法第九十三条第二款规定的“其他依照法律从事公务的人员”：（一）救灾、抢险、防汛、优抚、移民、救济款物的管理和发放；（二）社会捐助公益事业款物的管理和发放；（三）国有土地的经营和管理；（四）土地征用补偿费用的管理；（五）代征、代缴税款；（六）有关计划生育、户籍、征兵工作；（七）协助人民政府从事的其他行政管理工作。村民委员会等村基层组织人员在从事前款规定的公务时，利用职务上的便利，索取他人财物，或者非法收受他人财

物，构成犯罪的，适用刑法第三百八十五条和第三百八十六条受贿罪的规定。

还有特殊情况的受贿主体，例如，最高人民法院给江苏省高级人民法院《关于国家工作人员利用职务上便利为他人谋取利益离退休后收受财物行为如何处理问题的批复》中明确批复，国家工作人员利用职务上的便利为请托人谋取利益，并与请托人事先约定，在其离退休后收受请托人财物，构成犯罪的，以受贿罪定罪处罚。再如，《受贿刑事案件适用法律的意见》的规定，国家工作人员利用职务上的便利为请托人谋取利益之前或者之后，约定在其离职后收受请托人财物，并在离职后收受的，以受贿论处。该罪主观方面是故意。

该罪侵犯的客体是国家工作人员职务廉洁性。受贿行为所索取、收受的财物称为“贿赂”，犯罪对象是贿赂。贿赂即是《刑法》所规定的财物。《贪污贿赂刑事案件适用法律的解释》第十二条规定，贿赂犯罪中的“财物”，包括货币、物品和财产性利益。财产性利益包括可以折算为货币的物质利益如房屋装修、债务免除，以及需要支付货币的其他利益如会员服务、旅游等。后者的犯罪数额，以实际支付或者应当支付的数额计算。需要注意的，非财产性利益不属于贿赂。

该罪在客观方面表现为利用职务上的便利，索取他人财物，或者非法收受他人财物，为他人谋取利益的行为。包括两种不同的行为方式：

一是利用职务上的便利，索取他人财物。即索取贿赂行为。索取贿赂，是指行为人主动向他人索要、勒索财物。体现的是索要的主动性和给付财物的被动性。索取他人财物不论是否“为他人谋取利益”，均构成受贿行为。根据《检察院立案标准的规定（试行）》的规定，“受贿罪中的‘利用职务上的便利’，是指利用本人职务范围内的权力，即自己职务上主管、负责或者承办某项公共事务的职权及其所形成的便利条件。索取他人财物的，不论是否‘为他人谋取利益’，均可构成受贿罪。”根据《审理经济犯罪案件工作纪要》的规定，受贿罪中“‘利用职务上的便利’，既包括利用本人职务上主管、负责、承办某项公共事务的职权，也包括利用职务上有隶属、制约关系的其他国家工作人员的职权。担任单位领导职务的国家工作人员通过不属自己主管的下级部门的国家工作人员的职务为他人谋取利益的，应当认定为‘利用职务上的便利’为他人谋取利益”。

二是利用职务上的便利，非法收受他人财物，为他人谋取利益。即收受贿赂行为。收受贿赂，是指行为人接受请托人的财物。体现的是给付财物行为的主动自愿性和接受财物的被动性。根据《检察院立案标准的规定（试行)》的规定，“非法收受他人财物的，必须同时具备‘为他人谋取利益’的条件，才能构成受贿罪。但是为他人谋取的利益是否正当，为他人谋取的利益是否实现，不影响受贿罪的认定”。根据《审理经济犯罪案件工作纪要》的规定，“为他人谋取利益包括承诺、实施和实现三个阶段的行为。只要具有其中一个阶段的行为，如国家工作人员收受他人财物时，根据他人提出的具体请托事项，承诺为他人谋取利益的，就具备了为他人谋取利益的要件。明知他人有具体请托事项而收受其财物的，视为承诺为他人谋取利益”。“为他人谋取利益”包括五种情况：一是承诺（承诺包括明示、暗示和默许）为他人谋取利益，但尚未实际进行；二是已经实施为他人谋取利益，也就是实施过程中，但尚未谋取到利益；三是已经实施为他人谋取利益，但尚未完全实现；四是为他人谋取利益，已经完全实现；五是明知他人有具体请托事项而收受其财物的，视为承诺为他人谋取利益。《贪污贿赂刑事案件适用法律的解释》第十三条规定，“具有下列情形之一的，应当认定为‘为他人谋取利益’，构成犯罪的，应当依照刑法关于受贿犯罪的规定定罪处罚：(一）实际或者承诺为他人谋取利益的；（二）明知他人有具体请托事项的；（三）履职时未被请托，但事后基于该履职事由收受他人财物的。国家工作人员索取、收受具有上下级关系的下属或者具有行政管理关系的被管理人员的财物价值三万元以上，可能影响职权行使的，视为承诺为他人谋取利益。”

除上述受贿行为的基本行为方式之外，《刑法》还规定了特殊的受贿形态，即经济往来中受贿和斡旋受贿。

根据《刑法》第三百八十五条第二款的规定，经济往来中受贿，是指国家工作人员在经济往来中，违反国家规定，收受各种名义的回扣、手续费，归个人所有的行为，以受贿论处。违反国家规定，是指违反全国人民代表大会及其常务委员会制定的法律和决定以及国务院制定的行政法规、规定的行政措施、发布的决定和命令。对于经济往来中的受贿行为，应当根据具体行为事实，将其区分为索取贿赂与收受贿赂，然后依照《刑法》第三百八十五条第一款的规定，判断行为是否构成受贿罪。

根据《刑法》第三百八十八条的规定，斡旋受贿，是指国家工作人员利用本人职权或者地位形成的便利条件，通过其他国家工作人员职务上的行为，为请托人谋取不正当利益，索取请托人财物或者收受请托人财物的行为，该行为以受贿论处。斡旋受贿的特征：一是必须利用本人职权或者地位形成的便利条件。根据《审理经济犯罪案件工作纪要》的规定，利用本人职权或者地位形成的便利条件，是指行为人与被其利用的国家工作人员之间在职务上虽然没有隶属、制约关系，但是行为人利用了本人职权或者地位产生的影响和一定的工作联系，如单位内不同部门的国家工作人员之间、上下级单位没有职务上隶属、制约关系的国家工作人员之间、有工作联系的不同单位的国家工作人员之间等。二是接受他人请托，通过其他国家工作人员职务上的行为，为请托人谋取不正当利益。根据1999年最高人民法院、最高人民检察院《关于办理受贿犯罪大要案的同时要严肃查处严重行贿犯罪分子的通知》的规定，“‘谋取不正当利益’是指谋取违反法律、法规、国家政策和国务院各部门规章规定的利益，以及要求国家工作人员或者有关单位提供违反法律、法规、国家政策和国务院各部门规章规定的帮助或者方便条件。”

根据2008年最高人民法院、最高人民检察院《关于办理商业贿赂刑事案件适用法律若干问题的意见》的规定，在行贿犯罪中，“谋取不正当利益”，是指行贿人谋取违反法律、法规、规章或者政策规定的利益，或者要求对方违反法律、法规、规章、政策、行业规范的规定提供帮助或者方便条件。在招标投标、政府采购等商业活动中，违背公平原则，给予相关人员财物以谋取竞争优势的，属于“谋取不正当利益”。根据《行贿刑事案件应用法律的解释》第十二条的规定，“行贿犯罪中的‘谋取不正当利益’，是指行贿人谋取的利益违反法律、法规、规章、政策规定，或者要求国家工作人员违反法律、法规、规章、政策、行业规范的规定，为自己提供帮助或者方便条件。违背公平、公正原则，在经济、组织人事管理等活动中，谋取竞争优势的，应当认定为‘谋取不正当利益’”。三是必须索取请托人财物或者收受请托人财物。

斡旋受贿行为人不是直接利用本人职务上的便利为请托人谋取利益，而是利用本人职权或者地位形成的便利条件，通过其他国家工作人员职务上的行为，为请托人谋取利益。因为是间接利用职权为他人谋利，所以斡旋受贿又称为“间接受贿”，与此相对，直接利用职权为他人谋利的基本受贿行为和经济往来中的受贿行为被称为“直接受贿”。

在本案中，晓某符合受贿罪主体、客体要件的规定。晓某的主观故意已经从非法收受行为中表现出来，晓某明知某出租车公司送给他轿车是不合法的，是自己利用职务上的便利为对方谋取利益的结果，还接受轿车给其子使用，晓某的行为在主观上属于直接故意。在客观方面晓某的行为方式表现为利用职务上的便利，为该出租车公司违反规定增加出租汽车编制，非法接受该出租车公司送给他的进口轿车并使用五年之久。虽未办理轿车过户手续，但我们必须看到晓某行为的本质所在，属于权钱交易行为。即晓某属于利用职务上的便利为请托人谋取利益，收受请托人未变更权属登记的轿车，依据《受贿刑事案件适用法律的意见》第八条关于收受贿赂物品未办理权属变更问题的规定，晓某构成受贿行为，依据《贪污贿赂刑事案件适用法律的解释》第一条的规定，晓某涉嫌受贿犯罪问题，根据《纪律处分条例》第二十七条的规定，追究其党纪责任，给予党纪处分。根据《政务处分法》第三十三条第一款第（一）项的规定，追究其政务责任，给予政务处分。

需要说明的是，晓某认罪认罚，认为自己儿子使用该车五年之久，主动提出按车价款四十万元上交组织。将晓某涉嫌受贿犯罪问题移送人民检察院依法处理，依据《监察法》第四十六条的规定，将晓某受贿所得四十万元随案移送人民检察院。

11. 斡旋受贿的完成形态如何认定?

(经济往来中受贿、犯罪未遂形态的概念、特征、类型和处罚原则)

一、基本案情

崔某,中共党员,A市质量技术监督局办公室主任。2020年10月,A市环保局在检查大江油漆有限责任公司(以下简称大江公司)过程中,发现该公司不符合环保规定,要求其停止生产。事后,大江公司经理李某送给崔某四万元,请其出面给市环保局环保处处长刘某打招呼让其网开一面,崔某当场答应。但崔某尚未来得及给刘某打招呼,便因牵涉其他案件被A市纪委监委立案审查调查。

二、分歧意见

对崔某是否涉嫌斡旋受贿犯罪,存在两种不同意见:

第一种意见,崔某构成斡旋受贿犯罪既遂,涉嫌斡旋受贿犯罪问题。

第二种意见,崔某属于斡旋受贿未遂。

三、评析意见

我们同意第二种意见,具体阐释如下:

本案的焦点问题是,一般受贿行为之中的“承诺、实施、实现”

为他人谋取利益的完成形态与斡旋受贿的“承诺、实施、实现”为他人谋取不正当利益的完成形态的区别是什么？斡旋人崔某承诺为他人谋取不正当利益，但没有进行斡旋行为，是否属于斡旋受贿行为客观方面的完成形态？我们认为，应当从斡旋受贿行为客观方面完成形态的视角进行具体分析解读。

（一）受贿行为客观方面完成形态的界定

根据《刑法》第三百八十五条规定，受贿罪（直接受贿），是指国家工作人员利用职务上的便利，索取他人财物的，或者非法收受他人财物，为他人谋取利益的行为。

在直接受贿中，客观方面行为结构方式是行为人利用职务上的便利索取请托人财物或者非法收受请托人财物，为请托人谋取利益。《审理经济犯罪案件工作纪要》规定，“关于‘利用职务上的便利’的认定：刑法第三百八十五条第一款规定的‘利用职务上的便利’，既包括利用本人职务上主管、负责、承办某项公共事务的职权，也包括利用职务上有隶属、制约关系的其他国家工作人员的职权。担任单位领导职务的国家工作人员通过不属自己主管的下级部门的国家工作人员的职务为他人谋取利益的，应当认定为‘利用职务上的便利’为他人谋取利益”。关于“为他人谋取利益”的认定包括承诺、实施和实现三个阶段的行为。只要具有其中一个阶段的行为，如国家工作人员收受他人财物时，根据他人提出的具体请托事项，承诺为他人谋取利益的，就具备了为他人谋取利益的要件。

从上述“利用职务上的便利”和“为他人谋取利益”的认定看，一般受贿中，利用职务上的便利，索取请托人财物或者收受请托人财物，为他人谋取利益，存在两种行为方式的受贿完成形态：一种是行为人利用本人职务上主管、负责、承办某项公共事务的职权，索取请托人财物或者非法收受请托人财物，为他人“承诺、实施、实现”谋取利益；另一种是行为人利用职务上有隶属、制约关系的其他国家工作人员的职权，索取请托人财物或者非法收受请托人财物，为他人“承诺、实施、实现”谋取利益。

对直接受贿，《审理经济犯罪案件工作纪要》的司法评价价值取向的二元结构是，行为人利用本人的职权承诺为他人谋取利益，属于进入为他人谋取利益的阶段，即构成直接受贿行为客观方面的完成形态；行为人利用职务上有隶属、制约关系的其他国家工作人员的职权，承诺为请托人谋取利益，也属于进入为他人谋取利益的阶段，即构成直接受贿行为客观方面的完成形态。

根据上述司法评价分析，《审理经济犯罪案件工作纪要》对“为他人谋取利益”强调的是行为人利用本人的职权，为他人谋取利益，因为本人的职权对利益的实现具有可控性；如果行为人不是利用本人的职权，利用的是其他国家工作人员的职权，那么，行为人本人的职权对第三人的职权就必须有隶属和制约关系，只要是隶属和制约关系，行为人承诺为请托人谋取利益，对利益的实现就有制约性，行为人在实施索取请托人财物或者非法收受请托人财物时与请托人就形成权钱交易，国家工作人员职务行为的廉洁性也受到了侵犯，行为人就构成了直接受贿的完成形态，即构成受贿既遂。

（二）斡旋受贿行为客观方面完成形态的界定

除受贿行为的基本行为方式（直接受贿）之外，《刑法》还规定了特殊的受贿形态，即经济往来中受贿和斡旋受贿。

根据《刑法》第三百八十五条第二款的规定，经济往来中受贿，是指国家工作人员在经济往来中，违反国家规定，收受各种名义的回扣、手续费，归个人所有的行为，以受贿论处。“违反国家规定”，是指违反全国人民代表大会及其常务委员会制定的法律和决定以及国务院制定的行政法规、规定的行政措施、发布的决定和命令。“回扣”，是指在商品买卖活动中，由卖方从所收到的价款中，按照一定的比例扣除一部分返还给买方国家工作人员的款项。“手续费”，是指在经济活动中，除回扣外，其他违反国家规定支付给国家工作人员的各种名义的钱，例如，信息费、顾问费、劳务费、辛苦费、好处费等。对于经济往来中的受贿行为，应当根据具体行为事实，将其区分为索取贿赂与收受贿赂；然后依照《刑法》第三百八十五条第一款的规定，判断行为是否构成受贿罪。

根据《刑法》第三百八十八条的规定，斡旋受贿，是指国家工作人员利用本人职权或者地位形成的便利条件，通过其他国家工作人员职务上的行为，为请托人谋取不正当利益，索取请托人财物或者收受请托人财物的行为，该行为以受贿论处。

斡旋受贿特征：一是必须利用本人职权或者地位形成的便利条件。根据《审理经济犯罪案件工作纪要》的规定，“利用本人职权或者地位形成的便利条件”，是指行为人与被其利用的国家工作人员之间在职务上虽然没有隶属、制约关系，但是行为人利用了本人职权或者地位产生的影响和一定的工作联系，如单位内不同部门的国家工作人员之间、上下级单位没有职务上隶属、制约关系的国家工作人员之间、有工作联系的不同单位的国家工作人员之间等。二是接受他人请托，通过其他国家工作人员职务上的行为，为请托人谋取不正当利益。根据1999年最高人民法院、最高人民检察院《关于办理受贿犯罪大要案的同时要严肃查处严重行贿犯罪分子的通知》的规定，“谋取不正当利益”是指谋取违反法律、法规、国家政策和国务院各部门规章规定的利益，以及要求国家工作人员或者有关单位提供违反法律、法规、国家政策和国务院各部门规章规定的帮助或者方便条件。根据《商业贿赂刑事案件适用法律的意见》的规定，在行贿犯罪中，“谋取不正当利益”，是指行贿人谋取违反法律、法规、规章或者政策规定的利益，或者要求对方违反法律、法规、规章、政策、行业规范的规定提供帮助或者方便条件。在招标投标、政府采购等商业活动中，违背公平原则，给予相关人员财物以谋取竞争优势的，属于“谋取不正当利益”。根据《行贿刑事案件应用法律的解释》第十二条的规定，“行贿犯罪中的‘谋取不正当利益’，是指行贿人谋取的利益违反法律、法规、规章、政策规定，或者要求国家工作人员违反法律、法规、规章、政策、行业规范的规定，为自己提供帮助或者方便条件。违背公平、公正原则，在经济、组织人事管理等活动中，谋取竞争优势的，应当认定为‘谋取不正当利益’”。三是必须索取请托人财物或者收受请托人财物。

斡旋受贿行为人不是直接利用本人职务上的便利为请托人谋取利益，而是利用本人职权或者地位形成的便利条件，通过其他国家工作人员职务上的行为，为请托人谋取不正当利益。因为是间接利用职权为他人谋利，所以称为斡旋受贿，斡旋受贿又称为“间接受贿”。与此相对，直接利用职权为他人谋利的基本受贿行为和经济往来中的受贿行为被称为“直接受贿”。

根据《审理经济犯罪案件工作纪要》第三条“关于受贿罪（三）‘利用职权或地位形成的便利条件’的认定”，斡旋受贿的行为方式在于，斡旋人利用自己的职务无法实现为请托人谋取不正当利益愿望，其必须利用本人职权或者地位形成的便利条件，斡旋第三人，利用第三人职务上的行为，为请托人谋取不正当利益。而且，行为人与第三人之间没有隶属、制约关系。

斡旋受贿中的“为请托人谋取不正当利益”惯常表现形式，包括斡旋人对请托人“谋取不正当利益”的承诺、斡旋行为中第三人对“谋取不正当利益”的承诺、实施、实现行为。

我们认为，斡旋受贿客观方面的结构方式应当从斡旋人的承诺开始，经斡旋，到第三人的承诺、实施、实现为止，只要进入第三人的承诺阶段，即构成斡旋受贿客观方面的完成形态，如此界定斡旋受贿客观方面的完成形态，符合《审理经济犯罪案件工作纪要》的评价结果。因此，当斡旋人索取或非法收受财物并实施斡旋行为，第三人承诺为请托人谋取不正当利益后，即进入了利益承诺阶段，就构成了斡旋受贿既遂。如果斡旋人非法索取或收受请托人财物并承诺为其谋取不正当利益，但未来得及实施斡旋行为；或虽实施斡旋行为但被第三人拒绝的，由于第三人未承诺，斡旋人与第三人又没有隶属、制约关系，“为他人谋取不正当利益”的实现没有进入承诺阶段，利益的实现既没有可控性，又没有制约性，属于斡旋受贿客观方面的未遂形态。

就本案而言，崔某利用本人职权或者地位形成的便利条件，收受请托人李某四万元，承诺李某请托，但由于其他案件涉及崔某严重违纪违法问题，致使其未来得及实施斡旋行为而被立案审查调查，依据斡旋受贿犯罪构成要件的规定，崔某属于斡旋受贿未遂。依据《刑法》第二十三条规定，“已经着手实行犯罪，由于犯罪分子意志以外的原因而未得逞的，是犯罪未遂。对于未遂犯，可以比照既遂犯从轻或者减轻处罚”。依照《刑法》第三百八十八条和《贪污贿赂刑事案件适用法律的解释》第一条“贪污或者受贿数额在三万元以上不满二十万元的，应当认定为刑法第三百八十三条第一款规定的‘数额较大’，依法判处三年以下有期徒刑或者拘役，并处罚金”的规定，崔某涉嫌斡旋受贿犯罪（未遂），应根据《纪律处分条例》第二十七条的规定，追究其党纪责任，给予党纪处分。

将崔某涉嫌受贿犯罪（未遂）问题移送检察机关依法处理。依据《监察法》第四十六条的规定，将崔某涉嫌犯罪取得的财物，随案移送人民检察院。

（三）犯罪未遂形态的概念、特征、类型和处罚原则

1. 犯罪未遂形态的概念。《刑法》第二十三条第一款规定：“已经着手实行犯罪，由于犯罪分子意志以外的原因而未得逞的，是犯罪未遂。”“未得逞”，是指未能完成犯罪，即未能达到犯罪既遂。根据上述规定，犯罪未遂，是指行为人已经着手实施具体犯罪构成的行为，由于其意志以外的原因而未能完成犯罪的一种犯罪停止形态。

2. 犯罪未遂形态的特征。根据《刑法》第二十三条第一款界定的

犯罪未遂的概念，犯罪未遂形态具有三个特征：

一是行为人已经着手实行犯罪。已经着手实行犯罪，是指行为人已经开始实施《刑法》分则具体犯罪构成要件中的犯罪行为。主观上，行为人实施具体犯罪的意志已经支配客观行为并通过客观行为开始表现出来；客观上，行为人已开始实施具体犯罪构成客观方面的行为，该行为不是为犯罪的实行创造便利条件的预备犯罪的性质，而是实施犯罪的性质。该行为已使《刑法》所保护的具体权益开始受到危害。该行为已直接指向犯罪对象，如果不出现行为人意志以外原因的阻碍，就会直到完成犯罪既遂。但是，行为人前往犯罪地点途中的行为、行为人尾随被害人伺机侵害的行为、行为人埋伏或等候在预定地点准备实施加害的行为、行为人寻找预定的犯罪对象欲加害的行为，属于犯罪的预备行为而未着手实行犯罪，因为途中、尾随、守候和寻找的行为都是在为具体犯罪的实行创造便利条件，而不是具体犯罪的实行行为本身，因此，应认定为预备犯而不是未遂犯。

二是犯罪未完成而停止下来。按照《刑法》的规定，行为人在着手实行犯罪以后，犯罪“未得逞”，即犯罪未达既遂形态而停止下来，这是犯罪未遂形态区别于犯罪既遂形态的标志。犯罪未完成而停止下来这一未遂形态的特征，在直接故意犯罪里表现形式是：第一，以法定的犯罪结果未发生作为犯罪未完成的标志，例如，盗窃罪未发生窃得财物的犯罪结果；第二，以法定的犯罪行为未能完成作为犯罪未完成的标志，例如，实施脱逃罪的行为人未能逃出监狱；第三，以法定的危险状态尚未具备作为犯罪未完成的标志，例如，行为人在投放毒害性、放射性、传染病病原体等物质时，在现场未等投放就被捕获。

犯罪完成与否是具体犯罪构成要件的完备与否，要看《刑法》分则具体犯罪构成的客观要件的完备与否。认定犯罪未完成形态时应注意的是：第一，犯罪未完成即具体犯罪构成要件不完备，是指具体犯罪构成作为犯罪完成标志的客观要件尚不完备，而不是说未发生具体的危害结果。第二，犯罪的完成是具体犯罪构成要件的完备，只要一完备构成要件就是犯罪完成，构成既遂，不能因刚刚完备构成要件，犯罪对象就被抢回或者犯罪人事后的返还行为来否认犯罪既遂的成立而认定为犯罪未遂。第三，犯罪既遂是犯罪完成的标志，犯罪既遂后没有犯罪未完成的停止形态。

三是犯罪停止在未完成形态是犯罪分子意志以外的原因所致。犯罪活动在着手实行以后停止在未完成形态，是由于犯罪分子意志以外的原因所致。根据《刑法》的规定，“阻止犯罪意志的原因”是认定犯罪分子“意志以外的原因”的标准。从性质上看，犯罪分子“意志以外的原因”是阻碍其实行和完成犯罪的意志与活动的因素。在司法实践中具体因素包括：（1）行为人以外的原因。如，第三者、被害人、自然条件、物质障碍、具体环境等方面对完成犯罪具有不利影响的因素；（2）行为人自身方面对完成犯罪有不利影响的因素。例如，自身的能力力量、身体状况、常识等的缺乏或处于不佳状态；（3）行为人主观上对犯罪对象情况、犯罪工具性能以及犯罪结果是否已发生等产生错误认识。另外，“意志以外的原因”应是足以阻止其犯罪意志的原因，就是必须达到足以阻止犯罪意志和犯罪活动完成的程度。

上述“因素”，只要达到足以阻止犯罪意志和犯罪活动完成的程度，就能认定为作为犯罪未遂特征的“意志以外的原因”。如果行为人完全或主要是基于认识错误而放弃犯罪的继续实施和完成的情况下，这种认识错误是足以阻止其犯罪意志和犯罪活动完成的因素，因而应认定犯罪未完成是由于犯罪分子意志以外的原因所致，构成犯罪未遂形态。上述犯罪未遂的三个特征，前两个特征是犯罪未遂的客观特征，第三个特征是犯罪未遂的主观特征，符合上述三个特征的行为人，即构成未遂犯。

3. 犯罪未遂形态的类型。根据不同的标准，把犯罪未遂划分为不同的类型：

一是实行终了的未遂与未实行终了的未遂。《刑法》理论上以犯罪实行行为是否实行终了为标准，把犯罪未遂形态区分为实行终了的未遂与未实行终了的未遂。犯罪实行行为是否实行终了以什么为标准？在法定犯罪构成所要求及客观行为范围内，行为是否实行终了，应以犯罪分子是否自认为实现犯罪意图所必要的全部行为都实行完毕为标准。在法定犯罪构成所包含的实行行为的范围内，从主客观的统一上看犯罪行为未实行终了，如犯罪分子在实行犯罪的过程中因意志以外原因的阻止而未能实行下去，是未实行终了的未遂。

而实行终了的未遂有两种表现：其一是行为人误认为其实现犯罪意图所必要的行为已实行终了，停止了犯罪行为，但是却由于其意志以外的原因而未能使犯罪达到既遂状态；其二是行为人对完成犯罪所必要的犯罪行为已实行终了并未发生错误认识，因为犯罪行为实行终了距犯罪既遂还有一段距离，在犯罪行为实行终了以后，由于犯罪人意志以外的原因致使犯罪未能达到既遂状态。实行终了的未遂的社会危害性大于未实行终了的未遂。

二是能犯未遂与不能犯未遂。《刑法》理论上以行为的实行能否构成犯罪既遂为标准，把犯罪未遂形态划分为能犯未遂与不能犯未遂。能犯未遂，是指犯罪行为有可能达到既遂，但由于行为人意志以外的原因未能达到既遂而停止下来的情况。不能犯未遂，是指因行为人对相关犯罪事实认识错误而使犯罪行为不可能达到既遂的情况。不能犯未遂又可进一步区分为工具不能犯未遂与对象不能犯未遂两种。工具不能犯未遂，是指行为人由于认识错误而使用了客观性质不能实现犯罪意图、不能构成既遂的犯罪工具，致使犯罪未遂。对象不能犯未遂，是指由于行为人的错误认识，使得犯罪行为所指向的犯罪对象在行为时不在犯罪行为的有效作用范围内，或者具有某种属性使得犯罪不能既遂而构成未遂。能犯未遂的社会危害性要大于不能犯未遂。

4. 未遂犯的处罚原则。《刑法》第二十三第二款规定：“对于未遂犯，可以比照既遂犯从轻或者减轻处罚。”适用这一处罚原则，应当注意的问题：一是对未遂犯定罪量刑，应当同时援引《刑法》总则第二十三条和《刑法》分则具体犯罪条文。在罪名后应加括号标明未遂形态。二是“可以比照既遂犯从轻或者减轻处罚”表明的是法律倾向性要求，是与既遂犯相比，对未遂犯可以从轻或者减轻处罚，但是法律要求不是绝对化，对于个别情况要综合整个案情看，其危害程度并不小于既遂犯的未遂犯也可以不予以从轻或者减轻处罚。使罪责刑相适应原则在未遂犯的一般情况和特殊情况都能适用。三是对未遂犯确定从轻或减轻处罚时，应把未遂情况置于全案情节中综合考量。因为影响案件社会危害程度的有主客观多方面的多种情节而非未遂一种情节，是未遂情节与全案的其他情节一起形成影响、决定案件的危害程度。如果综合全部案情看，未遂案件的危害性与既遂相比而较轻，影响了案件的危害程度，可以决定对行为人基于犯罪未遂而予以从轻或减轻处罚。四是在对未遂犯从宽处罚的基础上，为正确确定从宽处罚的幅度，必须考虑未遂形态距离犯罪完成的距离远近程度、未遂形态所属的类型和未遂形态所表现的行为人犯罪意志的坚决程度。

12. 违规登记农民合作社、斡旋受贿行为如何认定？

一、基本案情

刘某，中共党员，A 县农委主任。肖某，A 县农民。

2020 年 9 月，刘某用李某等七人身份证，向县工商局提交虚假材料取得 B 合作社登记后，交给表弟肖某投资经营。上述七人均不知刘某用他们的身份证登记合作社事宜。同年 11 月，B 合作社为向县畜牧局申请九十万元专项补助资金，肖某找人写了虚假阐述的申请报告，刘某找县畜牧局局长覃某请求关照，资金到位后，刘某以覃某要提成为名，向肖某索要十八万元，后用于生活花销。肖某另案处理。

二、处理建议

刘某向县工商局提交虚假材料取得 B 合作社登记行为，构成其他违法行为；刘某构成违规经商办企业违纪行为，上述两种违纪行为属于牵连关系违纪形态，按照从一重从重处断的原则论处。刘某涉嫌斡旋受贿犯罪问题。上述行为应当合并处理。依据《纪律处分条例》第二十三条、第二十七条、第二十八条、第九十四条第一款第（一）项的规定，追究其党纪责任，给予党纪处分。依据《政务处分法》第十五条、第三十三条第一款第（一）项、第三十六条、第四十一条的规定，追究其政务责任，给予政务处分。对刘某涉嫌受贿犯罪问题移送检察机关处理，涉案款物随案移送检察机关。

三、评析意见

我们认为，应从违纪构成、具体行为实质视角考量分析，对刘某的行为性质进行定性归责。

（一）刘某违反国家法律法规规定，构成其他违法行为

在本案中，依据《中华人民共和国农民专业合作社法》第七十条的规定，刘某用他人身份证，向县工商局提交虚假材料取得B合作社登记，属于违法行为。依据《纪律处分条例》第二十八条“党组织在纪律审查中发现党员有刑法规定的行为，虽不构成犯罪但须追究党纪责任的，或者有其他违法行为，损害党、国家和人民利益的，应当视具体情节给予警告直至开除党籍处分”的规定，刘某构成其他违法行为，应依据该纪法衔接条款追究其党纪责任。

（二）刘某违反廉洁纪律，构成违规经商办企业违纪行为

违规经商办企业违纪行为，是指党和国家工作人员或者其他从事公务的人员中的党员，违反有关规定，经商办企业，情节较轻的行为。主体是特殊主体，是党和国家工作人员或者其他从事公务的人员中的党员。主观方面是故意，即明知违规经商办企业的行为是违反党规党纪的行为，但仍实施该行为。侵犯客体是复杂客体，既侵犯廉洁自律制度，又侵犯了党和国家机关、人民团体、国有公司、企业、事业单位的正常工作秩序。

该违纪行为在客观方面行为方式表现为具有违反规定经商办企业的行为。“违反规定”，是指违反党中央、国务院有关禁止党政机关和党政干部以及国有企业、事业单位党员领导干部经商办企业的规定。“经商办企业”，即经营商业、兴办企业。其形式是多种多样的，主要有以下五种形式：一是个人独资经商办企业；二是与他人合资、合股、合作、合伙经商办企业；三是私自以承包、租赁、受聘等方式经商办企

业；四是个人在国（境）外注册公司后回国（境）从事经营活动；五是党员领导干部借他人名义从事上述四种行为。依据《中华人民共和国农民专业合作社法》第八条“农民专业合作社从事生产经营活动，应当遵守法律，遵守社会公德、商业道德，诚实守信，不得从事与章程规定无关的活动”的规定，刘某的行为属于上述界定的行为范畴。

在本案中，刘某用他人身份证，向县工商局提交虚假材料取得B合作社登记，在主观上是故意，即明知经商办企业的行为是违反党和国家规定的，仍实施该行为。刘某的行为符合违规经商办企业违纪行为的四要件规定，构成违规经商办企业违纪行为。依据《纪律处分条例》第九十四条第一款第（一）项的规定，追究其党纪责任。

（三）刘某违反国家法律法规规定，涉嫌斡旋受贿犯罪问题

受贿罪是指国家工作人员利用职务上的便利，索取他人财物的，或者非法收受他人财物，为他人谋取利益的行为。“利用职务上的便利”，是指利用本人职务范围内的权力，即自己职务上主管、负责或者承办某项公共事务的职权及其所形成的便利条件。上述受贿称为直接受贿或者普通受贿行为。

国家工作人员在经济往来中，违反国家规定，收受各种名义的回扣、手续费，归个人所有的，以受贿罪追究刑事责任。该受贿行为称为经济往来受贿。

斡旋受贿，即特殊形态的受贿犯罪。依据《刑法》第三百八十八条的规定，“斡旋受贿”，是指国家工作人员利用本人职权或者地位形成的便利条件，通过其他国家工作人员职务上的行为，为请托人谋取不正当利益，索取请托人财物或者收受请托人财物的，以受贿罪追究刑事责任。这就是通常所说的间接受贿，又称斡旋受贿。

斡旋受贿的特征有三方面：一是国家工作人员利用本人职权或者地位形成的便利条件。根据《审理经济犯罪案件工作纪要》的规定，“‘利用本人职权或者地位形成的便利条件’，是指行为人与被其利用的

国家工作人员之间在职务上虽然没有隶属、制约关系，但是行为人利用了本人职权或者地位产生的影响和一定的工作联系，如单位内不同部门的国家工作人员之间、上下级单位没有职务上隶属、制约关系的国家工作人员之间、有工作联系的不同单位的国家工作人员之间等”。从上述规定可见，如果行为人与被其利用的国家工作人员之间存在隶属或者制约关系的，应认定为普通受贿行为；如果行为人与被其利用的国家工作人员之间无隶属或者制约关系，而只是存在本人职权或者地位产生的影响和工作联系，应认定为斡旋受贿行为。二是通过其他国家工作人员职务上的行为，为请托人谋取不正当利益。《行贿刑事案件具体应用法律的解释》第十二条的规定，“行贿犯罪中的‘谋取不正当利益’，是指行贿人谋取的利益违反法律、法规、规章、政策规定，或者要求国家工作人员违反法律、法规、规章、政策、行业规范的规定，为自己提供帮助或者方便条件。违背公平、公正原则，在经济、组织人事管理等活动中，谋取竞争优势的，应当认定为‘谋取不正当利益’”。三是必须索取请托人财物或者收受请托人财物的。

需要说明的是，斡旋受贿与普通受贿、经济往来受贿的主要区别：第一，斡旋受贿不是行为人直接利用本人职务上的便利为请托人谋取利益，而是利用本人职权或者地位形成的便利条件，通过其他国家工作人员职务上的行为，为请托人谋取利益。因为斡旋受贿属于间接利用他人职务上的行为，为他人谋取利益的特点，因此，斡旋受贿又称为间接受贿。相对而言，国家工作人员直接利用职务上的便利，为他人谋取利益的受贿行为和经济往来中的受贿行为称为直接受贿。第二，斡旋受贿必须为请托人谋取的是不正当利益。

在本案中，从行为实质的视角考量，肖某客观上已经实施经营行为，申请资金的实际获得人是肖某，刘某是为其斡旋取得补助资金，并以他人提成为名向其索要十八万元，刘某属于斡旋受贿行为。依据《贪污贿赂刑事案件适用法律的解释》的规定，刘某涉嫌受贿犯罪问题。

综上（一）（二）（三）的情况，刘某向县工商局提交虚假材料取得B合作社登记行为，构成其他违法行为；刘某构成违规经商办企业违纪行为，上述两种违纪行为属于牵连关系违纪形态，按照从一重从重处断的原则论处。刘某涉嫌斡旋受贿犯罪问题。上述行为应当合并处理。依据《纪律处分条例》第二十三条、第二十七条、第二十八条、第九十四条第一款第（一）项的规定，追究其党纪责任，给予党纪处分。依据《政务处分法》第十五条、第三十三条第一款第（一）项、第三十六条、第四十一条的规定，追究其政务责任，给予政务处分。对刘某涉嫌受贿犯罪问题移送检察机关处理，涉案款物十八万元随案移送检察机关。

13. 任职前受贿与离职后受贿的辨析和退休后违纪行为是否追究党纪责任？

一、基本案情

案例一：张某，中共党员，A 省政府办公厅副主任。刘某，A 省 B 市水利工程建设公司经理。刘某听说张某要来 B 市任市长，通过同学认识了张某，2020 年 8 月至 2021 年 5 月，三次送给张某三十万元，希望张某将来多关照，张某应允。2021 年 6 月，张某赴任，按照刘某请托，违规干预水利工程承发包活动，使刘某中标一千五百万元工程，造成不良影响。

案例二：李某，中共党员，某市市长。肖某，某房地产开发公司经理。2020 年 9 月，李某违规干预和插手土地使用权出让活动，要求有关部门采用招商引资名义规避招标拍卖挂牌出让土地，将土地给肖某开发，造成不良影响。肖某拿到批文后对李某表示去他办公室坐一会。李某说："不用来，春节我就退休了，你到我家来。"李某退休后，肖某到其住处送上三十万元。

案例三：赵某，中共党员，某县教育局局长。孙某，该县某中学教师。2020 年 9 月，孙某找到赵某，请求组织考虑与妻子（外县某中学教师）两地分居的情况，将妻子调到该中学工作。随后，赵某将孙某妻子调入该中学任教。2020 年年末，赵某退休。第二年春节，孙某出于感激，到赵某家拜年并送其二万元。赵某推辞不过只好收下。

二、处理建议

案例一中，张某任职前收受他人财物，并“约定”任职后为他人谋取利益，属于任职前约定受贿行为。依据《贪污贿赂刑事案件适用法律的解释》第一条的规定，张某涉嫌受贿犯罪问题。依据《纪律处分条例》第二十七条的规定，追究张某的党纪责任，给予党纪处分。依据《政务处分法》第三十三条第一款第（一）项的规定，追究张某政务责任，给予政务处分。监察机关制作起诉意见书，将其涉嫌受贿犯罪问题移送检察机关依法审查、提起公诉。扣押的涉案款物随案移送检察机关。

案例二中，李某利用职务上的便利，为他人谋利益，约定在其离职后收受请托人财物，依据《受贿刑事案件适用法律的意见》“国家工作人员利用职务上的便利为请托人谋取利益之前或者之后，约定在其离职后收受请托人财物，并在离职后收受的，以受贿论处”的规定，李某属于约定离职后受贿行为。依据《贪污贿赂刑事案件适用法律的解释》的规定，李某涉嫌受贿犯罪问题。依据《纪律处分条例》第二十七条的规定、追究其党纪责任，给予党纪处分。依据《政务处分法》第三十三条第一款第（一）项的规定，追究其政务责任，给予政务处分。监察机关制作起诉意见书，将其涉嫌受贿犯罪问题移送检察机关依法审查、提起公诉。扣押的涉案款物随案移送检察机关。

案例三中，赵某主观上没有利用职务上的便利为他人谋取利益的主观故意。依据《受贿刑事案件适用法律的意见》的规定，赵某与孙某没有在谋取利益之前或者之后约定离职后收受财物的行为，赵某的行为不符合上述《受贿刑事案件适用法律的意见》规定，因此，赵某不构成受贿。

但是，赵某构成违反廉洁纪律违纪行为，应依据《纪律处分条例》

第四十条、第一百一十一条的规定，追究其党纪责任，违纪所得应当收缴。

三、评析意见

任职前约定受贿一直是审查调查中难以准确把握的问题。我们认为，应当根据受贿罪构成要件的界定标准和相关司法解释的规定来准确认定。

（一）关于任职前约定受贿的认定

受贿罪是指国家工作人员利用职务上的便利，索取他人财物的，或者非法收受他人财物，为他人谋取利益的行为。“利用职务上的便利”，是指利用本人职务范围内的权力，即自己职务上主管、负责或者承办某项公共事务的职权及其所形成的便利条件。索取他人财物的，不论是否“为他人谋取利益”，均可构成受贿罪，即索取型受贿。非法收受他人财物的，必须同时具备“为他人谋取利益”的条件，才能构成受贿罪，即谋利型受贿，但是为他人谋取的利益是否正当，为他人谋取的利益是否实现，不影响受贿罪的认定。

案例一中，张某任职前收受他人财物，并“约定”到职后为他人谋取利益，属于任职前约定受贿情形，是否构成受贿罪？

我们认为，受贿罪包括“谋利型受贿”和“索取型受贿”两种情形。

从受贿罪构成要件看，对于“谋利型受贿”而言，其客观行为方式是指国家工作人员利用职务上的便利，非法收受他人财物，为他人谋取利益的行为。“谋利型受贿”是利用行为人现有职权，进行权钱交易，立法的实质是对利用行为时现有职权，进行权钱交易的否定性评价。“任职前约定受贿”是指行为人任职前收受请托人财物，约定到职后为请托人谋取利益的行为。“任职前约定受贿”中，利用职务上的便利是行为人“期权”的预售，并在到职后为请托人谋取利益，是预期的权钱交易的实现，实质仍是权钱交易。属于《刑法》对受贿罪的评价范畴。

从司法解释层面看，《贪污贿赂刑事案件适用法律的解释》第十三条明确规定，具有下列情形之一的，应当认定为“为他人谋取利益”，构成犯罪的，应当依照《刑法》关于受贿犯罪的规定定罪处罚：实际或者承诺为他人谋取利益的；明知他人有具体请托事项的。我们认为，《贪污贿赂刑事案件适用法律的解释》在“承诺”“明知”上强调的是对现有职权未行使前，对“承诺”“明知”的规制，是谋利实行行为的“前期扩展结构形式”，不需要存在具体谋取利益实行行为就给以入罪。“任职前约定受贿”是受贿人进行的“期权”预售，也属于“前期扩展结构形式”，属于承诺为他人谋取利益，而且后续已经存在了利用职务上的便利为他人谋取利益的实行行为，因此应当入罪。

从受贿罪主观方面、客体看，“任职前收受财物，约定到到职后为请托人谋取利益”整个流程都体现了行为人主观故意的认识因素和意志因素。认识到收受财物是自己到职后，利用职务上的便利，为他人谋取利益的对价，所以符合受贿罪主观要件的规定。该行为侵犯了受贿罪的法益。

从受贿罪客观要件本体性要件危害行为看，“任职前约定受贿”是行为人对自己“期权”的预售，也属于行使职权前的承诺行为，同时，“期权”的预售同后期利用职务上的便利，为请托人谋取利益是受贿行为的一个整体危害行为的流程。同时前后存在法律上的引起和被引起关系。结合上述分析，任职前约定受贿构成受贿罪。

需要注意的，任职前约定受贿必须是附条件的，任职前约定受贿必须同时具备“双方曾有约定”和“任职后为请托人谋取了利益”两个行为要素，缺一不可。

（二）关于约定离职后受贿的认定

约定离职后受贿，是指利用职务上的便利为请托人谋取利益之前或者之后，约定在其离职后收受请托人财物，并在离职后收受的行为。

从受贿罪主观方面看，当行为人与请托人达成关于权钱交易的约定时，行为人对预期利益的获得具有了主观故意。从受贿罪客观方面看，行为人与请托人存在约定收受财物行为，是权钱交易双方达成的合意。从受贿客观方面要件本体性要件危害行为看，案例二中，李某离职后收受财物与其在职期间利用职务便利为肖某谋取利益存在因果关系，李某收受肖某财物，与职务行为形成了对价，侵犯了国家公职人员廉洁性和不可收买性。

从司法解释层面看，《受贿刑事案件适用法律的意见》明确规定，国家工作人员利用职务上的便利为请托人谋取利益之前或者之后，约定在其离职后收受请托人财物，并在离职后收受的，以受贿论处。上述司法解释将双方关于贿赂事项的约定作为认定受贿犯罪的前提要件。案例二中，李某与肖某就贿赂事项进行了约定，符合上述司法解释的规定，属于受贿既遂形态。

需要强调的是，关于未约定在其离职后收受请托人财物的问题。利用职务上的便利为请托人谋取利益后，未约定在其离职后收受请托人财物，却在离职后收受的，是否构成受贿罪？

我们认为，行为人在职时利用职务上的便利为请托人谋取利益之前或者之后，“未约定”在其离职后收受请托人财物，并在离职后收受的，不具有利用职务上的便利为请托人谋取利益的主观故意，不符合受贿罪主观要件的规定。鉴于法律及相关司法解释也未对此行为作出明确规定，因此，“未约定”在其离职后收受请托人财物的，不宜认定为受贿犯罪。案例三中，赵某与孙某不具备贿赂事项约定前提要件，不符合我国现行司法解释的规定，赵某不构成受贿。

需要指出的是，认定约定离职后受贿构成犯罪应当注意：一是普通受贿和约定离职后受贿中的谋取利益均是发生于在职期间；二是离职是指不再具有国家公职人员的身份。包括退休、辞职、开除、辞退等；三是约定离职后受贿是以谋取利益前后事先存在约定为构罪的前提要件。如果没有事前约定，不构成受贿。

（三）赵某构成违反廉洁纪律违纪行为

案例三中，赵某主观上没有利用职务上的便利为他人谋取利益的主观故意。依据《受贿刑事案件适用法律的意见》的规定，赵某与孙某没有在谋取利益之前或者之后，约定离职后收受财物的行为，赵某的行为不符合《受贿刑事案件适用法律的意见》规定，因此，赵某不构成受贿。

但是，赵某的退休时间在党的十九大之后，中央对于严明党的纪律要求非常明确，但其仍然不知敬畏，退休后收受他人财物，为严肃党的纪律，应将赵某的上述行为认定为违反廉洁纪律行为，鉴于赵某已经退休，不再具有公职人员身份，可依据《纪律处分条例》廉洁纪律兜底条款第一百一十一条规定，追究其党纪责任，给予党纪处分。依据《纪律处分条例》第四十条的规定，违纪所得应当收缴。

值得强调的是，对于退休的党员干部违反廉洁纪律的问题，是否追究党纪责任？对于此类问题，一些审查人员在定性处理上产生了分歧，有的观点认为不宜认定为违纪，有的观点则认为应认定为违纪。

我们认为，《纪律处分条例》是党内法规，党员领导干部退休后，必须严格遵守党规党纪。纪委是党内监督专责机关，要从政治上深刻认识违纪行为的危害性，坚持严的主基调，持续释放对违反党纪问题“越往后越严”的强烈信号。党员领导干部退休后，在当地仍具有一定的影响力，更应带头严于律己，严格遵守党的纪律。退休后也不应放松纪律约束，为了严肃党的纪律，对党员领导干部退休后实施的与其在职时职权相关的违纪行为，以及其他违反廉洁纪律违纪行为，应根据具体情况追究党纪责任。

因此，对于一些党员领导干部在退休后接受、收受与其在职时职权相关的人员的宴请和礼品礼金，有的甚至利用原职权或者地位形成的便利条件，通过其他国家工作人员职务上的行为，为请托人谋取不正当利益，索取或者收受请托人财物问题，应依据《纪律处分条例》第一百一十一条规定，追究其党纪责任，收缴其违纪所得。对于涉嫌受贿违法、犯罪或者利用影响力受贿违法、犯罪的，应依据《纪律处分条例》纪法衔接条款的规定，追究其党纪责任。

（四）关于违反规定插手干预工程建设项目招标投标活动行为、违反规定插手干预土地使用权出让的行为，本人索取他人财物，或者收受、变相收受他人财物的定性归责问题

依据《党员领导干部违反规定插手干预工程建设领域行为适用〈中国共产党纪律处分条例〉若干问题的解释》第十二条的规定，党员领导干部有本解释第三条至第十一条行为之一，本人索取他人财物，或者收受、变相收受他人财物的，依照《纪律处分条例》第八十五条的规定处理。

14. 离职后三种不同情况的收受财物行为如何定性归责？

（离职后收受礼品礼金行为是否追究党纪责任）

一、基本案情

孙某，中共党员，A 省政府机关事务管理局副局长，主管基本建设及后勤工作，2021 年 1 月退休。2020 年 4 月，A 省某建筑公司中标承建了省政府造价六千五百万元的公务员小区住宅楼工程。同年 10 月，该公司经理李某为感谢孙某在付款结算上给予的关照，表示将在孙某退休后给予其一百万元，孙某默许。2021 年 4 月，李某送给孙某一百万元。2021 年五一节期间，李某又送给孙某三万元慰问金。

2020 年 6 月，A 省易藤建筑公司中标省政府办公楼门窗及广场维修工程。2020 年国庆节期间，该公司经理张某为感谢孙某在付款结算上予以的关照，送给孙某五万元。2021 年春节期间，张某又送给孙某五万元。

二、分歧意见

第一种意见认为，孙某构成受贿违纪行为，四次受贿金额共计一百一十三万元。

第二种意见认为，孙某收受李某所送一百万元，构成受贿行为。孙某收受李某的三万元，不构成受贿行为，构成收受可能影响公正执行公务的财物行为。孙某两次共收受张某的十万元，构成受贿行为。孙某受贿总计数额为一百一十万元。孙某已涉嫌受贿犯罪，应将其涉嫌受贿犯罪问题移送检察机关依法办理。

第三种意见认为，孙某收受李某送的一百万元，构成受贿行为；孙某两次收受张某的十万元，构成受贿行为。孙某受贿总计数额为一百一十万元。孙某涉嫌受贿犯罪。孙某收受李某的三万元，构成其他违反廉洁纪律违纪行为，应依据《纪律处分条例》第二十三条、第二十七条、第一百一十一条规定，合并处理，追究孙某的党纪责任，给予党纪处分。依据《政务处分法》第十五条、第三十三条第一款第（一）项、第四十一条的规定，追究孙某政务责任，给予政务处分。将孙某涉嫌犯罪问题移送人民检察院依法处理，依据《监察法》第四十六条的规定，将孙某受贿所得一百一十万元，应当随案移送人民检察院。对孙某收受的三万元违纪款，依据《纪律处分条例》第四十条第一款的规定，纪检监察机关应当收缴。

第四种意见认为，孙某收受李某送的一百万元，构成受贿行为。孙某收受李某的三万元，孙某已经退休，不再具有公职人员身份，没有事前约定，不构成受贿行为，也不宜认定为违纪，即不构成违纪行为。孙某两次收受张某的十万元，构成受贿行为。孙某受贿总计数额为一百一十万元。孙某已涉嫌受贿犯罪，应将其涉嫌受贿犯罪问题移送检察机关依法办理。

三、评析意见

从孙某收受他人财物的时间上看，四次收受他人财物，分别发生于孙某在职期间和离职后。对孙某在职期间，利用职务上的便利，为他人谋取利益，非法收受他人财物，构成受贿行为是没有分歧的。本案的焦点问题是，孙某在职为他人谋取利益，离职后约定收受他人财物，或者未约定收受他人财物，是否构成受贿行为。我们同意第三种意见，具体评析如下：

（一）利用职务上的便利为请托人谋取利益之前或者之后，约定在其离职后收受请托人财物，并在离职后收受的，构成受贿行为

对上述行为的认定先要界定离职的概念。广义的离职概念包括国家工作人员离退休、辞职、离开现有的职位、调离现有单位等。离退休、辞职后，就属于非国家工作人员身份，失去了职务性。离开现有的职位情况是多样的，如从某一领导职务岗位调任到另一领导职务岗位，又如从主管领导职务岗位调到非领导职务岗位，但是上述两种情况下仍属于国家工作人员身份，仍具有职务性。调离现有单位也存在多样性，一种是工作单位的调动，国家工作人员身份不变；一种是工作单位的调动，国家工作人员身份发生变化，即属于非国家工作人员身份。

狭义离职概念是指国家工作人员的辞职、离退休。即离职国家工作人员是指辞职、离退休后不具有国家工作人员身份的人员。

1. 关于约定在其离职后收受请托人财物的问题

受贿罪是指国家工作人员利用职务上的便利，索取他人财物的，或者非法收受他人财物，为他人谋取利益的行为。

那么，在职利用职务上的便利为请托人谋取利益之前或者之后，约定在其离职后收受请托人财物，并在离职后收受的，是否构成受贿违纪行为？

从受贿构成层面看，即从受贿主观方面要件看，当离职行为人与请托人达成关于权钱交易的约定时，离职行为人获得的是预期利益，这就意味着离职行为人对预期利益的获得具有了主观故意。

从受贿客观方面要件来看，约定是客观要件，是离职行为人与请托人双方的行为，是客观存在的，是双方权钱交易离职后收受财物所达成的合意。该合意形式既可以是书面的，也可以是口头的；可以是双方的明示，也可以是一方的明示或者暗示，另一方默许。总之，只要双方具有合意的表示方式，即属于约定的范畴。

从受贿客观方面要件本体性要件危害行为看，受贿行为是一个完整过程。利用职务上的便利为请托人谋取利益之前或者之后，约定在其离职后收受请托人财物，该行为是离职行为人在职期间的行为，而离职后，“收受财物这个环节”只是受贿行为流程过程中“收受财物”在时间点上的后施行为，属于受贿行为流程范畴。同时，离职后收受财物与离职行为人在职期间利用职务便利为请托人谋取利益存在因果关系，离职后收受财物的行为不是一个独立行为。

通过以上阐述我们可以看出，利用职务上的便利为请托人谋取利益之前或者之后，约定在其离职后收受请托人财物，并在离职后收受的，属于受贿行为的完成形态，符合受贿行为的四要件构成规定，构成受贿行为，属于特殊形态的受贿行为。

从司法解释层面看，《受贿刑事案件适用法律的意见》规定，国家工作人员利用职务上的便利为请托人谋取利益之前或者之后，约定在其离职后收受请托人财物，并在离职后收受的，以受贿论处。最高人民法院给江苏省高级人民法院《关于国家工作人员利用职务上便利为他人谋取利益离退休后收受财物行为如何处理问题的批复》中明确批复，国家工作人员利用职务上的便利为请托人谋取利益，并与请托人事先约定，在其离退休后收受请托人财物，构成犯罪的，以受贿罪定罪处罚。

上述司法解释及批复明确将利用职务上的便利为请托人谋取利益之前或者之后，约定在其离职后收受请托人财物，并在离职后收受的，以受贿论处。

2. 关于未约定在其离职后收受请托人财物的问题

利用职务上的便利为请托人谋取利益后，未约定在其离职后收受请托人财物，并在离职后收受的，是否构成受贿行为？

我们认为，离职行为人在职时利用职务上的便利为请托人谋取利益之前或者之后，“未约定”在其离职后收受请托人财物，并在离职后收受的，不具有非法获取他人财物的主观故意，不符合受贿行为主观要件的规定。同时，鉴于法律法规及相关司法解释也未对该种行为作出规制，因此，我们认为，“未约定”在其离职后收受请托人财物的，不构成受贿行为。

在本案中，建筑公司经理李某在孙某在职期间，表示将在孙某退休后给予其一百万元，孙某默许，属于双方约定形成合意的行为，因此孙某收受李某的一百万元，构成受贿行为。2021 年五一节期间，李某又送给孙某三万元时，孙某已经退休，是离职身份状态，孙某在职时为李某谋取利益时约定的是给其一百万元，三万元不在约定范畴，所以孙某收受三万元人民币不构成受贿行为。

（二）利用职务上的便利为请托人谋取利益，离职前后连续收受请托人财物的，离职前后收受部分均应计入受贿数额

我们认为，离职行为人在职时利用职务上的便利为请托人谋取利益，离职前后连续收受请托人财物的，虽然一些财物是在离职后收受，但同样属于利用了之前职务上的便利，是为他人谋取利益的行为客观要件“非法收受他人财物行为”的延续，而不是离职后新的行为。因此，其行为具有局部客观要件行为的连续性。离职前后收受的财物属于同一个请托人所送，属于一个受贿行为。同时必须注意，离职行为人在连续收受财物时，必须明知是自己在职时利用职务上的便利，为他人谋取利益的结果。

同时，依据《受贿刑事案件适用法律的意见》的规定，国家工作人员利用职务上的便利为请托人谋取利益，离职前后连续收受请托人财物的，离职前后收受部分均应计入受贿数额。因此，利用职务上的便利为请托人谋取利益，离职前后连续收受请托人财物的，离职前后收受部分均应计入受贿数额。

在本案中，易藤建筑公司经理张某于 2020 年国庆节和第二年春节期间送给孙某两笔共计十万元，孙某属于离职前后连续收受请托人财物的行为，构成受贿行为，受贿数额应认定为十万元。孙某已涉嫌受贿犯

罪，应将其涉嫌受贿犯罪问题移送检察机关依法处理。

（三）孙某不构成收受可能影响公正执行公务的财物违纪行为

收受可能影响公正执行公务的财物违纪行为，是指党和国家工作人员或者其他从事公务的人员中的党员，收受可能影响公正执行公务的礼品、礼金、消费卡和有价证券、股权、其他金融产品等财物，情节较轻的行为。

违纪主体是特殊主体，即党和国家工作人员或者其他从事公务的人员中的党员。主观方面是故意，即明知收受可能影响公正执行公务的礼品、礼金、消费卡和有价证券、股权、其他金融产品等财物是违反党纪行为，但仍收受。侵犯的客体是职务行为的廉洁性及党和国家机关、人民团体、国有企业、事业单位的正常管理秩序。行为对象是礼品、礼金、消费卡和有价证券、股权、其他金融产品等财物。

在客观方面必须具有收受可能影响公正执行公务的礼品、礼金、消费卡和有价证券、股权、其他金融产品等财物的行为。“收受”是指行为人已经接受并占有上述财物。“可能影响公正执行公务”，是指接受与执行公务相关联或者与履行职责相冲突。所收受的财物既包括管理和服务对象所送，也包括主管范围内的下属单位和个人所送，还包括其他与行使职权有关系的单位和个人所送。“公务”，是指党和国家机关、人民团体、国有企业、事业单位中从事有关组织、监督、管理方面的事务。“可能”，是指只要具有影响公正执行公务的可能性，必须禁止。根据《纪律处分条例》第八十八条第一款规定，收受可能影响公正执行公务的礼品、礼金、消费卡和有价证券、股权、其他金融产品等财物，情节较轻的，即构成违纪。如果行为人收受的不是可能影响公正执行公务的财物，不构成违纪。

从上述“收受可能影响公正执行公务的财物违纪行为”四要件构成看，该违纪行为是对现职行为的规制，即是指在职的行为人收受可能影响公正执行公务的礼品、礼金、消费卡和有价证券、股权、其他金融产品等财物。在本案中，2021年五一节期间，李某送给孙某三万元时，孙某已经离职，显然不符合该违纪构成要件的规定。因此，孙某不构成收受可能影响公正执行公务的财物违纪行为。

（四）孙某退休后收受李某三万元，属于违反中央八项规定精神，构成其他违反廉洁纪律行为，依据《纪律处分条例》违反廉洁纪律兜底条款第一百一十一条的规定处理

其他违反廉洁纪律行为，是指党和国家工作人员或者其他从事公务的人员中的党员，实施其他违反廉洁纪律的行为。

该违纪行为的主体是党和国家工作人员或者其他从事公务的人员中的党员。主观方面大多是由故意构成，个别由过失构成。侵犯的客体是党和国家的廉洁自律制度。

该违纪行为在客观方面必须具有其他违反廉洁纪律的行为。“其他违反廉洁纪律的行为”，是指《纪律处分条例》分则第八章“对违反廉洁纪律行为的处分”未涉及的违反廉洁纪律的行为。如果实施了该章已涉及的违反廉洁纪律的行为，应当按照该章有关条款的规定进行定性处理。如果实施了该章未涉及的违反廉洁纪律的行为，应按该违纪行为进行定性处理。根据《纪律处分条例》第一百一十一条的规定，有其他违反廉洁纪律规定行为的，应当视具体情节给予警告直至开除党籍处分。

党的十八大以来，各级纪检监察机关对党和国家工作人员或者其他从事公务的人员中的党员，收受可能影响公正执行公务的礼品、礼金、消费卡和有价证券、股权、其他金融产品等财物行为，重拳出击，该行为得到有效遏制。在持续高压态势下，少数党员领导干部在职期间有所收敛，但在退休后又肆无忌惮接受各种财物，成为“四风”问题隐形变异的新表现。对于此类问题，一些基层纪检监察机关在定性归责上产生了分歧意见，有的观点认为不宜认定为违纪，有的观点则认为应从严执纪。我们认为，中央八项规定精神是党的规矩，党员干部无论退休与

否，均应严格遵循党规党纪和中央八项规定精神。各级纪检监察机关要从政治上深刻认识该问题的危害性，坚持严的主基调，坚决防隐形变异、持续释放整治违反中央八项规定精神问题“越往后越严”的强烈信号。

就本案而言，属于约定离职退休后收受财物的行为之外出现的收受他人财物的行为，不能认定孙某收受三万元构成受贿行为。但是，孙某虽已退休，仍具有党员身份，特别是曾经担任过领导职务，仍具有一定的影响力，应严格遵守党的纪律和中央八项规定精神。孙某的退休时间在党的十九大之后，中央对于严格落实中央八项规定精神、毫不松懈纠治“四风”的要求已经非常明确，但其仍然不知敬畏，接受退休前管理和服务对象的财物。为严肃党的纪律，应将孙某的上述行为认定为违反中央八项规定精神。同时，鉴于孙某已经退休，不具有公职人员身份，可依据《纪律处分条例》廉洁纪律兜底条款第一百一十一条规定，定性处理。对孙某收受的三万元违纪款，依据《纪律处分条例》第四十条第一款的规定，纪检监察机关应当予以收缴。

需要强调的是，有的党员领导干部在退休后放松了纪律约束，认为自己已不属于现职的干部，就可以不再受党规党纪的约束，在退休后不仅接受宴请，还收受退休前管理和服务对象的礼品、礼金，有的甚至利用原职权或者地位形成的便利条件，进行“斡旋协调”，通过其他国家工作人员职务上的行为，为请托人谋取不正当利益，索取或者收受请托人数额较大的财物。我们认为，对于党员领导干部在退休后违规收受礼品、礼金的问题，应依据《纪律处分条例》廉洁纪律兜底条款第一百一十一条规定处理，并依规收缴其违纪所得；对于涉嫌利用影响力受贿犯罪的，应依据《纪律处分条例》纪法衔接条款第二十七条的规定，依纪依法予以严肃处理。将其涉嫌犯罪问题移送检察机关依法处理。

15. 如何认定斡旋受贿？

（经济往来中的受贿形态）

一、基本案情

覃某，中共党员。某市委（地厅级单位）副秘书长（正处级，主持工作）。2020 年 9 月，某市 A 煤矿矿长刘某请托覃某，请其帮助办理 A 煤矿扩储手续，即该市上报省安委会《关于同意某市 A 煤矿增扩资源的函》，覃某答应帮忙，刘某送给覃某二十万元。覃某受托后给政府分管副市长李某打电话，请其帮忙办理。同年 10 月，该市政府违规出具了该市给省安委会《关于同意某市 A 煤矿等三处矿井增扩资源的函》。李某将此情况告知覃某后，覃某将该函交给刘某。本案其他人员另案处理。

二、分歧意见

案件调查终结后，对覃某的行为性质认定出现了分歧意见：

第一种意见认为，覃某没有利用职务上的便利，为刘某谋取利益，不构成普通受贿行为。另外，覃某是正处级干部，覃某请托的副市长李某是副厅级干部，所以，覃某也不构成斡旋受贿行为。应依据《纪律处分条例》违反廉洁纪律兜底条款追究覃某的党纪责任。

第二种意见认为，覃某作为党员领导干部，利用本人职权和地位形成的便利条件，通过其他国家工作人员职务上的行为，为请托人谋取不正当利益，收受请托人财物，构成斡旋受贿行为，依据《刑法》第三百八十八条规定，“国家工作人员利用本人职权或者地位形成的便利条件，通过其他国家工作人员职务上的行为，为请托人谋取不正当利益，索取请托人财物或者收受请托人财物的，以受贿论处”。《贪污贿赂刑事案件适用法律的解释》第一条第一款规定，“贪污或者受贿数额在三万元以上不满二十万元的，应当认定为刑法第三百八十三条第一款规定的‘数额较大’，依法判处三年以下有期徒刑或者拘役，并处罚金”。覃某涉嫌受贿犯罪问题。根据《纪律处分条例》第二十七条的规定，追究覃某的党纪责任，给予党纪处分。依据《政务处分法》第三十三条第一款第（一）项的规定，追究覃某政务责任，给予政务处分。将覃某涉嫌受贿犯罪问题移送人民检察院依法处理，依据《监察法》第四十六条的规定，将覃某受贿所得二十万元随案移送人民检察院。

三、评析意见

本案的焦点问题，是特殊受贿形态认定问题，即斡旋受贿的认定问题，应依据斡旋受贿的法律属性和犯罪构成要件来进行定性归责。我们同意第二种意见，现具体解读如下：

（一）覃某违反国家法律规定，涉嫌斡旋受贿犯罪问题

受贿罪，是指国家工作人员利用职务上的便利，索取他人财物，或者非法收受他人财物，为他人谋取利益的行为。

该罪主体由国家工作人员构成。国家工作人员是指在职的国家工作人员。国家工作人员范畴根据《刑法》第九十三条规定，“本法所称国家工作人员，是指国家机关中从事公务的人员。国有公司、企业、事业单位、人民团体中从事公务的人员和国家机关、国有公司、企业、事业单位委派到非国有公司、企业、事业单位、社会团体从事公务的人员，以及其他依照法律从事公务的人员，以国家工作人员论”。根据全国人民代表大会常务委员会《关于〈中华人民共和国刑法〉第九十三条第二款的解释》的规定，“村民委员会等村基层组织人员协助人民政府从

事下列行政管理工作时，属于刑法第九十三条第二款规定的‘其他依照法律从事公务的人员’：（一）救灾、抢险、防汛、优抚、扶贫、移民、救济款物的管理；（二）社会捐助公益事业款物的管理；（三）国有土地的经营和管理；（四）土地征收、征用补偿费用的管理；（五）代征、代缴税款；（六）有关计划生育、户籍、征兵工作；（七）协助人民政府从事的其他行政管理工作。村民委员会等村基层组织人员在从事前款规定的公务，利用职务上的便利，非法占有公共占有权、挪用公款、索取他人财物或者非法收受他人财物，构成犯罪的，适用刑法第三百八十二条和第三百八十三条贪污罪、第三百八十四条挪用公款罪、第三百八十五条和第三百八十六条受贿罪的规定”。

另外还有特殊情况的受贿主体，例如，最高人民法院给江苏省高级人民法院《关于国家工作人员利用职务上便利为他人谋取利益离退休后收受财物行为如何处理问题的批复》中明确规定，国家工作人员利用职务上的便利为请托人谋取利益，并与请托人事先约定，在其离退休后收受请托人财物，构成犯罪的，以受贿罪定罪处罚。再如，《受贿刑事案件适用法律的意见》第十条规定，“国家工作人员利用职务上的便利为请托人谋取利益之前或者之后，约定在其离职后收受请托人财物，并在离职后收受的，以受贿论处”。该罪主观方面是故意。

该罪侵犯的客体是国家工作人员职务廉洁性。受贿行为所索取、收受的财物称为“贿赂”，犯罪对象是贿赂。贿赂即是《刑法》所规定的财物。《贪污贿赂刑事案件适用法律的解释》第十二条规定，“贿赂犯罪中的‘财物’，包括货币、物品和财产性利益。财产性利益包括可以折算为货币的物质利益如房屋装修、债务免除等，以及需要支付货币的其他利益如会员服务、旅游等。后者的犯罪数额，以实际支付或者应当支付的数额计算”。需要注意的是，非财产性利益不属于贿赂犯罪中的“财物”。

该罪在客观方面表现为利用职务上的便利，索取他人财物，或者非法收受他人财物，为他人谋取利益的行为。包括两种不同的行为方式：

一是利用职务上的便利，索取他人财物，即索取贿赂行为。索取贿赂，是指行为人主动向他人索要、勒索财物。体现的是索要的主动性和给付财物的被动性。索取他人财物不论是否“为他人谋取利益”，均构成受贿行为。根据《检察院立案标准的规定（试行)》的规定，受贿罪中的“‘利用职务上的便利’，是指利用本人职务范围内的权力，即自己职务上主管、负责或者承办某项公共事务的职权及其所形成的便利条件。索取他人财物的，不论是否‘为他人谋取利益’，均可构成受贿罪”。根据《审理经济犯罪案件工作纪要》关于“利用职务上的便利”的认定规定，“刑法第三百八十五条第一款规定的‘利用职务上的便利’，既包括利用本人职务上主管、负责、承办某项公共事务的职权，也包括利用职务上有隶属、制约关系的其他国家工作人员的职权。担任单位领导职务的国家工作人员通过不属自己主管的下级部门的国家工作人员的职务为他人谋取利益的，应当认定为‘利用职务上的便利’为他人谋取利益”。

二是利用职务上的便利，非法收受他人财物，为他人谋取利益。即收受贿赂行为。收受贿赂，是指行为人接受请托人的财物。体现的是给付财物行为的主动自愿性和接受财物的被动性。根据《检察院立案标准的规定（试行)》的规定，“非法收受他人财物的，必须同时具备‘为他人谋取利益’的条件，才能构成受贿罪。但是为他人谋取的利益是否正当，为他人谋取的利益是否实现，不影响受贿罪的认定。”根据《审理经济犯罪案件工作纪要》的规定，“为他人谋取利益包括承诺、实施和实现三个阶段的行为。只要具有其中一个阶段的行为，如国家工作人员收受他人财物时，根据他人提出的具体请托事项，承诺为他人谋取利益的，就具备了为他人谋取利益的要件。明知他人有具体请托事项而收受其财物的，视为承诺为他人谋取利益”。“为他人谋取利益”包括五种情况：一是承诺（承诺包括明示、暗示和默许）为他人谋取利益，但尚未实际进行；二是已经实施为他人谋取利益，也就是实施过程中，但尚未谋取到利益；三是已经实施为他人谋取利益，但尚未完全实现；四是为他人谋取利益，已经完全实现；五是明知他人有具体请托事项而收受其财物的，视为承诺为他人谋取利益。《贪污贿赂刑事案件适用法律的解释》第十三条规定，“具有下列情形之一的，应当认定为‘为他人谋取利益’，构成犯罪的，应当依照刑法关于受贿犯罪的规定定罪处罚：(一) 实际或者承诺为他人谋取利益的；(二) 明知他人有具体请托事项的；(三) 履职时未被请托，但事后基于该履职事由收受他人财物的。国家工作人员索取、收受具有上下级关系的下属或者具有行政管理关系的被管理人员的财物价值三万元以上，可能影响职权行使的，视为承诺为他人谋取利益”。

除上述受贿行为的基本行为方式之外，《刑法》还规定了特殊的受贿形态，即经济往来中受贿和斡旋受贿。

根据《刑法》第三百八十五条第二款的规定，经济往来中受贿，是指国家工作人员在经济往来中，违反国家规定，收受各种名义的回扣、手续费，归个人所有的行为，以受贿论处。“违反国家规定”，是指违反全国人民代表大会及其常务委员会制定的法律和决定以及国务院制定的行政法规、规定的行政措施、发布的决定和命令。“回扣”，是指在商品买卖活动中，由卖方从所收到的价款中，按照一定的比例扣除一部分返还给买方国家工作人员的款项。“手续费”，是指在经济活动中，除回扣外，其他违反国家规定支付给国家工作人员的各种名义的钱，例如，信息费、顾问费、劳务费、辛苦费、好处费等。对于经济往来中的受贿行为，应当根据具体行为事实，将其区分为索取贿赂与收受贿赂，然后依照《刑法》第三百八十五条第一款的规定，判断行为是否构成受贿罪。

根据《刑法》第三百八十八条的规定，斡旋受贿，是指国家工作人员利用本人职权或者地位形成的便利条件，通过其他国家工作人员职务上的行为，为请托人谋取不正当利益，索取请托人财物或者收受请托人财物的行为，该行为以受贿论处。斡旋受贿有如下特征：

一是必须利用本人职权或者地位形成的便利条件。根据《审理经济犯罪案件工作纪要》“利用职权或地位形成的便利条件”的认定，“刑法第三百八十八条规定的‘利用本人职权或者地位形成的便利条件’是指行为人与被其利用的国家工作人员之间在职务上虽然没有隶属、制约关系，但是行为人利用了本人职权或者地位产生的影响和一定的工作联系，如单位内不同部门的国家工作人员之间、上下级单位没有职务上隶属、制约关系的国家工作人员之间、有工作联系的不同单位的国家工作人员之间等”。

二是接受他人请托，通过其他国家工作人员职务上的行为，为请托人谋取不正当利益。根据最高人民法院、最高人民检察院《关于办理受贿犯罪大要案的同时要严肃查处严重行贿犯罪分子的通知》的规定，“‘谋取不正当利益’是指谋取违反法律、法规、国家政策和国务院各部门规章规定的利益，以及要求国家工作人员或者有关单位提供违反法律、法规、国家政策和国务院各部门规章规定的帮助或者方便条件”。根据《商业贿赂刑事案件适用法律的意见》的规定，“在行贿犯罪中，‘谋取不正当利益’，是指行贿人谋取违反法律、法规、规章或者政策规定的利益，或者要求对方违反法律、法规、规章、政策、行业规范的规定提供帮助或者方便条件。在招标投标、政府采购等商业活动中，违背公平原则，给予相关人员财物以谋取竞争优势的，属于‘谋取不正当利益’”。根据《行贿刑事案件应用法律的解释》第十二条的规定，“行贿犯罪中的‘谋取不正当利益’，是指行贿人谋取的利益违反法律、法规、规章、政策规定，或者要求国家工作人员违反法律、法规、规章、政策、行业规范的规定，为自己提供帮助或者方便条件。违背公平、公正原则，在经济、组织人事管理等活动中，谋取竞争优势的，应当认定为‘谋取不正当利益’”。

三是必须索取了请托人财物或者收受了请托人财物。斡旋受贿行为人不是直接利用本人职务上的便利为请托人谋取利益，而是利用本人职权或者地位形成的便利条件，通过其他国家工作人员职务上的行为，为请托人谋取不正当利益。因为是间接利用职权为他人谋利，所以称为斡旋受贿，斡旋受贿又称为“间接受贿”。与此相对，直接利用职权为他人谋利的基本受贿行为和经济往来中的受贿行为被称为“直接受贿”。

结合本案而言，直接受贿罪中“利用职务上的便利”，既包括利用本人职务上主管、负责、承办某项公共事务的职权，也包括利用职务上有隶属、制约关系的其他国家工作人员的职权。刘某请托覃某的事宜属于政府职责工作，不属于覃某职责范畴，显然，覃某没有利用本人职权。同时，覃某找分管副市长办该事的时候，覃某与副市长之间既不是隶属关系，也不是制约关系，所以，覃某的行为不符合直接受贿罪客观行为要件要素的规定，因此，覃某不构成直接受贿行为。

根据《审理经济犯罪案件工作纪要》“利用职权或地位形成的便利条件的认定”，“刑法第三百八十八条规定的‘利用本人职权或者地位形成的便利条件’，是指行为人与被其利用的国家工作人员之间在职务上虽然没有隶属、制约关系，但是行为人利用了本人职权或者地位产生的影响和一定的工作联系，如……有工作联系的不同单位的国家工作人员之间等”。本案件中覃某与副市长李某之间的关系，属于上述界定的“利用本人职权或者地位形成的便利条件”的行为方式。

同时，覃某是通过副市长李某职务上的行为，为请托人刘某谋取的是不正当利益，覃某的行为符合斡旋受贿犯罪构成的规定，覃某构成斡旋受贿行为。依据《贪污贿赂刑事案件适用法律的解释》第一条第一款的规定，覃某涉嫌受贿犯罪问题。

根据《纪律处分条例》第二十七条、《政务处分法》第三十三条第一款第（一）项的规定，给予覃某党纪政务处分。将覃某涉嫌受贿犯罪问题移送人民检察院依法处理，依据《监察法》第四十六条的规定，将覃某受贿所得二十万元随案移送人民检察院。

需要注意的是，第一种意见认为“覃某是正处级干部，覃某请托的副市长是副厅级，因此，覃某不构成斡旋受贿行为”。该意见是对《刑法》第三百八十八条斡旋受贿罪构成要素“利用本人职权或者地位形成的便利条件”的法定属性的错误解读，第一种意见是不正确的。

（二）覃某不构成违反廉洁纪律兜底条款“其他违反廉洁纪律违纪行为”

根据《纪律处分条例》第一百一十一条的规定，其他违反廉洁纪律违纪行为，是指党和国家工作人员或者其他从事公务的人员中的党员，实施其他违反廉洁纪律的违纪行为。

该违纪行为主体是党和国家工作人员或者其他从事公务的人员中的党员。该违纪行为在主观方面由故意构成，个别由过失构成。侵犯的客体是党和国家的廉洁自律制度。在客观方面必须具有其他违反廉洁纪律违纪行为。“其他违反廉洁纪律违纪行为”，是指《纪律处分条例》分则第八章对违反廉洁纪律行为的处分中，未涉及的违反廉洁纪律违纪行为。如果实施了该章已涉及的违反廉洁纪律违纪行为，应当按照该章相关条款的规定定性处理。如果实施了该章未涉及的违反廉洁纪律违纪行为，应按“其他违反廉洁纪律违纪行为”定性处理。其他违反廉洁纪律违纪行为的处分，根据《纪律处分条例》第一百一十一条的规定，有其他违反廉洁纪律规定的行为，应当视具体情节给予警告直至开除党籍处分。

在本案中，覃某是通过副市长李某职务上的行为，为请托人刘某谋取的不正当利益，收受了请托人财物，覃某构成斡旋受贿行为，覃某已涉嫌斡旋受贿犯罪问题。覃某属于违反国家法律规定的涉嫌受贿犯罪行为，不属于违反廉洁纪律行为，不构成“其他违反廉洁纪律违纪行为”。

16. 各种挪用公款行为的解析

（挪用公款罪的构成，挪用公款归个人使用、挪用公款借给单位使用、挪用有价证券、挪用专项资金、挪用特定款物、挪用公款注册公司、挪而未用、挪用转化贪污等行为，挪用公款罪与挪用特定款物罪的区别，挪用公款罪与挪用资金罪的区别）

一、挪用公款罪的构成

挪用公款罪，是指国家工作人员利用职务上的便利，挪用公款归个人使用，进行非法活动的，或者挪用公款数额较大、进行营利活动的，或者挪用公款数额较大、超过三个月未还的行为。

该罪的主体由国家工作人员构成。国家工作人员是指在职的国家工作人员。国家工作人员范畴根据《刑法》第九十三条“本法所称国家工作人员，是指国家机关中从事公务的人员。国有公司、企业、事业单位、人民团体中从事公务的人员和国家机关、国有公司、企业、事业单位委派到非国有公司、企业、事业单位、社会团体从事公务的人员，以及其他依照法律从事公务的人员，以国家工作人员论”的规定确定。根据全国人民代表大会常务委员会《关于〈中华人民共和国刑法〉第九十三条第二款的解释》的规定，村民委员会等村基层组织人员协助人民政府从事下列行政管理工作时，属于刑法第九十三条第二款规定的“其他依照法律从事公务的人员”：（一）救灾、抢险、防汛、优抚、扶贫、移民、救济款物的管理；（二）社会捐助公益事业款物的管理；（三）国有土地的经营和管理；（四）土地征用补偿费用的管理；（五）代征、代缴税款；（六）有关计划生育、户籍、征兵工作；（七）协助人民政府从事的其他行政管理工作。村民委员会等村基层组织人员从事前款规定的公务，利用职务上的便利，挪用公款，构成犯罪的，适用刑法第三百八十四条挪用公款罪的规定。

该罪在主观方面是故意。该罪客体是复杂客体，既侵犯国家工作人员的职务廉洁性，也侵犯公共财产的占有、使用、收益权。财产所有权包括四项权能：占有权、使用权、收益权、处分权。挪用公款罪的“挪用”改变了公款用途，侵犯的不是所有权的全部权能，而是侵犯了占有权、使用权、收益权。犯罪对象是公款，包括货币、有价证券、专项资金等。但是，根据《刑法》第三百八十四条第二款规定，挪用用于救灾、抢险、防汛、优抚、扶贫、移民、救济款物归个人使用的，从重处罚。挪用公款罪的犯罪对象并不限于公款，还包括上述特定款物。例如，根据最高人民检察院《关于挪用国库券如何定性问题的批复》的规定，国家工作人员利用职务上的便利，挪用公有或本单位的国库券的行为以挪用公款论；符合《刑法》第三百八十四条、第二百七十二条第二款规定的情形构成犯罪的，按挪用公款罪追究刑事责任。根据最高人民检察院《关于挪用失业保险基金和下岗职工基本生活保障资金的行为适用法律问题的批复》（以下简称《关于挪用失业保险基金和下岗职工基本生活保障资金的批复》）的规定，挪用失业保险基金和下岗职工基本生活保障资金属于挪用救济款物。挪用失业保险基金和下岗职工基本生活保障资金，情节严重，致使国家和人民群众利益遭受重大损害的，对直接责任人员，应当依照《刑法》第二百七十三条的规定，以挪用特定款物罪追究刑事责任；国家工作人员利用职务上的便利，挪用失业保险基金和下岗职工基本生活保障资金归个人使用，构成犯罪的，应当依照《刑法》第三百八十四条的规定，以挪用公款罪追究刑事责任。

应当注意的是，挪用一般公物，不属于挪用公款罪的犯罪对象。最高人民检察院《关于国家工作人员挪用非特定公物能否定罪的请示的批复》规定，《刑法》第三百八十四条规定的挪用公款罪中未包括挪用非特定公物归个人使用的行为，对该行为不以挪用公款罪论处。如构成其他犯罪的，依照刑法的相关规定定罪处罚。

该罪在客观方面的行为方式是利用职务上的便利，挪用公款归个人使用，进行非法活动的，或者挪用公款数额较大、进行营利活动的，或者挪用公款数额较大、超过三个月未还的行为。“利用职务上的便利”，是指利用职务权力所形成的主管、管理、经营、经手公款（包括有价证券、专项资金、特定款物等）的便利条件。既包括行为人直接经手、管理公款的便利条件，也包括行为人因其职权而具有的调拨、支配、使用公款的便利条件。依据最高人民法院《关于审理挪用公款案件具体应用法律若干问题的解释》（以下简称《审理挪用公款案件具体应用法律的解释》）和《检察院立案标准的规定（试行）》的规定，“挪用公款归个人使用”，既包括挪用者本人使用，也包括给他人使用。

根据全国人民代表大会常务委员会《关于〈中华人民共和国刑法〉第三百八十四条第一款的解释》的规定，有下列情形之一的，属于挪用公款“归个人使用”：（一）将公款供本人、亲友或者其他自然人使用的；（二）以个人名义将公款供其他单位使用的；（三）个人决定以单位名义将公款供其他单位使用，谋取个人利益的。据此，挪用公款归个人使用，分为将公款供个人使用的行为，以及将公款供其他单位使用的行为。认定这两类有所区别的挪用公款归个人使用的行为，需要注意依据立法解释、司法解释或者规范性文件的规定予以准确判断。

根据《刑法》第三百八十四条的规定和《审理挪用公款案件具体应用法律的解释》，挪用公款归个人使用存在三种具体行为方式：

1. 挪用公款归个人使用，进行非法活动。“非法活动”，既包括犯罪活动，也包括违法活动。根据《审理挪用公款案件具体应用法律的解释》第二条的规定，挪用公款归个人使用，进行赌博、走私等非法活动的，构成挪用公款罪，不受挪用时间的限制。挪用公款给他人使用，不知道使用人用公款用于非法活动，数额较大、超过三个月未还的，构成挪用公款罪；明知使用人用于非法活动的，应当认定为挪用人挪用公款进行非法活动。依据《贪污贿赂刑事案件适用法律的解释》第五条的规定，挪用公款归个人使用，进行非法活动，数额在三万元以上的，应当依照《刑法》第三百八十四条的规定以挪用公款罪追究刑事责任。

2. 挪用公款数额较大、归个人进行营利活动。根据《审理挪用公款案件具体应用法律的解释》第二条的规定，挪用公款数额较大，归个人进行营利活动的，构成挪用公款罪，不受挪用时间和是否归还的限制。在案发前部分或者全部归还本息的，可以从轻处罚；情节轻微的，可以免除处罚。挪用公款存入银行、用于集资、购买股票、国债等，属于挪用公款进行营利活动。所获取的利息、收益等违法所得，应当追缴，但不计人挪用公款的数额。挪用公款给他人使用，不知道使用人用公款进行营利活动，数额较大、超过三个月未还的，构成挪用公款罪；明知使用人用于营利活动的，应当认定为挪用人挪用公款进行营利活动。依据《贪污贿赂刑事案件适用法律的解释》第六条的规定，挪用公款归个人使用，进行营利活动，数额在五万元以上的，应当认定为《刑法》第三百八十四条第一款规定的“数额较大”的情况追究刑事责任。根据《审理经济犯罪案件工作纪要》的规定，挪用公款用于注册公司、企业行为性质的认定，申报注册资本是为进行生产经营活动作准备，属于成立公司、企业进行营利活动的组成部分。因此，挪用公款归个人用于公司、企业注册资本验资证明的，应当认定为挪用公款进行营利活动。

3. 挪用公款归个人使用，挪用公款数额较大、超过三个月未还。根据《审理挪用公款案件具体应用法律的解释》第二条的规定，挪用公款归个人使用，数额较大、超过三个月未还的，构成挪用公款罪。挪用正在生息或者需要支付利息的公款归个人使用，数额较大，超过三个月但在案发前全部归还本金的，可以从轻处罚或者免除处罚。给国家、集体造成的利息损失应予追缴。挪用公款数额巨大，超过三个月，案发前全部归还的，可以酌情从轻处罚。依据《贪污贿赂刑事案件适用法律的解释》第六条的规定，挪用公款归个人使用，超过三个月未还，数额在五万元以上的，应当认定为《刑法》第三百八十四条第一款规定的“数额较大”的情况追究刑事责任。

二、挪用公款罪的刑事责任

根据《刑法》第三百八十四条的规定，犯该罪的，处五年以下有期徒刑或者拘役；情节严重的，处五年以上有期徒刑。挪用公款数额巨大不退还的，处十年以上有期徒刑或者无期徒刑。挪用用于救灾、抢险、防汛、优抚、扶贫、移民、救济款物归个人使用的，从重处罚。

三、关于挪用公款犯罪如何计算追诉期限的问题

最高人民法院《关于挪用公款犯罪如何计算追诉期限问题的批复》明确规定，根据《刑法》第八十九条、第三百八十四条的规定，挪用公款归个人使用，进行非法活动的，或者挪用公款数额较大、进行营利活动的，犯罪的追诉期限从挪用行为实施完毕之日起计算；挪用公款数额较大、超过三个月未还的，犯罪的追诉期限从挪用公款罪成立之日起计算。挪用公款行为有连续状态的，犯罪的追诉期限应当从最后一次挪用行为实施完毕之日或者犯罪成立之日起计算。

四、几种特殊情况挪用公款的处理问题

根据《审理挪用公款案件具体应用法律的解释》第五条、第六条、

第七条、第八条的规定，“挪用公款数额巨大不退还的”，是指挪用公款数额巨大，因客观原因在一审宣判前不能退还的。携带挪用的公款潜逃的，依照刑法第三百八十二条、第三百八十三条的规定定罪处罚。因挪用公款索取、收受贿赂构成犯罪的，依照数罪并罚的规定处罚。挪用公款进行非法活动构成其他犯罪的，依照数罪并罚的规定处罚。挪用公款给他人使用，使用人与挪用人共谋，指使或者参与策划取得挪用款的，以挪用公款罪的共犯定罪处罚。根据《审理挪用公款案件具体应用法律的解释》第四条、《受贿刑事案件适用法律的意见》源于挪用公款案的规定，多次挪用公款不还，挪用公款数额累计计算。多次挪用公款，并以后次挪用的公款归还前次挪用的公款，挪用公款数额以案发时未还的实际数额认定。

五、几种特殊挪用公款行为的认定问题

1. 根据最高人民法院《关于对受委托管理、经营国有财产人员挪用国有资金行为如何定罪问题的批复》的规定，对于受国家机关、国有公司、企业、事业单位、人民团体委托，管理、经营国有财产的非国家工作人员，利用职务上的便利，挪用国有资金归个人使用构成犯罪的，应当依照《刑法》第二百七十二条第一款挪用资金罪的规定定罪处罚。

2. 依据《受贿刑事案件适用法律的意见》关于挪用公款案的规定，国有金融机构工作人员和国有金融机构委派到非国有金融机构从事公务的人员，利用职务上的便利，挪用本单位或者客户资金的，以挪用公款罪追究刑事责任。国有公司、企业或者其他国有单位中从事公务的人员和国有公司、企业或者其他国有单位委派到非国有公司、企业以及其他单位从事公务的人员，利用职务上的便利，挪用本单位资金归个人使用或者借贷给他人，数额较大，超过三个月未还的，或者虽未超过三个月，但数额较大，进行营利活动的，或者进行非法活动的，以挪用公款

罪追究刑事责任。

3. 挪用有价证券、金融凭证用于质押行为性质的认定。依据《审理经济犯罪案件工作纪要》的规定，挪用金融凭证、有价证券用于质押，使公款处于风险之中，与挪用公款为他人提供担保没有实质的区别，符合刑法关于挪用公款罪规定的，以挪用公款罪定罪处罚，挪用公款数额以实际或者可能承担的风险数额认定。

4. 挪用公款归还个人欠款行为性质的认定。依据《审理经济犯罪案件工作纪要》的规定，挪用公款归还个人欠款的，应当根据产生欠款的原因，分别认定属于挪用公款的何种情形。归还个人进行非法活动或者进行营利活动产生的欠款，应当认定为挪用公款进行非法活动或者进行营利活动。

5. 挪用公款用于注册公司、企业行为性质的认定。依据《审理经济犯罪案件工作纪要》的规定，申报注册资本是为进行生产经营活动作准备，属于成立公司、企业进行营利活动的组成部分。因此，挪用公款归个人用于公司、企业注册资本验资证明的，应当认定为挪用公款进行营利活动。

6. 挪用公款后尚未投入实际使用的行为性质的认定。依据《审理经济犯罪案件工作纪要》的规定，挪用公款后尚未投人实际使用的，只要同时具备“数额较大”和“超过三个月未还”的构成要件，应当认定为挪用公款罪，但可以酌情从轻处罚。

7. 单位决定将公款给个人使用行为的认定。依据《审理经济犯罪案件工作纪要》的规定，经单位领导集体研究决定将公款给个人使用，或者单位负责人为了单位的利益，决定将公款给个人使用的，不以挪用公款罪定罪处罚。上述行为致使单位遭受重大损失，构成其他犯罪的，依照刑法的有关规定对责任人员定罪处罚。

8. 挪用公款供其他单位使用行为的认定。依据《审理经济犯罪案件工作纪要》的规定，根据全国人民代表大会常务委员会《关于〈中华人民共和国刑法〉第三百八十四条第一款的解释》的规定，“以个人名义将公款供其他单位使用的”“个人决定以单位名义将公款供其他单位使用，谋取个人利益的”，属于挪用公款“归个人使用”。在司法实践中，对于将公款供其他单位使用的，认定是否属于“以个人名义”，不能只看形式，要从实质上把握。对于行为人逃避财务监管，或者与使用人约定以个人名义进行，或者借款、还款都以个人名义进行，将公款给其他单位使用的，应认定为“以个人名义”。“个人决定”既包括行为人在职权范围内决定，也包括超越职权范围决定。“谋取个人利益”，既包括行为人与使用人事先约定谋取个人利益实际尚未获取的情况，也包括虽未事先约定但实际已获取了个人利益的情况。其中的“个人利益”，既包括不正当利益，也包括正当利益；既包括财产性利益，也包括非财产性利益，但这种非财产性利益应当是具体的实际利益，如升学、就业等。

9. 国有单位领导向其主管的具有法人资格的下级单位借公款归个人使用的认定。依据《审理经济犯罪案件工作纪要》的规定，国有单位领导利用职务上的便利指令具有法人资格的下级单位将公款供个人使用的，属于挪用公款行为，构成犯罪的，应以挪用公款罪定罪处罚。

六、挪用公款罪与挪用特定款物罪、挪用资金罪区别问题

1. 挪用公款罪与挪用特定款物罪的区别

（1）挪用特定款物罪，是指违反国家财经管理规定，挪用用于救灾、抢险、防汛、优抚、扶贫、移民、救济款物，情节严重，致使国家和人民群众利益遭受重大损害的行为。

该罪主体是主管、经管、经手上述特定款物的工作人员，包括国家工作人员、集体经济组织工作人员，以及其他经手、管理上述款物的人员。该罪追究的是直接责任人员的刑事责任。犯罪主观方面是直接故

意，即明知是专用特定款物，故意挪作他用。即是将特定款物挪归单位其他事项使用，未能专款专用。

该罪侵犯的客体是复杂客体，即侵犯公共财物所有权和特定款物的财经管理制度。犯罪对象只能是专门用于救灾、抢险、防汛、优抚、扶贫、移民、救济款物，包括生产生活资料。另外，根据最高人民检察院《关于挪用失业保险基金和下岗职工基本生活保障资金的批复》，挪用失业保险基金和下岗职工基本生活保障资金属于挪用救济款物。挪用失业保险基金和下岗职工基本生活保障资金，情节严重，致使国家和人民群众利益遭受重大损害的，对直接责任人员，应当依照《刑法》第二百七十三条的规定，以挪用特定款物罪追究刑事责任；国家工作人员利用职务上的便利，挪用失业保险基金和下岗职工基本生活保障资金归个人使用，构成犯罪的，应当依照《刑法》第三百八十四条的规定，以挪用公款罪追究刑事责任。

该罪在客观方面的行为方式为利用职务上的便利，违反财经管理规定，将上述特定款物挪作他用，情节严重，致使国家和人民群众利益遭受重大损害。根据《刑法》第二百七十三条的规定，犯该罪的，对直接责任人员，处三年以下有期徒刑或者拘役；情节特别严重的，处三年以上七年以下有期徒刑。

（2）挪用公款罪与挪用特定款物罪的区别。在实务中，二罪的基本犯罪构成是容易区分的。挪用公款罪与挪用特定款物罪在行为方式上均属于挪用，当犯罪对象同为特定款物时，二罪主要区别是：一是犯罪主体不同。挪用公款罪的主体是国家工作人员，而挪用特定款物罪的主体则是主管、经管、经手特定款物的直接责任人员。二是犯罪客体不同。二罪侵犯客体都是复杂客体，都侵犯了公共财产权利，但挪用公款罪同时还侵犯国家工作人员的职务廉洁性，挪用特定款物罪则同时侵犯国家特定款物的财经管理规定。三是挪用的用途不同，挪用公款罪一般是挪用公款归个人使用，实质是“公款私用”；挪用特定款物罪是将特定款物挪归单位其他事项使用，专款不专用，实质是“公款公用”的性质，这也是二罪的根本区别所在。

2. 挪用公款罪与挪用资金罪区别问题

（1）挪用资金罪，是指公司、企业或者其他单位的工作人员，利用职务上的便利，挪用本单位资金归个人使用或者借贷给他人，数额较大、超过三个月未还的，或者虽未超过三个月，但数额较大、进行营利活动的，或者进行非法活动的行为。

挪用资金罪的主体是特殊主体，是指公司、企业或者其他单位的工作人员，在公司、企业或其他单位中在职务上是从事管理性工作的人员，但是，属于单纯的劳务人员，不构成该罪主体。

另外，依据《刑法》第二百七十二条第二款的规定，国有公司、企业或者其他国有单位中从事公务的人员和国有公司、企业或者其他国有单位委派到非国有公司、企业以及其他单位从事公务的人员有前款行为的，依照本法第三百八十四条的规定定罪处罚。但是，根据最高人民法院《关于对受委托管理、经营国有财产人员挪用国有资金行为如何定罪问题的批复》的规定，对于受国家机关、国有公司、企业、事业单位、人民团体委托，管理、经营国有财产的非国家工作人员，利用职务上的便利，挪用国有资金归个人使用构成犯罪的，应当依照刑法第二百七十二条第一款的规定定罪处罚。

该罪在主观方面是直接故意，具有非法使用单位资金的目的。

该罪侵犯的客体是公司、企业或其他单位的财产权，即侵犯的是单位对财产的占有权、使用权和收益权。财产所有权包括四项权能：占有权、使用权、收益权、处分权。挪用资金罪的“挪用”是改变了单位资金用途，侵犯的不是所有权的全部权能，而是侵犯了占有权、使用权、收益权。犯罪对象是本单位资金。

挪用资金罪在客观方面行为方式是利用职务上的便利，挪用单位资金归个人使用或者借贷给他人使用。“挪用”是指利用职务上的便利，非法挪用本单位资金归本人或他人使用。“利用职务上的便利”，是指利用本人在职务上主管、经管或经手单位资金的方便条件。例如，单位领导人利用主管财务的职务便利，出纳员利用保管现金的职务便利，以及其他工作人员利用经手单位资金的便利条件。未利用职务上的便利，不构成挪用资金罪。“挪用单位资金归个人使用或者借贷给他人使用”，根据最高人民法院《关于如何理解刑法第二百七十二条规定的“挪用本单位资金归个人使用或者借贷给他人”问题的批复》的规定，公司、企业或者其他单位的非国家工作人员，利用职务上的便利，挪用本单位资金归本人或者其他自然人使用，或者挪用人以个人名义将所挪用的资金借给其他自然人和单位，构成犯罪的，应当依照刑法第二百七十二条第一款的规定定罪处罚。

根据最高人民检察院联合公安部修订的《关于公安机关管辖的刑事案件立案追诉标准的规定（二）》［以下简称《公安机关管辖立案追诉标准（二）》］第七十七条的规定，公司、企业或者其他单位的工作人员，利用职务上的便利，挪用本单位资金归个人使用或者借贷给他人，涉嫌下列情形之一的，应予立案追诉：（一）挪用本单位资金数额在五万元以上，超过三个月未还的；（二）挪用本单位资金数额在五万元以上，进行营利活动的；（三）挪用本单位资金数额在三万元以上，进行非法活动的。具有下列情形之一的，属于本条规定的“归个人使用”：（一）将本单位资金供本人、亲友或者其他自然人使用的；（二）以个人名义将本单位资金供其他单位使用的；（三）个人决定以单位名义将本单位资金供其他单位使用，谋取个人利益的。

挪用资金罪在客观方面利用职务上的便利，挪用单位资金归个人使用或者借贷给他人使用包括三种具体的行为方式：

一是挪用本单位资金，进行非法活动的。非法活动是指违反法律法规的一切活动，包括违法行为和犯罪行为，如走私、赌博等。《刑法》第二百七十二条对此没有规定挪用时间的限制。依据《公安机关管辖立案标准（二）》第七十七条的规定，公司、企业或者其他单位的工作人员，利用职务上的便利，挪用本单位资金归个人使用或者借贷给他人，涉嫌下列情形之一的，应予立案追诉：挪用本单位资金数额在三万元以上，进行非法活动的。

二是挪用本单位资金，数额较大，进行营利活动的。营利活动是指挪用本单位资金进行经商办企业或者其他谋取利润的行为，如经商、投资、炒股等。营利活动型挪用资金罪必须是挪用资金数额较大，但没有挪用时间和是否归还的限制。依据《公安机关管辖立案标准（二）》第七十七条的规定，公司、企业或者其他单位的工作人员，利用职务上的便利，挪用本单位资金归个人使用或者借贷给他人，涉嫌下列情形之一的，应予立案追诉：挪用本单位资金数额在五万元以上，进行营利活动的。

三是挪用本单位资金，数额较大，超过三个月未还的。该行为的挪用，是指将本单位资金用于生活消费等方面，如购买生活用品、偿还个人债务等。该挪用资金行为必须符合下述两个条件：一个是挪用资金数额较大。根据《公安机关管辖立案标准（二）》第七十七条的规定，数额较大的标准是五万元以上。另一个是挪用资金超过三个月未还。“未还”是指超过三个月。如果挪用期限未超过三个月，不构成该罪，属于一般挪用资金违法行为，应作为违法行为处理。

挪用资金罪的刑事责任，根据《刑法》第二百七十二条的规定，犯该罪的，处三年以下有期徒刑或者拘役；挪用本单位资金数额巨大的，处三年以上十年以下有期徒刑。“不退还”，是指因客观原因在一审宣判前不能退还的。例如，因天灾人祸，从事非法活动被没收，无力退还。

需要注意的是，行为人挪用尚未成立的公司资金是否构成挪用资金罪的问题。根据最高人民检察院《关于挪用尚未注册成立公司资金的行为适用法律问题的批复》的规定，筹建公司的工作人员在公司登记注册前，利用职务上的便利，挪用准备设立的公司在银行开设的临时账户上的资金，归个人使用或者借贷给他人，数额较大、超过三个月未还的，或者虽未超过三个月，但数额较大、进行营利活动的，或者进行非法活动的，应当根据《刑法》第二百七十二条的规定，追究刑事责任。

需要强调的是，挪而未用的行为是否构成挪用资金罪的问题？

我们认为，首先，必须厘清挪用资金罪既遂的法律属性。犯罪既遂是故意犯罪的完成形态。犯罪既遂，是指行为人故意实施的行为已经具备了某种犯罪构成要件的全部要件。确认犯罪是否既遂，应以行为人所实施的行为是否具备了《刑法》分则所规定的某一种犯罪构成要件的全部要件为标准。既遂与未遂的区别，就是犯罪实行行为是否具备犯罪构成的全部要件，具备的是既遂，不完全具备的是未遂。挪用资金罪既遂，是指行为人所故意实施的挪用资金行为已经具备了挪用资金行为构成的全部要件。《刑法》犯罪既遂是以犯罪构成要件为标准，不是以犯罪目的、犯罪结果为标准。

其次，挪用资金的“挪用”指改变单位资金用途，“挪用资金”是由“挪”和“用”两种行为组合而成的。“挪”是利用职务上的便利，将单位资金挪到本人或者他人的控制之下。“用”是将单位资金归本人或者他人使用。“挪”是前提，“用”是目的。就挪用资金罪而言，并不是行为人实现了“用”的目的，才构成挪用资金罪既遂。挪用资金罪侵犯的客体不是所有权的全部权能，而是包括占有权、使用权、收益权。只要侵犯了上述三项权能之一的，“挪”的行为就侵犯了挪用资金罪的客体。就符合挪用资金罪客体要件的规定。挪而未用的行为是侵犯了占有权，所以挪而未用的行为是符合挪用资金罪客体要件规定的。

从挪用资金罪客观方面行为方式“利用职务上的便利，挪用本单位资金归个人使用或者借贷给他人，数额较大、超过三个月未还”来看，挪用资金罪在客观方面构成要件强调的是“挪”的行为，只要具有“挪”的行为，就符合客观方面的构成要件的规定，也符合我国犯罪既遂的标准。只要行为人已经将单位资金转移到本人或者他人控制之下，单位失去了对资金的控制，即标志其占有权、使用权和收益权已经被侵犯，行为人是否使用，对该罪的构成不产生影响。挪用资金罪应当是以行为人或者他人对单位资金的实际控制为既遂的标准。挪而未用的行为符合挪用资金罪四要件构成的规定，挪而未用行为构成挪用资金行为。

（2）挪用公款罪与挪用资金罪的区别。二罪的主要区别是：犯罪主体不同。挪用公款罪的主体是国家工作人员，而挪用资金罪的主体是公司、企业或者其他单位的工作人员。犯罪对象不同。挪用公款罪的犯罪对象是公款，包括货币、有价证券、专项资金等，原则上限于公款，法定的例外还包括特定款物；而挪用资金罪的犯罪对象是非国有单位的资金。

七、挪用公款转化为贪污的认定问题

在审查调查实务中，需要注意挪用公款转化为贪污的认定问题。对此，《审理经济犯罪案件工作纪要》规定，挪用公款罪与贪污罪的主要区别在于行为人主观上是否具有非法占有公款的目的。挪用公款是否转化为贪污，应当按照主客观相一致的原则，具体判断和认定行为人主观上是否具有非法占有公款的目的。在司法实践中，具有以下情形之一的，可以认定行为人具有非法占有公款的目的：

一是根据最高人民法院《审理挪用公款案件具体应用法律的解释》第六条的规定，行为人“携带挪用的公款潜逃的”，对其携带挪用的公款部分，以贪污罪定罪处罚。

二是行为人挪用公款后采取虚假发票平账、销毁有关账目等手段，使所挪用的公款已难以在单位财务账目上反映出来，且没有归还行为的，应当以贪污罪定罪处罚。

三是行为人截取单位收入不入账，非法占有，使所占有的公款难以在单位财务账目上反映出来，且没有归还行为的，应当以贪污罪定罪处罚。

四是有证据证明行为人有能力归还所挪用的公款而拒不归还，并隐瞒挪用的公款去向的，应当以贪污罪定罪处罚。

17. 公款存入银行行为、骗取雪灾款行为如何定性归责？连续挪用公款如何计算挪用公款数额？

一、基本案情

胡某，中共党员，A 县 B 乡党委书记。刘某，中共党员，A 县 B 乡财政所所长。2020 年 11 月，胡某与刘某商量后决定，由刘某编造虚假灾情，骗取国家雪灾救灾款（以下简称雪灾款）六十九万元，存于乡财政所在 A 县农业银行分理处的基本账户。同年 12 月，刘某为帮该银行分理处会计完成揽储任务，私自将该笔雪灾款取出以自己名字办理了三个月整存整取存单。2021 年 3 月，刘某将六十九万元及利息三千三百元取出后存回单位基本账户。

2020 年 2 月，A 县财政局下拨给 B 乡雪灾款二百一十万元，胡某与刘某商量后决定，由刘某操作将其中一百万元支付了乡村公路工程建设款。同年 9 月，胡某将雪灾款中的五十万元借给同学李某用于围标押金；同年 10 月，胡某再次将雪灾款中的五十万元借给李某用于偿还前次所借五十万元欠款；2021 年 2 月，胡某再次借给李某五十万元雪灾款用于围标押金。2021 年 6 月案发后，挪用的公款全部归还。

二、分歧意见

本案的焦点问题：一是私自将公款办成整存整取三个月存单后，到期将本金及利息取出归还是否构成挪用公款行为；二是用雪灾款支付乡村公路工程建设款是否构成挪用特定款物行为；三是多次挪用公款，并以后次挪用公款归还前次挪用的公款，挪用公款数额如何计算。

围绕上述问题，审查调查组在定性归责时出现了以下两种意见：

第一种意见认为，胡某与刘某骗取雪灾款六十九万元，应当追究二人的党纪政务责任。刘某私自将雪灾款六十九万元存成整存整取三个月存单，到期将本金及利息取出存回单位基本账户，刘某无非法占有存款和利息的主观故意，没有侵犯公款的收益权能，不构成挪用公款行为。胡某连续三次将雪灾款五十万元借给同学李某用于围标押金，构成挪用一百五十万元公款行为。

第二种意见认为，胡某与刘某骗取雪灾款六十九万元，应当追究二人的党纪政务责任。

刘某将六十九万元公款办理了三个月整存整取存单，构成挪用公款行为，所得利息三千三百元属于违法所得，应当追缴，不计入挪用公款数额，刘某涉嫌挪用公款犯罪问题。应追究刘某党纪政务责任。

胡某与刘某将一百万元雪灾款挪作他用，涉嫌挪用特定款物犯罪问题，应追究二人的党纪政务责任。

胡某连续三次将雪灾款借给同学李某，胡某属于连续挪用公款，挪用公款数额以案发时未还的实际数额认定，即挪用一百万元，胡某涉嫌挪用公款犯罪问题，应追究胡某的党纪政务责任。

对胡某、刘某的上述违法及涉嫌犯罪问题，依据《纪律处分条例》第二十七条、第二十八条的规定，追究二人的党纪责任，分别给予二人党纪处分。依据《政务处分法》第三十三条第一款第（一）项、第四十一条的规定，追究二人政务责任，给予二人政务处分。将胡某、刘某涉嫌犯罪问题移送检察机关依法处理。

三、评析意见

我们同意第二种意见，具体认定理由如下：

（一）B 乡政府违反国家法律法规规定，骗取雪灾款六十九万元，应当追究直接负责的主管人员和其他直接责任人员胡某、刘某的党纪政务责任

骗取财政资金违法行为，即骗取国家财政拨款、补贴等违法行为，是指党和国家机关、国有公司、企业、事业单位、人民团体，采取虚报、冒领的手段，骗取国家财政拨款或者补贴等的行为。

该违法行为侵犯的客体是国家财产所有权。行为对象是国家的财政拨款或者补贴等。

本案中，胡某与刘某商量后决定，刘某操作骗取雪灾款六十九万元，侵犯了国家财产所有权，符合该违法行为客体要件规定。同时胡某、刘某主观上具有为本单位骗取雪灾款的目的，具有主观故意。从违法客观方面行为方式看，行为方式具体表现为采取虚报、冒领的手段，骗取国家财政资金的行为。依据《财政违法行为处罚处分条例》第六条的规定，B 乡政府构成骗取财政资金违法行为，应当追究直接负责的主管人员和其他直接责任人员胡某、刘某的党纪政务责任。应根据《纪律处分条例》第二十八条、《政务处分法》第四十一条的规定，追究二人的党纪政务责任。

在执纪执法实务中，应当注意区分法定处分与实际处分的适用问题。

法定处分，是指《纪律处分条例》分则对各种具体违纪行为所规定的处分种类和处分幅度的总称。《纪律处分条例》总则规定了警告、严重警告、撤销党内职务、留党察看、开除党籍五种对违纪党员的处分和改组、解散两种对严重违纪的党组织的纪律处理措施。《纪律处分条例》分则规定的处分，是根据总则的规定及违纪行为的危害程度确定的，是党组织对违纪的党员和党组织裁量党纪处分的法定标准。

根据《纪律处分条例》分则的规定，法定处分有下述三种：

一是规定单一的处分。例如，《纪律处分条例》第六十条第一款规

定，从事、参与挑拨破坏民族关系制造事端或者参加民族分裂活动的，对策划者、组织者和骨干分子，给予开除党籍处分。对该行为只要达到证据确实充分的条件，证明被调查人是策划者、组织者和骨干分子，应当给予开除党籍处分。二是同时规定两种或两种以上的处分。例如，《纪律处分条例》第九十九条的规定，党员领导干部违反工作、生活保障制度，在交通、医疗、警卫等方面为本人、配偶、子女及其配偶等亲属和其他特定关系人谋求特殊待遇，情节较重的，给予警告或者严重警告处分；情节严重的，给予撤销党内职务或者留党察看处分。该条款规定了四种处分种类，最低是警告，最高是留党察看处分。党组织在量纪时应在这个处分幅度（量纪幅度）内决定实际执行的处分，如无减轻或者加重处分的情节，不能低于警告处分，也不能高于留党察看处分。三是规定援引的处分，即《纪律处分条例》分则条文对具体违纪行为援引其他条款的处分规定给予处分。例如，《纪律处分条例》第八十八条第二款的规定，收受其他明显超出正常礼尚往来的财物的，依照前款规定处理。该条款“依照前款规定处理”，就是按照第一款的处分规定给予处分。

应当注意的：一是党组织在量纪时，除了有加重、减轻或免予处分情节外，必须在《纪律处分条例》规定的法定处分幅度内决定实际处分；二是法定处分与实际处分是两个不同的法定概念。实际处分是党组织对违纪党员实际给予的处分。法定处分是实际处分的依据，实际处分则是法定处分的适用。法定处分是《纪律处分条例》规定的，而实际处分则是党组织在处理具体案件时确定的；法定处分一般有可供选择的处分幅度，实际处分是实际认定的处分。

结合本案而言，骗取国家财政资金违法行为应当依据《纪律处分条例》第二十八条的规定，追究党纪责任。《纪律处分条例》第二十八条规定，“党组织在纪律审查中发现党员有刑法规定的行为，虽不构成犯罪但须追究党纪责任的，或者有其他违法行为，损害党、国家和人民利益的，应当视具体情节给予警告直至开除党籍处分”。该条款规定了五种处分种类，最低是警告处分，最高是开除党籍处分。党组织在量纪时应在该处分幅度（量纪幅度）内决定实际处分。

但是，中央纪委、监察部2008年印发的《抗震救灾款物管理使用违法违纪行为处分规定》（以下简称《抗震救灾处分规定》）第三条的规定，“严格禁止并严肃查处虚报、冒领抗震救灾款物行为。各地区各部门应当如实上报人员伤亡、财产损失等受灾情况，不得虚报灾情或者骗取、冒领抗震救灾款物。违反规定的，对有关责任人员党内给予严重警告或者撤销党内职务处分，行政给予记大过、降级或者撤职处分；情节严重的，党内给予留党察看或者开除党籍处分，行政给予开除处分”。

从上述《纪律处分条例》第二十八条和《抗震救灾处分规定》第三条规定的党纪处分情节和处分的种类看，《抗震救灾处分规定》规定了两种情节、四种处分种类，最低是严重警告处分，最高是开除党籍处分。而《纪律处分条例》第二十八条对其他违法行为规定了应当视具体情节给予警告直至开除党籍处分，即是五种处分种类，最低是警告处分，最高是开除党籍处分。《抗震救灾处分规定》和《纪律处分条例》规定的最低情节的法定处分是不同的，那么，在实务中，应当依据、援引前者还是后者呢?

我们认为，从党内法规范畴看，《抗震救灾处分规定》属于就骗取抗震救灾的单项特殊规定，《纪律处分条例》第二十八条是对其他违法行为的一般规定，当一般规定与特殊规定不一致时，适用特殊规定。但应注意将一般规定法定处分幅度与特别规定法定处分幅度相结合。

本案是骗取雪灾救灾款的问题，虽然与抗震救灾款同属于救灾款系列，但在援引法规时不能援引《抗震救灾处分规定》，应当援引《纪律处分条例》第二十八条。但《抗震救灾处分规定》法定处分幅度严于《纪律处分条例》第二十八条的法定处分幅度，我们应依据一般规定的条款，同时按照特殊规定的法定处分幅度来决定实际处分。应依据《纪律处分条例》第二十八条的规定，在严重警告处分与开除党籍处分之间决定实际处分。

同理，对于政务处分的问题，应依据《政务处分法》第四十一条的规定，在行政给予记大过与开除处分之间决定实际处分。

（二）刘某违反国家法律规定，涉嫌挪用公款犯罪问题

挪用公款罪，是指国家工作人员利用职务上的便利，挪用公款归个人使用，进行非法活动的，或者挪用公款数额较大、进行营利活动的，或者挪用公款数额较大、超过三个月未还的行为。

该罪的主体由国家工作人员构成。国家工作人员是指在职的国家工作人员。国家工作人员范畴根据《刑法》第九十三条“本法所称国家工作人员，是指国家机关中从事公务的人员。国有公司、企业、事业单位、人民团体中从事公务的人员和国家机关、国有公司、企业、事业单位委派到非国有公司、企业、事业单位、社会团体从事公务的人员，以及其他依照法律从事公务的人员，以国家工作人员论”的规定确定。根据全国人民代表大会常务委员会《关于〈中华人民共和国刑法〉第九十三条第二款的解释》的规定，“村民委员会等村基层组织人员协助人民政府从事下列行政管理工作，属于刑法第九十三条第二款规定的‘其他依照法律从事公务的人员’：（一）救灾、抢险、防汛、优抚、扶贫、移民、救济款物的管理；（二）社会捐助公益事业款物的管理；（三）国有土地的经营和管理；（四）土地征用补偿费用的管理；（五）代征、代缴税款；（六）有关计划生育、户籍、征兵工作；（七）协助人民政府从事的其他行政管理工作。村民委员会等村基层组织人员从事前款规定的公务，利用职务上的便利，非法占有公私财物、挪用公款，索取他人财物或者非法收受他人财物，构成犯罪的，适用刑法第三百八十二条和第三百八十三贪污罪、第三百八十四条挪用公款罪……的规定”。

该罪在主观方面是故意。该罪客体是复杂客体，既侵犯国家工作人员的职务廉洁性，也侵犯公共财产的占有、使用、收益权。财产所有权包括四项权能：占有权、使用权、收益权、处分权。挪用公款罪的"挪用"改变了公款用途，侵犯的不是所有权的全部权能，而是侵犯了占有权、使用权、收益权。犯罪对象是公款，包括货币、有价证券、专项资金等。但是，《刑法》第三百八十四条第二款规定，"挪用用于救灾、抢险、防汛、优抚、扶贫、移民、救济款物归个人使用的，从重处罚"。挪用公款罪的犯罪对象并不限于公款，还包括上述特定款物。例如，1997 年最高人民检察院《关于挪用国库券如何定性问题的批复》的规定，"国家工作人员利用职务上的便利，挪用公有或本单位的国库券的行为以挪用公款论；符合刑法第三百八十四条、第三百七十二条第二款规定的情形构成犯罪的，按挪用公款罪追究刑事责任"。2003 年最高人民检察院《关于挪用失业保险基金和下岗职工基本生活保障资金的行为适用法律问题的批复》的规定，"挪用失业保险基金和下岗职工基本生活保障资金属于挪用救济款物。挪用失业保险基金和下岗职工基本生活保障资金，情节严重，致使国家和人民群众利益遭受重大损害的，对直接责任人员，应当依照刑法第二百七十三条的规定，以挪用特定款物罪追究刑事责任；国家工作人员利用职务上的便利，挪用失业保险基金和下岗职工基本生活保障资金归个人使用，构成犯罪的，应当依照刑法第三百八十四条的规定，以挪用公款罪追究刑事责任"。

应当注意的是，挪用一般公物，不属于挪用公款罪的犯罪对象。2000 年最高人民检察院《关于国家工作人员挪用非特定公物能否定罪的请示的批复》规定，"刑法第三百八十四条规定的挪用公款罪中未包括挪用非特定公物归个人使用的行为，对该行为不以挪用公款罪论处。如构成其他犯罪的，依照刑法的相关规定定罪处罚"。

该罪在客观方面的行为方式是利用职务上的便利，挪用公款归个人使用，进行非法活动的，或者挪用公款数额较大、进行营利活动的，或者挪用公款数额较大、超过三个月未还的行为。“利用职务上的便利”，是指利用职务权力所形成的主管、管理、经营、经手公款（包括有价证券、专项资金、特定款物等）的便利条件。既包括行为人直接经手、管理公款的便利条件，也包括行为人因其职权而具有的调拨、支配、使用公款的便利条件。依据最高人民法院《审理挪用公款案件具体应用法律的解释》和最高人民检察院《检察院立案标准的规定（试行）》的规定，“挪用公款归个人使用”，既包括挪用者本人使用，也包括给他人使用。

根据全国人民代表大会常务委员会《关于〈中华人民共和国刑法〉第三百八十四条第一款的解释》的规定，“有下列情形之一的，属于挪用公款‘归个人使用’：（一）将公款供本人、亲友或者其他自然人使用的；（二）以个人名义将公款供其他单位使用的；（三）个人决定以单位名义将公款供其他单位使用，谋取个人利益的”。据此，挪用公款归个人使用，分为将公款供个人使用的行为，以及将公款供其他单位使用的行为。认定这两类有所区别的挪用公款归个人使用的行为，需要注意依据立法解释、司法解释或者规范性文件的规定予以准确判断。

根据《刑法》第三百八十四条的规定和《审理挪用公款案件具体应用法律的解释》，挪用公款归个人使用存在三种具体行为方式：

1. 挪用公款归个人使用，进行非法活动。“非法活动”，既包括犯罪活动，也包括违法活动。根据《审理挪用公款案件具体应用法律的解释》第二条第（三）项的规定，“挪用公款归个人使用，进行赌博、走私等非法活动的，构成挪用公款罪，不受‘数额较大’和挪用时间的限制。挪用公款给他人使用，不知道使用人用公款进行营利活动或者用于非法活动，数额较大、超过三个月未还的，构成挪用公款罪；明知使用人用于营利活动或者非法活动的，应当认定为挪用人挪用公款进行营利活动或者非法活动”。依据《贪污贿赂刑事案件适用法律的解释》第五条的规定，“挪用公款归个人使用，进行非法活动，数额在三万元以上的，应当依照刑法第三百八十四条的规定以挪用公款罪追究刑事责任”。

2. 挪用公款数额较大、归个人进行营利活动。根据《审理挪用公款案件具体应用法律的解释》第二条第（二）项和第（三）项的规定，“挪用公款数额较大，归个人进行营利活动的，构成挪用公款罪，不受挪用时间和是否归还的限制。在案发前部分或者全部归还本息的，可以从轻处罚；情节轻微的，可以免除处罚。挪用公款存入银行、用于集资、购买股票、国债等，属于挪用公款进行营利活动。所获取的利息、收益等违法所得，应当追缴，但不计人挪用公款的数额。挪用公款给他人使用，不知道使用人用公款进行营利活动或者用于非法活动，数额较大、超过三个月未还的，构成挪用公款罪；明知使用人用于营利活动或者非法活动的，应当认定为挪用人挪用公款进行营利活动或者非法活动”。依据《贪污贿赂刑事案件适用法律的解释》第六条的规定，挪用公款归个人使用，进行营利活动，数额在五万元以上的，应当认定为《刑法》第三百八十四条第一款规定的“数额较大”的情况追究刑事责任。根据《审理经济犯罪案件工作纪要》挪用公款用于注册公司、企业行为性质的认定，“申报注册资本是为进行生产经营活动作准备，属于成立公司、企业进行营利活动的组成部分。因此，挪用公款归个人用于公司、企业注册资本验资证明的，应当认定为挪用公款进行营利活动”。

3. 挪用公款归个人使用，挪用公款数额较大、超过三个月未还。根据《审理挪用公款案件具体应用法律的解释》第二条第（一）项的规定，“挪用公款归个人使用，数额较大、超过三个月未还的，构成挪用公款罪。挪用正在生息或者需要支付利息的公款归个人使用，数额较大，超过三个月但在案发前全部归还本金的，可以从轻处罚或者免除处罚。给国家、集体造成的利息损失应予追缴。挪用公款数额巨大，超过三个月，案发前全部归还的，可以酌情从轻处罚”。依据《贪污贿赂刑事案件适用法律的解释》第六条的规定，“挪用公款归个人使用……超过三个月未还，数额在五万元以上的，应当认定为刑法第三百八十四条第一款规定的‘数额较大’”。

从挪用公款客观方面看，挪用公款的用途不同，构成挪用公款的条件也有所不同。因此，正确认定被挪用公款的用途，是区分不同类型的挪用公款行为的关键。从挪用公款归个人使用的三种类型即“非法活动型、营利活动型、超期未还型”看，挪用公款立法规制主旨首先在于“挪”，就是公款不能挪，其次，是“用”，即使用公款的问题。具体到上述三种类型而言，“超期未还型”是在挪用数额和挪用时间上加以规制，只要挪用后超过法定规制时间未还，就界定为违法及犯罪。如果挪用后进行营利和非法活动，就不存在规制挪用时间的问题。

在本案中，挪用公款行为侵犯的客体是复杂客体，即侵犯党和国家工作人员职务行为的廉洁性和公款的占有权、使用权、收益权三项权能。财产所有权包括对财产的占有、使用、收益和处分四项权能。挪用公款只侵犯公款的占有、使用和收益三项权能，并未侵犯公款的全部权能。只要侵犯公款的占有、使用和收益权中的一项权能就符合挪用公款客体要件规定。刘某侵犯了公款的占有、使用两项权能，属于侵犯了挪用公款的客体要件。我们认为，第一种意见是不正确的，是对挪用公款侵犯财产所有权权能要素的错误解读。

同时，依据《审理挪用公款案件具体应用法律的解释》第二条第一款（二）“挪用公款存入银行、用于集资、购买股票、国债等，属于挪用公款进行营利活动。所获取的利息、收益等违法所得，应当追缴，但不计入挪用公款的数额”的规定，刘某私自将救灾款六十九万元存成整存整取三个月存单，即是挪用公款存入银行行为，属于挪用公款进行营利活动。符合挪用公款客观方面要件规定。

综上，刘某符合挪用公款四要件构成的规定，构成挪用六十九万元公款行为。三千三百元利息属于违法所得，应当依法追缴，不计入挪用公款的数额。依据《贪污贿赂刑事案件适用法律的解释》第六条的规定，挪用公款归个人使用，进行营利活动，数额在五万元以上的，应当认定为《刑法》第三百八十四条第一款规定的“数额较大”的情况追究刑事责任。因此，刘某涉嫌挪用公款犯罪问题。依据《刑法》第三百八十四条第二款的规定，“挪用用于救灾、抢险、防汛、优抚、扶贫、移民、救济款物归个人使用的，从重处罚”。依据《纪律处分条例》第二十七条、《政务处分法》第三十三条第一款第（一）项的规定，追究刘某的党纪政务责任，给予党纪政务处分。将刘某涉嫌挪用公款犯罪问题移送检察机关依法办理。

（三）胡某、刘某违反国家法律规定，涉嫌挪用特定款物犯罪问题

挪用特定款物罪，是指违反国家财经管理制度，挪用救灾、抢险、防汛、优抚、扶贫、移民、救济款物，情节严重，致使国家和人民群众利益遭受重大损害的行为。

该罪主体是主管、经管、经手上述特定款物的工作人员，包括国家工作人员、集体经济组织工作人员，以及其他经手、管理上述款物的人员。主观方面是直接故意，明知是专用的特定款物，故意挪作他用。

侵犯的客体是复杂客体，侵犯了公共财物所有权和特定款物的财经管理制度。犯罪对象，是专门用于救灾、抢险、防汛、优抚、扶贫、移民、救济款物，包括生产资料和生活资料。最高人民检察院《关于挪用失业保险基金和下岗职工基本生活保障资金的行为适用法律问题的批复》规定，“挪用失业保险基金和下岗职工基本生活保障资金属于挪用救济款物。挪用失业保险基金和下岗职工基本生活保障资金，情节严重，致使国家和人民群众利益遭受重大损害的，对直接责任人员，应当依照刑法第二百七十三条的规定，以挪用特定款物罪追究刑事责任；国家工作人员利用职务上的便利，挪用失业保险基金和下岗职工基本生活保障资金归个人使用，构成犯罪的，应当依照刑法第三百八十四条的规定，以挪用公款罪追究刑事责任”。

该罪在客观方面的行为方式是利用职务上的便利，违反专款专用的财经管理制度，将上述特定款物挪用于其他方面，情节严重，致使国家和人民群众利益遭受重大损害。“违反财经管理制度”，是指违反专款专用的财经管理制度。“挪用”，是指未经合法批准，擅自将特定款物用于其他用途的行为。单位挪用特定款物的行为，必须是将上述特定款物挪作公用，而不是挪作个人使用。

挪用特定款物罪的刑事责任，依据《刑法》第二百七十三条规定，“挪用用于救灾、抢险、防汛、优抚、扶贫、移民、救济款物，情节严重，致使国家和人民群众利益遭受重大损害的，对直接责任人员，处三年以下有期徒刑或者拘役；情节特别严重的，处三年以上七年以下有期徒刑”。

在本案中，胡某、刘某分别任党委书记、财政所所长，明知雪灾款属于专款专用的款项，仍挪作他用具有主观故意。将雪灾款一百万元支付乡村公路工程建设款，胡某是挪用特定款物行为直接负责的主管人员，刘某是其他直接责任人员，胡某、刘某已涉嫌挪用特定款物犯罪问题，应依据《纪律处分条例》第二十七条、《政务处分法》第四十一条的规定，追究二人的党纪政务责任。

（四）胡某违反国家法律规定，涉嫌挪用公款犯罪问题

连续犯，是指基于同一或者概括的犯罪故意，连续实施性质相同的独立成罪的数个行为，触犯同一罪名的犯罪形态。

在本案中，胡某连续三次将雪灾款借给同学李某用于围标押金及归还欠款，构成连续挪用公款行为，那么，多次挪用公款并以后次挪用公款归还前次挪用的公款，挪用公款数额如何计算？

依据最高人民检察院《检察院立案标准的规定（试行）》“一、贪污贿赂犯罪案件（二）挪用公款案……多次挪用公款并以后次挪用的公款归还前次挪用的公款，挪用公款数额以案发时未还的数额认定”的规定，胡某挪用公款数额以案发时未还的实际数额认定，即认定胡某

挪用公款数额为一百万元。因为胡某挪用的是雪灾款，依据《刑法》第三百八十四条第二款规定，“挪用用于救灾、抢险、防汛、优抚、扶贫、移民、救济款物归个人使用的，从重处罚”。《贪污贿赂刑事案件适用法律的解释》第五条规定，“挪用公款归个人使用，进行非法活动，数额在三万元以上的，应当依照刑法第三百八十四条的规定以挪用公款罪追究刑事责任”。胡某涉嫌挪用公款犯罪问题。依据《纪律处分条例》第二十七条、《政务处分法》第三十三条第一款第（一）项的规定，追究胡某的党纪政务责任，给予党纪政务处分。

综合上述（一）（二）（三）（四）的情况，B 乡政府构成骗取财政资金违法行为，胡某和刘某分别是直接负责的主管人员和其他直接责任人员；刘某构成挪用六十九万元公款行为，所得利息三千三百元属于违法所得，应当追缴，不计入挪用公款数额，刘某涉嫌挪用公款犯罪问题；胡某与刘某将一百万元雪灾款挪作他用，涉嫌挪用特定款物犯罪问题；胡某连续三次将雪灾款借给同学李某，胡某属于连续挪用公款行为，挪用公款数额以案发时未还的实际数额认定，即挪用一百万元公款，胡某涉嫌挪用公款犯罪问题。

对胡某、刘某的上述违法及涉嫌犯罪问题，依据《纪律处分条例》第二十七条、第二十八条的规定，追究二人的党纪责任，分别给予二人党纪处分。依据《政务处分法》第三十三条第一款第（一）项、第四十一条的规定，追究二人的政务责任，给予政务处分。

将胡某、刘某涉嫌犯罪问题移送检察机关依法处理。依据《监察法》第四十六条的规定，对涉嫌犯罪取得的财物，应当随案移送人民检察院。

18. 将下属单位资金借给他人注册公司行为如何定性归责？

（使用预算资金二百万元人民币以上，并且该资金占投资额百分之十以上的项目属于必须招标的工程项目）

一、基本案情

案例一：刘某，中共党员，A 省交通厅副厅长。分管路桥建设工作、协助厅长管理财务处工作。

2020 年 2 月，刘某经人介绍认识了某路桥建设有限公司董事长栗某。同年 9 月，栗某找到刘某，提出要承揽高速公路建设工程。在刘某授意下，其分管的省交通厅有关部门将 A 省某段高速公路维修工程发包给了栗某，工程决算总造价为一百九十万元。事后，栗某送给刘某十万元。此事造成了不良影响。

案例二：2020 年 10 月，刘某高中同学谭某为了谈生意体现经济实力，需要出具验资报告，准备注册一家注册资金一千万元的有限责任公司。但谭某手中仅有八百万元。谭某找到刘某帮忙，并说不使用，只是注册，注册后马上归还。刘某让自己分管的 A 省交通运输管理局局长张某借给谭某二百万元公款。同年 12 月，谭某办完验资手续，将二百万元归还。

二、分歧意见

第一种意见认为，刘某构成违规干预和插手建设工程项目承发包活动违纪行为，并涉嫌受贿犯罪、挪用公款犯罪问题。

第二种意见认为，刘某行为涉嫌受贿犯罪、挪用公款犯罪问题．同时，刘某还存在违反《中华人民共和国招标投标法》（以下简称《招投标法》）的行为，刘某是直接负责的主管人员和直接责任人员，应追究其纪律和法律责任。

三、评析意见

我们同意第一种意见。具体解读如下：

（一）刘某违反国家法律规定，涉嫌挪用公款犯罪问题

挪用公款罪，是指国家工作人员利用职务上的便利，挪用公款归个人使用，进行非法活动的，或者挪用公款数额较大、进行营利活动的，或者挪用公款数额较大、超过三个月未还的行为。

该罪主体由国家工作人员构成。国家工作人员是指在职的国家工作人员。国家工作人员范畴根据《刑法》第九十三条“本法所称国家工作人员，是指国家机关中从事公务的人员。国有公司、企业、事业单位、人民团体中从事公务的人员和国家机关、国有公司、企业、事业单位委派到非国有公司、企业、事业单位、社会团体从事公务的人员，以及其他依照法律从事公务的人员，以国家工作人员论”的规定确定。根据全国人民代表大会常务委员会《关于〈中华人民共和国刑法〉第九十三条第二款的解释》的规定，“村民委员会等村基层组织人员协助人民政府从事下列行政管理工作，属于刑法第九十三条第二款规定的‘其他依照法律从事公务的人员’：（一）救灾、抢险、防汛、优抚、扶贫、移民、救济款物的管理；（二）社会捐助公益事业款物的管理；（三）国有土地的经营和管理；（四）土地征用补偿费用的管理；（五）代征、代缴税款；（六）有关计划生育、户籍、征兵工作；（七）协助人民政府从事的其他行政管理工作。村民委员会等村基层组织人员从事前款规定的公务，利用职务上的便利，非法占有公私财物、挪用公款、索取他人财物或者非

法收受他人财物，构成犯罪的，适用刑法……第三百八十四条挪用公款罪……的规定”。

该罪在主观方面是故意。该罪客体是复杂客体，既侵犯国家工作人员的职务廉洁性，也侵犯公共财产的占有、使用、收益权。财产所有权包括四项权能：占有权、使用权、收益权、处分权。挪用公款罪的“挪用”改变了公款用途，侵犯的不是所有权的全部权能，而是侵犯了占有权、使用权、收益权。犯罪对象是公款，包括货币、有价证券、专项资金等。但是，根据《刑法》第三百八十四条第二款规定，“挪用用于救灾、抢险、防汛、优抚、扶贫、移民、救济款物归个人使用的，从重处罚”。挪用公款罪的犯罪对象并不限于公款，还包括上述特定款物。例如，根据最高人民检察院《关于挪用国库券如何定性问题的批复》，国家工作人员利用职务上的便利，挪用公有或本单位的国库券的行为以挪用公款论；符合《刑法》第三百八十四条、第二百七十二条第二款规定的情形构成犯罪的，按挪用公款罪追究刑事责任。根据最高人民检察院《关于挪用失业保险基金和下岗职工基本生活保障资金的批复》规定，挪用失业保险基金和下岗职工基本生活保障资金属于挪用救济款物。挪用失业保险基金和下岗职工基本生活保障资金，情节严重，致使国家和人民群众利益遭受重大损害的，对直接责任人员，应当依照刑法第二百七十三条的规定，以挪用特定款物罪追究刑事责任；国家工作人员利用职务上的便利，挪用失业保险基金和下岗职工基本生活保障资金归个人使用，构成犯罪的，应当依照刑法第三百八十四条的规定，以挪用公款罪追究刑事责任。

应当注意的是，挪用一般公物，不属于挪用公款罪的犯罪对象。2000年最高人民检察院《关于国家工作人员挪用非特定公物能否定罪的请示的批复》规定，刑法第三百八十四条规定的挪用公款罪中未包括挪用非特定公物归个人使用的行为，对该行为不以挪用公款罪论处。如构成其他犯罪的，依照刑法的相关规定定罪处罚。

该罪在客观方面的行为方式是利用职务上的便利，挪用公款归个人使用，进行非法活动的，或者挪用公款数额较大、进行营利活动的，或者挪用公款数额较大、超过三个月未还的行为。利用职务上的便利，是指利用职务权力所形成的主管、管理、经营、经手公款（包括有价证券、专项资金、特定款物等）的便利条件。既包括行为人直接经手、管理公款的便利条件，也包括行为人因其职权而具有的调拨、支配、使用公款的便利条件。依据最高人民法院《审理挪用公款案件具体应用法律的解释》和最高人民检察院《检察院立案标准的规定（试行）》的规定，"挪用公款归个人使用"，既包括挪用者本人使用，也包括给他人使用。

根据全国人民代表大会常务委员会《关于〈中华人民共和国刑法〉第三百八十四条第一款的解释》的规定，"有下列情形之一的，属于挪用公款'归个人使用'：（一）将公款供本人、亲友或者其他自然人使用的；（二）以个人名义将公款供其他单位使用的；（三）个人决定以单位名义将公款供其他单位使用，谋取个人利益的"。据此，挪用公款归个人使用，分为将公款供个人使用的行为以及将公款供其他单位使用的行为。认定这两类有所区别的挪用公款归个人使用的行为，需要注意依据立法解释、司法解释或者规范性文件的规定予以准确判断。

根据《刑法》第三百八十四条的规定和《审理挪用公款案件具体应用法律的解释》，挪用公款归个人使用存在三种具体行为方式：

1. 挪用公款归个人使用，进行非法活动。"非法活动"，既包括犯罪活动，也包括违法活动。根据《审理挪用公款案件具体应用法律的解释》第二条的规定，"挪用公款归个人使用，进行赌博、走私等非法活动的，构成挪用公款罪，不受'数额较大'和挪用时间的限制。挪用公款给他人使用，不知道使用人用公款进行营利活动或者用于非法活动，数额较大、超过三个月未还的，构成挪用公款罪；明知使用人用于营利活动或者非法活动的，应当认定为挪用人挪用公款进行营利活动或者非法活动”。依据《贪污贿赂刑事案件适用法律的解释》第五条的规定，“挪用公款归个人使用，进行非法活动，数额在三万元以上的，应当依照刑法第三百八十四条的规定以挪用公款罪追究刑事责任”。

2. 挪用公款数额较大、归个人进行营利活动。根据《审理挪用公款案件具体应用法律的解释》第二条的规定，“挪用公款数额较大，归个人进行营利活动的，构成挪用公款罪，不受挪用时间和是否归还的限制。在案发前部分或者全部归还本息的，可以从轻处罚；情节轻微的，可以免除处罚。挪用公款存入银行、用于集资、购买股票、国债等，属于挪用公款进行营利活动。所获取的利息、收益等违法所得，应当追缴，但不计人挪用公款的数额。”挪用公款给他人使用，不知道使用人用公款进行营利活动，数额较大、超过三个月未还的，构成挪用公款罪；明知使用人用于营利活动的，应当认定为挪用人挪用公款进行营利活动。依据《贪污贿赂刑事案件适用法律的解释》第六条的规定，挪用公款归个人使用，进行营利活动，数额在五万元以上的，应当认定为刑法第三百八十四条第一款规定的“数额较大”的情况追究刑事责任。根据《审理经济犯罪案件工作纪要》规定，“挪用公款用于注册公司、企业行为性质的认定，申报注册资本是为进行生产经营活动作准备，属于成立公司、企业进行营利活动的组成部分：因此，挪用公款归个人用于公司、企业注册资本验资证明的，应当认定为挪用公款进行营利活动”。

3. 挪用公款归个人使用，挪用公款数额较大、超过三个月未还。根据《审理挪用公款案件具体应用法律的解释》第二条的规定，“挪用公款归个人使用，数额较大、超过三个月未还的，构成挪用公款罪。挪用正在生息或者需要支付利息的公款归个人使用，数额较大，超过三个月但在案发前全部归还本金的，可以从轻处罚或者免除处罚。给国家、集体造成的利息损失应予追缴。挪用公款数额巨大，超过三个月，案发前全部归还的，可以酌情从轻处罚”。依据《贪污贿赂刑事案件运用法律的解释》第六条的规定，“挪用公款归个人使用……超过三个月未还，数额在五万元以上的，应当认定为刑法第三百八十四条第一款规定的‘数额较大’”的情况追究刑事责任。

需要注意的是，根据《审理经济犯罪案件工作纪要》挪用公款用于注册公司、企业行为性质的认定规定，“申报注册资本是为进行生产经营活动作准备，属于成立公司、企业进行营利活动的组成部分：因此，挪用公款归个人用于公司、企业注册资本验资证明的，应当认定为挪用公款进行营利活动”。国有单位领导向其主管的具有法人资格的下级单位借公款归个人使用的认定规定，“国有单位领导利用职务上的便利指令具有法人资格的下级单位将公款供个人使用的，属于挪用公款行为，构成犯罪的，应以挪用公款罪定罪处罚”。

在案例二中，刘某让自己分管的A省交通运输管理局局长张某借给谭某二百万元公款的行为，符合《审理经济犯罪案件工作纪要》的规定，属于国有单位领导利用职务上的便利指令具有法人资格的下级单位将公款供个人注册公司使用，属于挪用公款进行营利活动。依据《贪污贿赂刑事案件适用法律的解释》第六条的规定，“挪用公款归个人使用，进行营利活动……数额在五万元以上的，应当认定为刑法第三百八十四条第一款规定的‘数额较大’”的情况追究刑事责任。因此，刘某涉嫌挪用公款犯罪问题。

（二）刘某违反国家法律规定，涉嫌受贿犯罪问题

受贿罪，是指国家工作人员利用职务上的便利，索取他人财物，或者非法收受他人财物，为他人谋取利益的行为。

该罪主体只能由国家工作人员构成。国家工作人员是指在职的国家工作人员。国家工作人员范畴根据《刑法》第九十三条“本法所称国家工作人员，是指国家机关中从事公务的人员。国有公司、企业、事业单位、人民团体中从事公务的人员和国家机关、国有公司、企业、事业单位委派到非国有公司、企业、事业单位、社会团体从事公务的人员，

以及其他依照法律从事公务的人员，以国家工作人员论”的规定确定。根据全国人民代表大会常务委员会《关于〈中华人民共和国刑法〉第九十三条第二款的解释》的规定，“村民委员会等村基层组织人员协助人民政府从事下列行政管理工作，属于刑法第九十三条第二款规定的‘其他依照法律从事公务的人员’：（一）救灾、抢险、防汛、优抚、扶贫、移民、救济款物的管理；（二）社会捐助公益事业款物的管理；（三）国有土地的经营和管理；（四）土地征用补偿费用的管理；（五）代征、代缴税款；（六）有关计划生育、户籍、征兵工作；（七）协助人民政府从事的其他行政管理工作。村民委员会等村基层组织人员从事前款规定的公务，利用职务上的便利……索取他人财物或者非法收受他人财物，构成犯罪的，适用刑法……第三百八十五条和第三百八十六条受贿罪的规定”。

还有特殊情况的受贿主体问题，例如，《最高人民法院给江苏省高级人民法院“关于国家工作人员利用职务上便利为他人谋取利益离退休后收受财物行为如何处理问题”的批复》中明确批复，“国家工作人员利用职务上的便利为请托人谋取利益，并与请托人事先约定，在其离退休后收受请托人财物，构成犯罪的，以受贿罪定罪处罚”。再如，《受贿刑事案件适用法律的意见》规定，“国家工作人员利用职务上的便利为请托人谋取利益之前或者之后，约定在其离职后收受请托人财物，并在离职后收受的，以受贿论处”。该罪主观方面是故意。

该罪侵犯的客体是国家工作人员职务廉洁性。受贿行为所索取、收受的财物称为“贿赂”，犯罪对象是贿赂。贿赂即是《刑法》所规定的财物。《贪污贿赂刑事案件适用法律的解释》第十二条规定，“贿赂犯罪中的‘财物’，包括货币、物品和财产性利益。财产性利益包括可以折算为货币的物质利益如房屋装修、债务免除等，以及需要支付货币的其他利益如会员服务、旅游等。后者的犯罪数额，以实际支付或者应当支付的数额计算”。需要注意的是，非财产性利益不属于贿赂。

该罪在客观方面表现为利用职务上的便利，索取他人财物，或者非法收受他人财物，为他人谋取利益的行为。包括两种不同的行为方式：

一是利用职务上的便利，索取他人财物，即索取贿赂行为。索取贿赂，是指行为人主动向他人索要、勒索财物，体现的是索要主动性和给付财物被动性。索取他人财物不论是否“为他人谋取利益”，均构成受贿行为。根据《检察院立案标准的规定（试行)》的规定，受贿罪中的“‘利用职务上的便利’，是指利用本人职务范围内的权力，即自己职务上主管、负责或者承办某项公共事务的职权及其所形成的便利条件。索取他人财物的，不论是否‘为他人谋取利益’，均可构成受贿罪”。根据《审理经济犯罪案件工作纪要》的规定，受贿罪中“‘利用职务上的便利’，既包括利用本人职务上主管、负责、承办某项公共事务的职权，也包括利用职务上有隶属、制约关系的其他国家工作人员的职权。担任单位领导职务的国家工作人员通过不属自己主管的下级部门的国家工作人员的职务为他人谋取利益的，应当认定为‘利用职务上的便利’为他人谋取利益”。

二是利用职务上的便利，非法收受他人财物，为他人谋取利益，即收受贿赂行为。收受贿赂，是指行为人接受请托人的财物。体现的是给付财物行为的自愿性和接受财物的被动性。根据《检察院立案标准的规定（试行)》的规定，“非法收受他人财物的，必须同时具备‘为他人谋取利益’的条件，才能构成受贿罪。但是为他人谋取的利益是否正当，为他人谋取的利益是否实现，不影响受贿罪的认定。”根据《审理经济犯罪案件工作纪要》的规定，“为他人谋取利益包括承诺、实施和实现三个阶段的行为。只要具有其中一个阶段的行为，如国家工作人员收受他人财物时，根据他人提出的具体请托事项，承诺为他人谋取利益的，就具备了为他人谋取利益的要件。明知他人有具体请托事项而收受其财物的，视为承诺为他人谋取利益”。“为他人谋取利益”包括五种情况：一是承诺（承诺包括明示、暗示和默许）为他人谋取利益，但尚未实际进行；二是已经实施为他人谋取利益，也就是实施过程中，但尚未谋取到利益；三是已经实施为他人谋取利益，但尚未完全实现；四是为他人谋取利益，已经完全实现。五是明知他人有具体请托事项而收受其财物的，视为承诺为他人谋取利益。《贪污贿赂刑事案件适用法律的解释》第十三条规定，“具有下列情形之一的，应当认定为‘为他人谋取利益’，构成犯罪的，应当依照刑法关于受贿犯罪的规定定罪处罚：（一）实际或者承诺为他人谋取利益的；（二）明知他人有具体请托事项的；（三）履职时未被请托，但事后基于该履职事由收受他人财物的。国家工作人员索取、收受具有上下级关系的下属或者具有行政管理关系的被管理人员的财物价值三万元以上，可能影响职权行使的，视为承诺为他人谋取利益”。

在案例一中，刘某利用职务上的便利，为栗某谋取高速公路维修工程项目利益，非法收受栗某十万元，构成受贿行为。依据《贪污贿赂刑事案件适用法律的解释》第一条第一款规定，“贪污或者受贿数额在三万元以上不满二十万元的，应当认定为刑法第三百八十三条第一款规定的‘数额较大’，依法判处三年以下有期徒刑或者拘役，并处罚金”。刘某涉嫌受贿犯罪问题。

（三）刘某违反工作纪律，构成违规干预和插手建设工程项目承发包活动违纪行为

违规干预和插手建设工程项目承发包活动违纪行为，是指党员领导干部违反规定，利用职权或者职务上的影响，干预和插手建设工程项目承发包活动，影响工程建设正常开展，造成不良影响的行为。

该主体必须是党员领导干部。根据中央纪委2010年印发的《党员领导干部违反规定插手干预工程建设领域行为适用〈中国共产党纪律处分条例〉若干问题的解释》（以下简称《插手干预工程建设的解释》）第一条的规定，包括党和国家机关中副科级以上党员领导干部、人民团体、事业单位中相当于副科级以上党员领导干部、国有和国有控

股企业（含国有和国有控股金融企业）及其分支机构领导人员中的党员。主观方面是故意，即党员领导干部明知违规干预和插手建设工程项目承发包活动是违反党规党纪行为，但仍实施。侵犯的客体是复杂客体，既侵犯职务行为的廉洁性，又侵犯党和国家机关、人民团体、事业单位、国有和国有控股企业的建设工程项目承发包的管理制度。

在客观方面必须具备两个条件：

一是具有违反规定干预和插手建设工程项目承发包活动的行为。“违反规定”，是指党和国家关于党员领导干部干预和插手市场经济活动的相关规定。例如，《插手干预工程建设的解释》及2010年监察部、人力资源社会保障部下发的《违反规定插手干预工程建设领域行为处分规定》（以下简称《建设领域行为处分规定》）等。《插手干预工程建设的解释》《建设领域行为处分规定》和《纪律处分条例》第一百二十六条第（一）项均对违规干预和插手建设工程项目承发包活动作出了具体规制。《插手干预工程建设的解释》第二条规定，“本解释所称违反规定插手干预工程建设领域行为，是指党员领导干部违反法律、法规、规章、政策性规定或者议事规则，利用职权或者职务上的影响，向相关部门、单位或者有关人员以指定、授意、暗示等方式提出要求，影响工程建设正常开展或者干扰正常监管、执法活动的行为”。“违规干预和插手建设工程项目承发包活动”，根据《插手干预工程建设的解释》第四条的规定，主要是指下述行为：“（一）要求有关部门对依法应当招标的工程建设项目不招标，或者依法应当公开招标的工程建设项目实行邀请招标的；（二）要求有关部门或者单位将依法必须进行招标的工程建设项目化整为零，或者假借保密工程、抢险救灾等特殊工程名义规避招标的；（三）为招标人指定招标代理机构并办理招标事宜的；（四）影响工程建设项目投标人资格的确定或者评标、中标结果的；（五）有其他违反规定插手干预工程建设项目招标投标活动行为的”。

二是造成不良影响。根据《纪律处分条例》第一百二十六条第一款第（一）项的规定，违规干预和插手建设工程项目承发包活动，必须造成不良影响的，才构成该违纪行为，即一般违纪行为。“不良影响”，是指党员领导干部上述违规违纪行为在社会上对党和党员领导干部的形象造成负面影响。

在案例一中，刘某作为省交通厅副厅长，违反工作纪律，违反规定干预和插手建设工程项目承发包工作，授意下属省交通厅有关部门将高速公路维修工程发包给栗某，造成不良影响，构成违规干预和插手建设工程项目承发包活动违纪行为，应依据《纪律处分条例》第一百二十六条第（一）项的规定，追究刘某的党纪责任。

（四）刘某不构成违反《招投标法》行为

第二种意见认为，公路维修工程必须进行招标，刘某授意下属单位直接将维修工程发包给栗某，属于违反《招投标法》的违法行为，刘某是直接负责的主管人员和直接责任人员，应追究其法律纪律责任。

我们认为，对刘某的行为应依法依规进行定性归责，即依据《招投标法》、2018年国家发改委印发《必须招标的工程项目规定》的规定进行认定。依据《必须招标的工程项目规定》第二条规定，“全部或者部分使用国有资金投资或者国家融资的项目包括：（一）使用预算资金二百万元人民币以上，并且该资金占投资额百分之十以上的项目；（二）使用国有企业事业单位资金，并且该资金占控股或者主导地位的项目”。栗某承揽的高速公路维修工程决算总造价为一百九十万元，不足二百万元，不属于必须招标的工程项目。因此，刘某不构成违反《招投标法》的违法行为。

（五）对刘某的行为应当合并处理，追究其党纪政务责任，将其涉嫌犯罪问题移送检察机关依法处理

综合上述（一）（二）（三）的情况，刘某构成违规干预和插手建设工程项目承发包活动违纪行为，涉嫌挪用公款犯罪问题，涉嫌受贿犯罪问题。根据《纪律处分条例》第二十三条、第二十七条、第一百二

十六条第（一）项的规定，合并处理，追究其党纪责任，给予党纪处分。依据《政务处分法》第十五条、第三十三条第一款第（一）（二）项的规定，追究其政务责任，给予政务处分。

将刘某涉嫌受贿犯罪、挪用公款犯罪问题移送检察机关依法处理，依据《监察法》第四十六条的规定，将刘某涉嫌犯罪取得的财物，随案移送人民检察院。

19. “挪而未用”是否构成挪用公款？

一、基本案情

陶某，中共党员，某国有独资航空公司经理。2020 年 8 月，陶某高中同学刘某（个体经营建筑材料）对陶某说自己进货资金周转有点困难，求陶某帮他借一百万元，承诺三个月返还。同年 8 月 18 日，陶某个人决定将航空公司一百万元资金借给了刘某。翌日，刘某到陶某办公室，送给他三万元表示感谢。11 月 25 日，刘某将一百万元还给航空公司，并告诉陶某，所借一百万元并未使用。经查，一百万元在刘某存折上未使用。

二、分歧意见

对陶某的行为应如何定性及处理，存在分歧意见：

第一种意见认为，陶某虽然将航空公司一百万元资金借给刘某超过三个月，由于刘某未使用，所以陶某不构成挪用公款行为，但是陶某为他人谋取利益，收受刘某三万元，涉嫌构成受贿犯罪问题。

第二种意见认为，陶某将公款一百万元借给刘某超过三个月，虽未使用，但超过三个月，属于挪用公款既遂，涉嫌挪用公款犯罪问题。同时，陶某因挪用公款收受贿赂构成受贿行为，涉嫌受贿犯罪问题。根据《纪律处分条例》第二十三条、第二十七条的规定，合并处理，追究陶某的党纪责任，给予党纪处分。依据《政务处分法》第十五条、第三十三条第一款第（一）项和第四十一条的规定，追究其政务责任，给予政务处分。

将陶某涉嫌受贿犯罪、挪用公款犯罪问题移送检察机关依法处理，依据《监察法》第四十六条的规定，将陶某涉嫌犯罪取得的财物，随案移送人民检察院。

三、评析意见

我们同意第二种意见，理由如下：

（一）陶某违反国家法律规定，涉嫌挪用公款犯罪问题

挪用公款罪，是指国家工作人员利用职务上的便利，挪用公款归个人使用，进行非法活动的，或者挪用公款数额较大、进行营利活动的，或者挪用公款数额较大、超过三个月未还的行为。

该罪主体由国家工作人员构成。国家工作人员是指在职的国家工作人员。国家工作人员范畴根据《刑法》第九十三条“本法所称国家工作人员，是指国家机关中从事公务的人员。国有公司、企业、事业单位、人民团体中从事公务的人员和国家机关、国有公司、企业、事业单位委派到非国有公司、企业、事业单位、社会团体从事公务的人员，以及其他依照法律从事公务的人员，以国家工作人员论”的规定确定。根据全国人民代表大会常务委员会《关于〈中华人民共和国刑法〉第九十三条第二款的解释》的规定，“村民委员会等村基层组织人员协助人民政府从事下列行政管理工作，属于刑法第九十三条第二款规定的‘其他依照法律从事公务的人员’：（一）救灾、抢险、防汛、优抚、扶贫、移民、救济款物的管理；（二）社会捐助公益事业款物的管理；（三）国有土地的经营和管理；（四）土地征用补偿费用的管理；（五）代征、代缴税款；（六）有关计划生育、户籍、征兵工作；（七）协助人民政府从事的其他行政管理工作。村民委员会等村基层组织人员从事前款规定的公务，利用职务上的便利……挪用公款……构成犯罪的，适用刑法……第三百八十四条挪用公款罪……的规定”。

该罪在主观方面是故意。该罪客体是复杂客体，既侵犯国家工作人员的职务廉洁性，也侵犯公共财产的占有、使用、收益权。财产所有权包括四项权能：占有权、使用权、收益权、处分权。挪用公款罪的“挪用”改变了公款用途，侵犯的不是所有权的全部权能，而是侵犯了占有权、使用权、收益权。犯罪对象是公款，包括货币、有价证券、专项资金等。根据《刑法》第三百八十四条第二款规定，“挪用用于救灾、抢险、防汛、优抚、扶贫、移民、救济款物归个人使用的，从重处罚”。挪用公款罪的犯罪对象并不限于公款，还包括上述特定款物。例如，根据1997年最高人民检察院《关于挪用国库券如何定性问题的批复》的规定，“国家工作人员利用职务上的便利，挪用公有或本单位的国库券的行为以挪用公款论；符合刑法第三百八十四条、第二百七十二条第二款规定的情形构成犯罪的，按挪用公款罪追究刑事责任”。根据《关于挪用失业保险基金和下岗职工基本生活保障资金的批复》规定，“挪用失业保险基金和下岗职工基本生活保障资金属于挪用救济款物。挪用失业保险基金和下岗职工基本生活保障资金，情节严重，致使国家和人民群众利益遭受重大损害的，对直接责任人员，应当依照刑法第二百七十三条的规定，以挪用特定款物罪追究刑事责任；国家工作人员利用职务上的便利，挪用失业保险基金和下岗职工基本生活保障资金归个人使用，构成犯罪的，应当依照刑法第三百八十四条的规定，以挪用公款罪追究刑事责任”。

应当注意的是，挪用一般公物，不属于挪用公款罪的犯罪对象。最高人民检察院《关于国家工作人员挪用非特定公物能否定罪的请示的批复》规定，“刑法第三百八十四条规定的挪用公款罪中未包括挪用非特定公物归个人使用的行为，对该行为不以挪用公款罪论处。如构成其他犯罪的，依照刑法的相关规定定罪处罚”。

该罪在客观方面的行为方式是利用职务上的便利，挪用公款归个人使用，进行非法活动的，或者挪用公款数额较大、进行营利活动的，或者挪用公款数额较大、超过三个月未还的行为。“利用职务上的便利”，是指利用职务权力所形成的主管、管理、经营、经手公款（包括有价证券、专项资金、特定款物等）的便利条件。既包括行为人直接经手、管理公款的便利条件，也包括行为人因其职权而具有的调拨、支配、使用公款的便利条件。依据《审理挪用公款案件具体应用法律的解释》和《检察院立案标准的规定（试行）》的规定，“挪用公款归个人使用”，既包括挪用者本人使用，也包括给他人使用。

根据全国人民代表大会常务委员会《关于〈中华人民共和国刑法〉第三百八十四条第一款的解释》的规定，有下列情形之一的，属于挪用公款“归个人使用”：（一）将公款供本人、亲友或者其他自然人使用的；（二）以个人名义将公款供其他单位使用的；（三）个人决定以单位名义将公款供其他单位使用，谋取个人利益的。据此，挪用公款归个人使用，分为将公款供个人使用的行为，以及将公款供其他单位使用的行为。认定这两类有所区别的挪用公款归个人使用的行为，需要注意依据立法解释、司法解释或者规范性文件的规定予以准确判断。

根据《刑法》第三百八十四条的规定和《审理挪用公款案件具体应用法律的解释》，挪用公款归个人使用存在三种具体行为方式：

1. 挪用公款归个人使用，进行非法活动。“非法活动”，既包括犯罪活动，也包括违法活动。根据《审理挪用公款案件具体应用法律的解释》第二条的规定，“挪用公款归个人使用，进行赌博、走私等非法活动的，构成挪用公款罪，不受‘数额较大’和挪用时间的限制。挪用公款给他人使用，不知道使用人用公款进行营利活动或者用于非法活动，数额较大、超过三个月未还的，构成挪用公款罪；明知使用人用于营利活动或者非法活动的，应当认定为挪用人挪用公款营利活动或者进行非法活动”。依据《贪污贿赂刑事案件适用法律的解释》第五条的规定，“挪用公款归个人使用，进行非法活动，数额在三万元以上的，应当依照刑法第三百八十四条的规定以挪用公款罪追究刑事责任”。

2. 挪用公款数额较大、归个人进行营利活动。根据《审理挪用公款案件具体应用法律的解释》第二条的规定，“挪用公款数额较大，归个人进行营利活动的，构成挪用公款罪，不受挪用时间和是否归还的限制。在案发前部分或者全部归还本息的，可以从轻处罚；情节轻微的，可以免除处罚。挪用公款存入银行、用于集资、购买股票、国债等，属于挪用公款进行营利活动。所获取的利息、收益等违法所得，应当追缴，但不计人挪用公款的数额。挪用公款给他人使用，不知道使用人用公款进行营利活动……数额较大、超过三个月未还的，构成挪用公款罪；明知使用人用于营利活动……的”，应当认定为挪用人挪用公款进行营利活动……依据《贪污贿赂刑事案件适用法律的解释》第六条的规定，“挪用公款归个人使用，进行营利活动……数额在五万元以上的，应当认定为刑法第三百八十四条第一款规定的‘数额较大’”。根据《审理经济犯罪案件工作纪要》挪用公款用于注册公司、企业行为性质的认定的规定，“申报注册资本是为进行生产经营活动作准备，属于成立公司、企业进行营利活动的组成部分。因此，挪用公款归个人用于公司、企业注册资本验资证明的，应当认定为挪用公款进行营利活动”。

3. 挪用公款归个人使用，挪用公款数额较大、超过三个月未还。根据《审理挪用公款案件具体应用法律的解释》第二条的规定，“挪用公款归个人使用，数额较大、超过三个月未还的，构成挪用公款罪。挪用正在生息或者需要支付利息的公款归个人使用，数额较大，超过三个月但在案发前全部归还本金的，可以从轻处罚或者免除处罚。给国家、集体造成的利息损失应予追缴。挪用公款数额巨大，超过三个月，案发前全部归还的，可以酌情从轻处罚”。依据《贪污贿赂刑事案件适用法律的解释》第六条的规定，“挪用公款归个人使用……超过三个月未还，数额在五万元以上的，应当认定为刑法第三百八十四条第一款规定的‘数额较大’”。

本案的焦点问题是，公款挪而未用的行为构不构成挪用公款行为？

我们认为，首先，必须厘清挪用公款犯罪既遂的法律属性。犯罪既遂是故意犯罪的完成形态，是指行为人故意实施的行为已经具备了某种犯罪构成要件的全部要件。确认犯罪是否既遂，应以行为人所实施的行为是否具备了《刑法》分则所规定的某一种犯罪构成要件的全部要件为标准。既遂与未遂的区别，就是犯罪实行行为是否具备犯罪构成的全部要件，具备的是既遂，不完全具备的是未遂。挪用公款罪既遂，是指行为人所故意实施的挪用公款行为已经具备了挪用公款行为构成的全部要件。《刑法》犯罪既遂是以犯罪构成要件为标准，不是以犯罪目的、犯罪结果为标准。

其次，挪用公款的“挪用”指改变公款用途，“挪用公款”是由“挪”和“用”两种行为组合而成的。“挪”是利用职务上的便利，将公款挪到本人或者他人的控制之下。“用”是将公款归本人或者他人使用。“挪”是前提，“用”是目的。就挪用公款罪而言，并不是行为人实现了“用”的目的，才构成挪用公款罪既遂。挪用公款罪侵犯的客体不是所有权的全部权能，而是包括占有权、使用权、收益权。只要侵犯了上述三项权能之一的，就符合挪用公款罪客体要件的规定。挪而未用的行为是侵犯了占有权，所以挪而未用的行为是符合挪用公款罪客体要件规定的。

从挪用公款罪客观方面行为方式“利用职务上的便利，挪用公款归个人使用，挪用公款数额较大、超过三个月未还的”来看，挪用公款罪在客观方面构成要件强调的是“挪”的行为，只要具有“挪”的行为，就符合客观方面的构成要件的规定，也符合我国犯罪既遂的标准。同时，依据《审理经济犯罪案件工作纪要》关于“挪用公款后尚未投入实际使用的，只要同时具备‘数额较大’和‘超过三个月未还’的构成要件，应当认定为挪用公款罪，但可以酌情从轻处罚”的规定，挪而未用行为符合《审理经济犯罪案件工作纪要》的规定。只要行为人已经将公款转移到本人或者他人控制之下，单位失去了对公款的控制，即标志其占有权、使用权和收益权已经被侵犯，行为人是否使用，对该罪的构成不产生影响。挪用公款罪应当是以行为人或者他人对公款的实际控制为既遂的标准。挪而未用的行为符合挪用公款罪四要件构成的规定，挪而未用行为构成挪用公款行为。

在本案中，陶某作为国有独资航空公司经理，个人决定将航空公司一百万元资金借给刘某，借用人虽未使用，但超过三个月未还，陶某属于挪用公款的完成形态。同时，也符合《审理经济犯罪案件工作纪要》关于“挪用公款后尚未投入实际使用的，只要同时具备‘数额较大’和‘超过三个月未还’的构成要件，应当认定为挪用公款罪，但可以酌情从轻处罚”的规定。陶某的行为符合上述挪用公款四要件构成的规定，属于挪用公款既遂形态。

依据《贪污贿赂刑事案件适用法律的解释》第六条的规定，“挪用公款归个人使用……超过三个月未还，数额在五万元以上的，应当认定为刑法第三百八十四条第一款规定的‘数额较大’”的情况追究刑事责任。因此，陶某涉嫌挪用公款犯罪问题。

（二）陶某违反国家法律规定，涉嫌受贿犯罪问题

受贿罪，是指国家工作人员利用职务上的便利，索取他人财物，或者非法收受他人财物，为他人谋取利益的行为。

该罪主体只能由国家工作人员构成。国家工作人员是指在职的国家工作人员。国家工作人员范畴根据《刑法》第九十三条“本法所称国家工作人员，是指国家机关中从事公务的人员。国有公司、企业、事业单位、人民团体中从事公务的人员和国家机关、国有公司、企业、事业单位委派到非国有公司、企业、事业单位、社会团体从事公务的人员，以及其他依照法律从事公务的人员，以国家工作人员论”的规定确定。根据全国人民代表大会常务委员会《关于〈中华人民共和国刑法〉第九十三条第二款的解释》的规定，“村民委员会等村基层组织人员协助

人民政府从事下列行政管理工作，属于刑法第九十三条第二款规定的'其他依照法律从事公务的人员'：(一) 救灾、抢险、防汛、优抚、扶贫、移民、救济款物的管理；（二）社会捐助公益事业款物的管理；(三) 国有土地的经营和管理；（四）土地征用补偿费用的管理；(五) 代征、代缴税款；（六）有关计划生育、户籍、征兵工作；(七) 协助人民政府从事的其他行政管理工作。村民委员会等村基层组织人员从事前款规定的公务，利用职务上的便利……索取他人财物或者非法收受他人财物，构成犯罪的，适用刑法……第三百八十五条和第三百八十六条受贿罪的规定”。

还有特殊情况的受贿主体问题，例如，最高人民法院给江苏省高级人民法院《关于国家工作人员利用职务上便利为他人谋取利益离退休后收受财物行为如何处理问题的批复》中明确批复，“国家工作人员利用职务上的便利为请托人谋取利益，并与请托人事先约定，在其离退休后收受请托人财物，构成犯罪的，以受贿罪定罪处罚”。再如，《受贿刑事案件适用法律的意见》的规定，“国家工作人员利用职务上的便利为请托人谋取利益之前或者之后，约定在其离职后收受请托人财物，并在离职后收受的，以受贿论处”。该罪主观方面是故意。

该罪侵犯的客体是国家工作人员职务廉洁性。受贿行为所索取、收受的财物称为“贿赂”，犯罪对象是贿赂。贿赂即是《刑法》所规定的财物。《贪污贿赂刑事案件适用法律的解释》第十二条规定，“贿赂犯罪中的‘财物’，包括货币、物品和财产性利益。财产性利益包括可以折算为货币的物质利益如房屋装修、债务免除等，以及需要支付货币的其他利益如会员服务、旅游等。后者的犯罪数额，以实际支付或者应当支付的数额计算”。需要注意的是，非财产性利益不属于贿赂。

该罪在客观方面表现为利用职务上的便利，索取他人财物，或者非法收受他人财物，为他人谋取利益的行为。包括两种不同的行为方式：

一是利用职务上的便利，索取他人财物，即索取贿赂行为。索取贿赂，是指行为人主动向他人索要、勒索财物。体现的是索要财物主动性和给付财物被动性。索取他人财物不论是否“为他人谋取利益”，均构成受贿行为。根据《检察院立案标准的规定（试行)》的规定，受贿罪中的“‘利用职务上的便利’，是指利用本人职务范围内的权力，即自己职务上主管、负责或者承办某项公共事务的职权及其所形成的便利条件。索取他人财物的，不论是否‘为他人谋取利益’，均可构成受贿罪”。根据《审理经济犯罪案件工作会议纪要》的规定，受贿罪中“‘利用职务上的便利’，既包括利用本人职务上主管、负责、承办某项公共事务的职权，也包括利用职务上有隶属、制约关系的其他国家工作人员的职权。担任单位领导职务的国家工作人员通过不属自己主管的下级部门的国家工作人员的职务为他人谋取利益的，应当认定为‘利用职务上的便利’为他人谋取利益”。

二是利用职务上的便利，非法收受他人财物，为他人谋取利益。即收受贿赂行为。收受贿赂，是指行为人接受请托人的财物。体现的是给付财物行为的自愿性和接受财物的被动性。根据《检察院立案标准的规定（试行)》的规定，“非法收受他人财物的，必须同时具备‘为他人谋取利益’的条件，才能构成受贿罪。但是为他人谋取的利益是否正当，为他人谋取的利益是否实现，不影响受贿罪的认定”。根据《审理经济犯罪案件工作纪要》的规定，“为他人谋取利益包括承诺、实施和实现三个阶段的行为。只要具有其中一个阶段的行为，如国家工作人员收受他人财物时，根据他人提出的具体请托事项，承诺为他人谋取利益的，就具备了为他人谋取利益的要件。明知他人有具体请托事项而收受其财物的，视为承诺为他人谋取利益”。“为他人谋取利益”包括五种情况：一是承诺（承诺包括明示、暗示和默许）为他人谋取利益，但尚未实际进行；二是已经实施为他人谋取利益，也就是实施过程中，但尚未谋取到利益；三是已经实施为他人谋取利益，但尚未完全实现；四是为他人谋取利益，已经完全实现。五是明知他人有具体请托事项而收受其财物的，视为承诺为他人谋取利益。《贪污贿赂刑事案件适用法律解释》第十三条规定："具有下列情形之一的，应当认定为'为他人谋取利益'，构成犯罪的，应当依照刑法关于受贿犯罪的规定定罪处罚：（一）实际或者承诺为他人谋取利益的；（二）明知他人有具体请托事项的；（三）履职时未被请托，但事后基于该履职事由收受他人财物的。国家工作人员索取、收受具有上下级关系的下属或者具有行政管理关系的被管理人员的财物价值三万元以上，可能影响职权行使的，视为承诺为他人谋取利益"。

在本案中，陶某是国有企业从事公务的人员，属于以国家工作人员论的人员。行为人陶某利用职务上的便利，挪用公款归个人使用，收受他人贿赂，陶某的行为在主观上属于直接故意。陶某非法收受刘某三万元的行为，侵犯了党和国家工作人员职务行为的廉洁性，符合受贿行为客体要件的规定。陶某利用职务上的便利，将公款挪给刘某使用，属于为他人谋取利益，并非法收受刘某财物，构成受贿行为。依据《贪污贿赂刑事案件适用法律的解释》第一条第一款"贪污或者受贿数额在三万元以上不满二十万元的，应当认定为刑法第三百八十三条第一款规定的'数额较大'，依法判处三年以下有期徒刑或者拘役，并处罚金"的规定，陶某涉嫌受贿犯罪问题。

（三）陶某的上述两种涉嫌犯罪问题应合并处理，追究其党纪政务责任，将其涉嫌犯罪问题移送检察机关依法处理

在本案中，陶某既涉嫌挪用公款犯罪问题，又涉嫌受贿犯罪问题，根据《审理挪用公款案件具体应用法律的解释》第七条"因挪用公款索取、收受贿赂构成犯罪的，依照数罪并罚的规定处罚"和《纪律处分条例》第二十三条、第二十七条的规定，应当合并处理，追究陶某的党纪处分，给予党纪处分，依据《政务处分法》第十五条、第三十三条第一款第（一）项和第四十一条的规定，追究其政务责任，给予政务处分。

将陶某涉嫌受贿犯罪、挪用公款犯罪问题移送检察机关依法处理，依据《监察法》第四十六条的规定，陶某涉嫌犯罪取得的财物，应当随案移送人民检察院。

20. 个人决定以单位名义出借公款并收受财物行为是否数罪并罚？

（挪用公款特殊行为方式的认定问题，想象竞合、法条竞合犯罪形态问题，一般国有公司、企业、事业单位人员滥用职权违法行为认定问题）

一、基本案情

华某，中共党员，某市国网供电公司董事长。2020 年 8 月，华某利用职务之便，个人决定以单位的名义将公款二百万元借给某电力安装有限公司（私有公司，以下简称安装公司）用于购买原材料，该公司两个月就将该借款归还，安装公司经理刘某为了感谢华某送其十万元人民币。

二、分歧意见

在本案中，对于华某出借公款并收受财物的行为应如何定性归责和处理，出现了分歧意见：

第一种意见认为：华某个人决定以单位的名义将公款借给其他单位使用，数额较大且用于营利活动，同时非法收受借款方贿赂十万元人民币，分别构成了挪用公款罪和受贿罪，应数罪并罚。

第二种意见认为：华某利用职务上的便利，个人决定以单位的名义将公款借给其他单位，进行营利活动，并收受借款方十万元人民币，华某涉嫌挪用公款犯罪和受贿犯罪。同时，构成违反民主集中制原则违纪行为，构成一般国有公司、企业、事业单位人员滥用职权违法行为。华某的上述行为属于想象竞合形态，应按照涉嫌挪用公款犯罪行为追究其党纪政务责任，依据《纪律处分条例》的规定，追究其党纪政务责任，给予党纪政务处分。将华某涉嫌犯罪问题移送检察机关依法处理。依据《监察法》第四十六条的规定，对涉嫌犯罪取得的财物，应当随案移送人民检察院。

三、评析意见

本案的知识点，是立法解释将“个人决定以单位名义将公款供其他单位使用，谋取个人利益的挪用公款行为”界定为挪用公款客观方面的一种特殊行为方式。

我们同意第二种意见。现结合相关法律规定、司法解释和立法解释及相关违纪、犯罪构成理论，对华某的上述行为进行定性归责的解读。

（一）华某违反国家法律规定，涉嫌挪用公款犯罪和受贿犯罪，华某的行为不能以挪用公款罪和受贿罪数罪并罚

挪用公款罪，是指国家工作人员利用职务上的便利，挪用公款归个人使用，进行非法活动的，或者挪用公款数额较大、进行营利活动的，或者挪用公款数额较大、超过三个月未还的行为。

全国人民代表大会常务委员会《关于〈中华人民共和国刑法〉第三百八十四条第一款的解释》对挪用公款“归个人使用”的含义问题，解释如下：有下列情形之一的，属于挪用公款“归个人使用”：（一）将公款供本人、亲友或者其他自然人使用的；（二）以个人名义将公款供其他单位使用的；（三）个人决定以单位名义将公款供其他单位使用，谋取个人利益的。上述前两种解释是对挪用公款罪客观方面具体行为要素的界定，属于对法律的规定需要进一步明确具体含义。但是上述第三种解释属于法律制定后出现新的情况，属于立法机关对挪用公

款罪出现新的情况需要进一步明确犯罪构成内容的解释，是对挪用公款行为一种新的特殊行为方式的界定，也就是将“个人决定以单位名义将公款供其他单位使用，谋取个人利益的”的行为界定为挪用公款行为的一种特殊行为方式。上述第三种情形，即“个人决定以单位名义将公款供其他单位使用，谋取个人利益的”，行为人构成挪用公款罪，但是必须以“谋取个人利益”为行为要素要件，没有谋取个人利益的，就不构成挪用公款罪。

在本案中，华某利用职务之便，个人决定以单位的名义将公款借给安装公司，收受刘某十万元人民币，属于谋取个人利益的情况。华某的行为属于上述解释界定的挪用公款行为的一种特殊行为方式。

依据《贪污贿赂刑事案件适用法律的解释》第六条规定，挪用公款归个人使用，进行营利活动或者超过三个月未还，数额在五万元以上的，应当认定为刑法第三百八十四条第一款规定的“数额较大”；数额在五百万元以上的，应当认定为刑法第三百八十四条第一款规定的“数额巨大”。具有下列情形之一的，应当认定为刑法第三百八十四条第一款规定的“情节严重”：（一）挪用公款数额在二百万元以上的；（二）挪用救灾、抢险、防汛、优抚、扶贫、移民、救济特定款物，数额在一百万元以上不满二百万元的；（三）挪用公款不退还，数额在一百万元以上不满二百万元的；（四）其他严重的情节。华某利用职务之便，个人决定以单位的名义将公款二百万元借给安装公司用于购买原材料，收受刘某十万元人民币，华某涉嫌挪用公款犯罪问题。

受贿罪，是指国家工作人员利用职务上的便利，索取他人财物，或者非法收受他人财物，为他人谋取利益的行为。

华某利用职务之便，个人决定以单位的名义将公款二百万元借给安装公司用于购买原材料，属于为安装公司谋取了利益，并收受安装公司经理刘某十万元人民币，华某构成受贿行为，依据《贪污贿赂刑事案件适用法律的解释》第一条的规定，华某涉嫌受贿犯罪问题。

综上，华某既涉嫌挪用公款犯罪问题，又涉嫌受贿犯罪问题，是否对华某数罪并罚?

《审理挪用公款案件具体应用法律的解释》第七条规定，因挪用公款索取、收受贿赂构成犯罪的，依照数罪并罚的规定处罚。该司法解释是对“挪用公款行为”和“挪用公款行为和收受钱款行为（属于挪用公款收钱型受贿行为）”的数罪并罚。也就是行为人实施了全国人民代表大会常务委员会《关于〈中华人民共和国刑法〉第三百八十四条第一款的解释》的前两种情形，满足挪用公款“归个人使用”四要件构成的规定，进而构成挪用公款罪，在这两种情形下，行为人同时收受他人财物的，应根据《审理挪用公款案件具体应用法律的解释》第七条规定，因挪用公款索取、收受贿赂构成犯罪的，依照数罪并罚的规定处罚。对行为人以挪用公款罪和受贿罪进行数罪并罚。

因为挪用公款罪在客观方面行为方式不包括“个人决定以单位名义将公款供其他单位使用，谋取个人利益”这种行为方式。全国人民代表大会常务委员会《关于〈中华人民共和国刑法〉第三百八十四条第一款的解释》将“个人决定以单位名义将公款供其他单位使用，谋取个人利益的”行为界定为挪用公款“归个人使用”的一种特殊行为方式。华某的上述行为就属于上述挪用公款的特殊行为方式。

我们认为，依据《中华人民共和国立法法》第四十五条、第五十条规定，法律解释权属于全国人民代表大会常务委员会。法律有以下情况之一的，由全国人民代表大会常务委员会解释：（一）法律的规定需要进一步明确具体含义的；（二）法律制定后出现新的情况，需要明确适用法律依据的。全国人民代表大会常务委员会的法律解释同法律具有同等效力。第一百零四条规定，最高人民法院、最高人民检察院作出的属于审判、检察工作中具体应用法律的解释，应当主要针对具体的法律条文，并符合立法的目的、原则和原意。全国人大常委会属于立法机关，其作出的解释属于立法解释。“两高”属于最高司法机关，其作出的解释属于司法解释。作为立法解释同法律具有同等效力，而“两高”的解释属于司法解释，属于审判、检察工作中具体应用法律的解释，是工作层面的，其解释的效力要低于立法解释。因此，不能依据1998年最高人民法院《审理挪用公款案件具体应用法律的解释》第七条的规定，对华某进行数罪并罚。而应依据全国人民代表大会常务委员会《关于〈中华人民共和国刑法〉第三百八十四条第一款的解释》的规定，华某的行为属于立法解释界定的挪用公款行为的一种特殊行为方式，即华某涉嫌挪用公款犯罪问题。

（二）华某挪用公款行为和受贿行为，属于想象竞合犯罪形态

想象竞合犯，是指一个行为触犯数个罪名的犯罪形态。

想象竞合犯的要件：一是行为人只实施了一个行为。如果实施了数个行为，不构成想象竞合犯。行为是作为，也可能是不作为。想象竞合犯可能出于故意，可能出于过失，也可能实施一个行为但主观上既出于故意同时又存在过失。二是一个行为触犯了数个罪名。想象竞合犯是一个行为触犯数个罪名，如果是数个行为触犯数个罪名，是实际的数罪；如果是作为犯罪的方法行为或结果行为分别触犯不同的罪名，则构成牵连犯，不构成想象竞合犯。所谓一个行为触犯数个罪名，就是一个行为同时符合《刑法》规定的数个犯罪构成。想象竞合犯只能是一个行为触犯不同种的数个罪名，触犯数个同种罪名，不能构成想象竞合犯。因为只有数个不同的罪名，才是数个罪名；数个相同的罪名，不是想象竞合犯。

想象竞合犯的处断原则。对想象竞合犯，《刑法》理论实务界通说主张按“从一重处断原则”处理，即是按照行为触犯的数个罪名中法定刑较重的犯罪定罪处罚，不实行数罪并罚。《刑法》第三百二十九条明文规定执行该原则。“从一重处断原则”适用于想象竞合犯罪形态，但《刑法》另有特别规定的，应当依照特别规定论处。

想象竞合犯与法条竞合犯（亦称法规竞合犯）的区别。法条竞合，

是指行为人实施一个犯罪行为同时触犯数个在犯罪构成上属于包含关系的《刑法》规范，只适用其中一个《刑法》规范的情况。实施一个犯罪行为，是指基于一个罪过实施一个危害社会的行为。数个《刑法》规范可能是不同法律中规定的《刑法》规范，或者是同一法律中不同条款规定的《刑法》规范。不同《刑法》规范规定了不同的犯罪构成，同时触犯数个《刑法》规范，就是行为同时符合数个犯罪构成，属于触犯数个罪名。数个犯罪构成之间在法律上存在包含关系，一个犯罪构成在法律上被另一个犯罪构成所全部包含或部分包含，实质上符合一个犯罪构成，因此只适用其中一个《刑法》罪名论处。法条竞合适用法律的原则是：（一）特别法优于普通法；（二）重法优于轻法。例如，邮政工作人员实行了私自开拆邮件行为，同时触犯了《刑法》第二百五十二条规定的侵犯通信自由罪和第二百五十三条规定的私自开拆邮件罪。而私自开拆邮件罪就被侵犯通信自由罪的构成所包含，实际上就只能构成私自开拆邮件罪，应依据《刑法》第二百五十三条第一款的规定论处。

想象竞合犯与法条竞合犯都是实施了一个行为，触犯了数个罪名，两者的区别是：(1) 法条竞合的一个行为，只是出于一个罪过，并且是产生一个结果；想象竞合犯的一个行为，往往是数个罪过和数个结果。(2) 法条竞合，一行为触犯的数个《刑法》规范之间存在着一个规范规定的犯罪构成包含另一规范规定的犯罪构成，以致一个犯罪行为触犯数个《刑法》规范；想象竞合犯，一行为触犯规定的数个罪名的法条不存在犯罪构成之间的包含关系，想象竞合犯则是由于出于数个罪过、产生数个结果，以致一行为触犯数罪名。(3) 法条竞合，在竞合的数法条中，只能一法条可以适用其行为，其法律适用问题，依照特别法优于普通法等原则处理；想象竞合犯，竞合的数条款均可以适用其行为，其法律适用问题，依照“从一重处断”的原则处理。据此，就可以把想象竞合犯与法条竞合犯区别开来。

在本案中，华某利用职务之便，个人决定以单位的名义将公款二百万元借给安装公司用于购买原材料，并收受刘某十万元人民币。华某的行为符合上述立法解释所规定的挪用公款“归个人使用”的第三种情形，涉嫌挪用公款犯罪问题。同时，华某收受借款方十万元的行为，也符合受贿罪的构成要件，华某也涉嫌受贿犯罪问题。华某的上述两种行为属于想象竞合犯罪形态。属于一行为同时触犯受贿罪和挪用公款罪两个罪名的犯罪形态。由于华某挪用公款的数额达二百万元，收受财物的数额为十万元，根据《贪污贿赂刑事案件适用法律的解释》的相关规定，华某挪用公款罪的法定刑要明显重于受贿罪法定刑，因此，对华某应以挪用公款罪定罪处罚。应依据《纪律处分条例》第二十四条、第二十七条、《政务处分法》第三十三条第一款第（一）项的规定，追究其党纪政务责任，给予党纪政务处分。

（三）华某违反国家法律规定，构成一般国有公司、企业、事业单位人员滥用职权违法行为

国有公司、企业、事业单位人员滥用职权罪，是指国有公司、企业、事业单位的工作人员，滥用职权，造成国有公司、企业破产或者严重损失，或者国有事业单位严重损失，致使国家利益遭受重大损失。

该罪主体是国有公司、企业、事业单位的工作人员。“国有公司、企业的工作人员”，既包括国有独资、全资公司、企业中的工作人员，也包括国有控股、参股公司及其分支机构中的国家工作人员。在主观方面为故意。侵犯的客体是国家对国有公司、企业、事业单位的管理秩序。

该罪在客观方面的行为方式是行为人滥用职权，造成国有公司、企业破产或者严重损失，或者国有事业单位严重损失，致使国家利益遭受重大损失。在客观方面必须具备下述两个条件：

第一，行为人在工作中滥用职权，是指行为人超越自己的职权或者不正当行使自己的职权。“滥用职权”是指行为人超越职权或者不正当

行使职权，通常表现为超越职权擅自决定、处理无权事项，或者背离职务要求，胡乱作为以及故意不履职等。下列情形属于“滥用职权”：一是违反法律、法规、规章、政策、行业规范、本单位管理规定和程序，在国有公司、企业管理和重大经营决策等方面，独断专行，或者借集体研究之名实则个人决策，随意处置国有资产的；二是违规进行保证、抵押、质押，违反国有公司、企业资金管理规定进行资金拆借，违规动用国有公司、企业资金买卖股票、期货等；三是违反规定，安排不符合任职资格的人员担任重要岗位，或者将业务交给不符合资质的公司、企业；四是在国有企业改制过程中，行为人超越职权或者不正当行使职权，对国有资产、债权债务、财产等进行评估、处置的；五是其他故意违反行业工作规范以及本单位工作要求、工作流程、岗位职责等具有违规性、违法性的渎职行为。

第二，行为人的行为致使国家利益遭受重大损失。按照国家监委的规定，对该罪追诉标准出台新的规定之前，具体标准可相应参照相关的司法解释规定的标准把握。

关于该罪的刑事责任问题。根据《刑法》第一百六十八条的规定，国有公司、企业的工作人员，由于严重不负责任或者滥用职权，造成国有公司、企业破产或者严重损失，致使国家利益遭受重大损失的，处三年以下有期徒刑或者拘役；致使国家利益遭受特别重大损失的，处三年以上七年以下有期徒刑。国有事业单位的工作人员有前款行为，致使国家利益遭受重大损失的，依照前款的规定处罚。国有公司、企业、事业单位的工作人员，徇私舞弊，犯前两款罪的，依照第一款的规定从重处罚。“徇私舞弊”，是指行为人为徇个人私情、私利而弄虚作假。

“国家利益遭受重大损失”与“国家利益遭受特别重大损失”，既包括国家经济损失，也包括造成国家出资企业破产、停业、停产，或者被吊销许可证和营业执照，责令关闭、撤销、解散等情形。其中，国家经济损失包括直接经济损失和间接经济损失。计算损失数额时应重点把握以下三方面：一是行为人的渎职行为或者其关联行为涉嫌渎职犯罪，被监察机关立案调查时已经实际造成的经济损失，包括为恢复企业正常的管理活动和挽回损失而支付的各种开支、费用等，应当计入“国家利益遭受损失”数额。二是依据市场及国家出资企业经营惯例，对于数量明确，正常情况下可以确定获得的预期利益损失，应当计入“国家利益遭受损失”数额。三是因渎职犯罪造成国有控股、参股公司的经济损失，可全部认定为“国家利益遭受损失”。

关于“国家利益遭受损失”挽回后的处置问题，依照《监察法》第四十六条和《刑法》第六十四条的规定，对违法取得的财物，依法予以没收、追缴或者责令退赔。涉嫌国有公司、企业人员失职罪，国有公司、企业人员滥用职权罪的，“国家利益遭受损失”挽回后，在处置时一般应当结合具体案情，依法发还发案单位或者上缴国库。

在本案中，华某作为国网供电公司董事长，利用职务之便，个人决定以单位的名义将公款二百万元借给安装公司用于购买原材料，违反了《中国共产党国有企业基层组织工作条例（试行）》《中央办公厅、国务院办公厅关于进一步推进国有企业贯彻落实“三重一大”决策制度的意见》《国有企业领导人员廉洁从业若干规定》《中华人民共和国公司法》《公司章程》等的规定，属于违规出借国有公司资金。构成一般国有公司、企业、事业单位人员滥用职权违法行为。应依据《纪律处分条例》第二十八条的规定，追究华某的党纪责任，给予其党纪处分。

需要说明的是，依据国家监委的相关规定，对国有企业管理人员渎职犯罪案件，监察机关调查终结后需要移送起诉的，在依法确定起诉、审判管辖时，犯罪地的确定按照以下原则把握：一是犯罪地包括犯罪行为发生地和犯罪结果发生地。国有企业管理人员工作单位住所地可认定为犯罪地。二是涉嫌国有公司、企业人员失职罪和国有公司、企业人员滥用职权罪的，超越职权地或者不正确履职地、决策地、决策传导地、执行地、国家利益遭受损失地等亦属于犯罪地。三是市场主体登记注册地和主要营业地、主要办事机构所在地不一致的，登记注册地和主要营业地、主要办事机构所在地均可认定为犯罪地。

（四）华某违反组织纪律，构成违反民主集中制原则违纪行为

违反民主集中制原则违纪行为，是指党员干部违反规定，不贯彻执行民主集中制原则的行为。

该违纪行为主体是党员干部，主要是党员领导干部。主观方面是故意，明知违反民主集中制原则行为是违反党纪行为，但仍实施。侵犯的客体是党的民主集中制原则。

该违纪行为在客观方面必须具有违反规定不贯彻执行民主集中制原则的行为。“违反规定”，是指违反党章和《关于新形势下党内政治生活的若干准则》的规定。党章第十条第一款规定，党是根据自己的纲领和章程，按照民主集中制组织起来的统一整体。上述准则又明确规定，“坚决反对和防止独断专行或各自为政，坚决反对和防止议而不决、决而不行、行而不实，坚决反对和防止以党委集体决策名义集体违规”。“违反民主集中制原则的行为”，根据《纪律处分条例》第七十条规定，有以下四种行为：

1. 拒不执行或者擅自改变党组织作出的重大决定。“重大决定”，是指党组织按照议事规则和决策程序作出的有关工作部署、干部任免、调整和处理等决定，具有约束力，必须服从和执行。

2. 违反议事规则，个人或者少数人决定重大问题。“议事规则”，是指党章第十条规定的议事规则：凡属重大问题都要按照集体领导、民主集中、个别酝酿、会议决定的原则，由党的委员会集体讨论，作出决定的规则以及各级党组织制定的具体规则和决策程序。根据《关于党内政治生活的若干准则》的规定，重大问题是指应由党组织集体讨论作出决定的下列事项：涉及党的路线、方针、政策的大事；重大工作任务的部署；干部的重要任免、调动和处理；群众利益方面的重要问题；上级领导机关规定应由党委集体决定的问题。“个人或者少数人决定重

大问题”，是指对重大问题既不提交党组织集体讨论决定，又不向上级党组织请示报告，而由个人或者少数人作出决定。2005年中央颁布的《建立健全教育、制度、监督并重的惩治和预防腐败体系实施纲要》提出：“加强对领导机关、领导干部特别是各级领导班子主要负责人的监督。要认真检查党的路线、方针、政策和决议的执行情况，监督民主集中制及领导班子议事规则落实情况，凡属重大决策、重要干部任免、重大项目安排和大额度资金的使用，必须由领导班子集体作出决定。”应注意的是，个人或者少数人决定的重大问题必须是按照议事规则规定应由党组织集体讨论作出决定的重大问题，才构成该违纪行为。如果个人或者少数人决定的重大问题是其职权范围内应予决定的问题，不构成违反议事规则行为。

3. 故意规避集体决策，决定重大事项、重要干部任免、重要项目安排和大额资金使用。“故意规避集体决策”，是指个人或者少数人故意违反议事规则和决策程序，不以集体讨论、会议决定的形式对职责权限内的“三重一大”事项作出决策。

4. 借集体决策名义集体违规。是以集体决策的手段进行违纪行为，应当追究负有责任的人员党纪责任。值得一提的是，对具体执行人员，应当综合认定其行为性质、是否提出反对意见，危害结果大小等具体情节的基础上决定是否追究其党纪责任。

该违纪行为是选择性违纪行为，行为人实施上述四种行为中的任何一种行为即构成该行为一般违纪行为。

上述案例中，华某作为国网供电公司董事长，违反议事规则，对资金的使用，不经集体讨论决定，构成违反民主集中制原则违纪行为，应依据《纪律处分条例》第七十条的规定，追究其党纪责任，给予党纪处分。

综合上述四种情况，华某涉嫌挪用公款犯罪和受贿犯罪。同时，构成违反民主集中制原则违纪行为，构成一般国有公司、企业、事业单位人员滥用职权违法行为。华某的上述行为属于想象竞合形态，应按照涉嫌挪用公款犯罪行为追究其党纪政务责任，依据相关规定，追究其党纪政务责任，给予党纪政务处分。

将华某涉嫌犯罪问题移送检察机关依法处理。依据《监察法》第四十六条的规定，涉嫌犯罪取得的财物，应当随案移送人民检察院。

21. 私分国有资产行为如何认定?

一、基本案情

曲某，中共党员，某房地产开发有限公司（国有独资公司，以下简称房地产公司）董事长；王某，中共党员，房地产公司副董事长；刘某，中共党员，房地产公司董事；李某，中共党员，房地产公司监事；肖某，中共党员，房地产公司财务部经理；何某，房地产公司会计；黄某，房地产公司出纳。

2020 年 9 月，房地产公司开发的住宅楼盘竣工。肖某多次向曲某提出用“小金库”（“小金库”由曲某提议决定设立，肖某具体实施，是以虚列支出套取国有资金设立）款项发奖金。曲某遂决定以销售业绩名义发放。之后，肖某制作销售业绩名单，提出每人分得明细，曲某签批后，由财务部门下发。曲某分得十五万元，王某、刘某、李某、肖某各分得十万元，何某、黄某各分得七万元。七人共计分得六十九万元。

二、分歧意见

在本案中，关于对上述行为的定性归责，有两种不同意见：

第一种意见认为，曲某等七人涉嫌共同贪污犯罪。

第二种意见认为，房地产公司涉嫌私分国有资产犯罪，同时房地产公司构成设立小金库违法行为。依据《纪律处分条例》有关规定，追究党纪政务责任，所涉财物应追缴并随案移送。

三、评析意见

本案的关键知识点是，私分国有资产罪的认定问题。我们同意第二种意见，具体分析如下：

（一）曲某等人不涉嫌共同贪污犯罪

关于曲某等人是否涉嫌共同贪污犯罪，该问题的焦点是贪污行为与私分国有资产行为两者的区别问题。现将二者的主要区别解读如下：

一是主体不同。私分国有资产行为属于纯粹的单位犯罪行为，犯罪主体是国家机关、国有公司、企业、事业单位、人民团体。贪污罪的主体是国家工作人员或者受委托管理、经营国有财产的人员。“受委托管理、经营国有财产的人员”，是指受国家机关、国有公司、企业、事业单位、人民团体委托管理、经营国有财产的人员，包括因承包、租赁、聘用等而管理、经营国有财产的人员。

在单位犯罪中，自然人是以单位犯罪的责任者身份，而不是以犯罪主体的身份来承担责任的。自然人在单位犯罪中是否承担责任，取决于单位的行为在法律法规上是否能够被认定为有责任，自然人在单位犯罪行为中承担责任是处于依附单位地位的，不能脱离单位被认定为有责任的前提下独立承担责任。自然人在单位犯罪中，与单位共同成为受处罚主体，而不是与单位共同构成犯罪主体。

二是主观故意不同。私分国有资产行为是单位集体意志支配下的故意，目的是本单位成员共同分得国有资产；贪污行为则是行为人故意，目的是个人或少数人非法占有公共财物。

三是行为方式不同。私分国有资产行为是以单位名义实施的，是由单位集体决策或单位负责人决定的，一般是公开或者半公开的；贪污行为是秘密进行的，不具有公开性，贪污行为是侵吞、窃取、骗取等。

四是犯罪对象不同。私分国有资产行为的犯罪对象是国有资产，不包括集体经济组织的财产和其他公共财产；而贪污行为的犯罪对象则是包括国有资产在内的一切公共财物。

本案中，从行为方式上看，曲某是以单位名义实施的，是以单位负责人身份决定的，是半公开的，虽然是在“小金库”里出款私分，但有奖金发放名单，有领取人签字。共同贪污行为是秘密进行的，相对不公开而且想方设法将有关账目抹平，掩盖非法占有公共财物的事实。显然，曲某的行为不符合贪污行为客观要件的规定。因此，曲某等人的行为不构成共同贪污行为。

（二）房地产公司违反国家法律法规规定，套取资金设立“小金库”，构成设立“小金库”违法行为

“小金库”，是指违反法律法规及其他有关规定，应列入而未列入符合规定的单位账簿的各项资金（含有价证券）及其形成的资产。

曲某、肖某违反监察部、人力资源社会保障部、财政部、审计署联合下发的《设立“小金库”和使用“小金库”款项违法违纪行为政纪处分暂行规定》的规定，套取资金设立“小金库”，构成设立“小金库”违法行为，房地产公司设“小金库”曲某是提议决定者，属于负有责任的领导人员，肖某是具体实施者，属于其他直接责任人员，应依据《纪律处分条例》第二十八条的规定，追究二人党纪责任。

（三）房地产公司违反国家法律法规规定，涉嫌私分国有资产犯罪，曲某是直接负责的主管人员，肖某是其他直接责任人员，应追究二人刑事责任、党纪责任和政务责任

私分国有资产罪，是指国家机关、国有公司、企业、事业单位、人民团体，违反国家规定，以单位名义将国有资产集体私分给个人，数额较大的行为。

该罪的主体由国家机关、国有公司、企业、事业单位、人民团体等国有单位构成。主观方面是故意，包括直接故意和间接故意，直接故意是指行为人明知私分国有资产是侵犯国有资产所有权的行为，但行为人希望结果发生。间接故意是指行为人放任结果发生。

根据《刑法》第三百九十六条第一款的规定，该罪追究的是直接负责的主管人员和其他直接责任人员的刑事责任。这是因为单位犯罪是由直接负责的主管人员决定，其他直接责任人员具体实施的，他们在主观上具有与单位一致的故意，客观上代表单位具体实施了单位犯罪行为。直接负责的主管人员，是指对单位犯罪起决定、批准、授意、纵容、指挥作用的单位领导人员。其他直接责任人员，是指在直接负责的主管人员的批准、授意、纵容、指挥下，直接实施单位犯罪行为的单位内部的工作人员，是实施单位犯罪的主要执行人，对自己实施的单位犯罪行为在主观上是明知的人员。

侵犯的客体是复杂客体，既侵犯了党和国家的廉政制度和国家工作人员职务廉洁性，又侵犯了国有资产所有权。犯罪对象是国有资产。根据《检察院立案标准的规定（试行)》附则第（六）项的规定，本规定中有关私分国有资产罪案中的“国有资产”，是指国家依法取得和认定的，或者国家以各种形式对企业投资和投资收益、国家向行政事业单位拨款等形成的资产。《刑法》第九十一条对公共财产的范围作出明确的规定，即本法所称公共财产，是指下列财产：国有财产；劳动群众集体所有的财产；用于扶贫和其他公益事业的社会捐助或者专项基金的财产。在国家机关、国有公司、企业、集体企业和人民团体管理、使用或者运输中的私人财产，以公共财产论。因此，国有资产以外的公有财产和非公有财产均不能成为该罪的犯罪对象。

该罪在客观方面的行为方式为违反国家规定，以单位名义将国有资产集体私分给个人，数额较大的行为。该罪在客观方面必须具备下述三个条件：

第一，违反国家规定。“违反国家规定”，是指违反全国人民代表大会及其常委会制定的法律、国务院及有关部门制定的法规、规章中关于国有资产监督、管理、使用、处理的有关规定。这是构成该罪的前提条件。

第二，以单位名义将国有资产集体私分给个人。“以单位名义”，是指私分国有资产是单位领导集体研究决定的或者由单位有决策权的负责人决定，并由直接责任人经手实施，公开或者半公开地以单位发奖金、补贴、分红等名义所进行的活动。体现了单位的意识和意志。“集体私分给个人”，是指以单位名义，将国有资产擅自分给本单位全部成员或者绝大多数成员。如果是在少数负责人或成员中秘密进行的，不具有公开性的私分，应属贪污行为，不构成私分国有资产行为。集体私分的主管人员和其他直接责任人员是否分得财物，不影响其构成该罪。

第三，私分数额较大。数额较大，不是指每个人分得的财产数额，而是指私分国有资产的总额。根据《检察院立案标准的规定（试行）》“一、贪污贿赂犯罪案件（十一）私分国有资产案”的规定，涉嫌私分国有资产，累计数额在十万元以上的，应予立案。如果私分数额十万元以下的，构成一般私分国有资产违法行为。

在本案中，曲某、肖某明知“小金库”是国有资产而以单位名义集体私分给个人，决定将“小金库”款六十九万元私分给公司董事、监事、高级管理人员、会计、出纳等七人，根据《检察院立案标准的规定（试行）》的规定，房地产公司涉嫌私分国有资产犯罪。曲某是决定者，属于集体私分的主管人员，肖某是实施执行人员，属于其他直接责任人员，因此应追究曲某、肖某的刑事责任。

综合上述（二）（三）的情况，房地产公司涉嫌私分国有资产犯罪。房地产公司设立“小金库”，构成设立“小金库”违法行为。依据《纪律处分条例》第二十三条、第二十七条、第二十八条的规定，合并处理追究曲某、肖某的党纪责任。给予党纪处分。依据《政务处分法》第十五条、第三十三条第一款第（一）项、第四十一条的规定，追究曲某、肖某的政务责任，给予政务处分。

另外，根据《检察院立案标准的规定（试行）》“一、贪污贿赂犯罪案件（十一）私分国有资产案”规定，涉嫌私分国有资产，累计数额在十万元以上的，应予立案。《刑法》第三百九十六条第一款规定，国家机关、国有公司、企业、事业单位、人民团体，违反国家规定，以单位名义将国有资产集体私分给个人，数额较大的，对其直接负责的主管人员和其他直接责任人员，处三年以下有期徒刑或者拘役，并处或者单处罚金；数额巨大的，处三年以上七年以下有期徒刑，并处罚金。房地产公司涉嫌私分国有资产犯罪，曲某、肖某等人私分的国有资产六十九万元，应当随案移送人民检察院。

22. 巨额财产来源不明问题的一般违法与涉嫌犯罪如何认定与辨析？

一、基本案情

案例一：张某，中共党员，某县建设局局长。2020 年 9 月，县纪委监委对其审查调查时，查明张某在某银行一次性存入四百万元现金。张某拒不说明其来源。经查，四百万元是张某的全部财产与能够认定的所有支出的总和减去能够证实的有真实来源的所得的差额，属于非法所得。

案例二：欧阳某，中共党员，某乡党委书记。2020 年 12 月，县纪委监委对其审查调查时，查明欧阳某在三亚市有价值四百三十万元房产一处，属于欧阳某用现金购买。欧阳某无法说明该房款的具体来源，属于非法所得。

案例三：孙某，中共党员，某市社保局局长。2021 年 3 月，市纪委监委对其审查调查时，孙某对其银行存款具体说明来源，其中二十九万元的存款孙某虽然说明了具体来源，但经查证不属实，属于非法所得。

案例四：马某，中共党员，某市财政局预算处处长。2020 年 9 月，市纪委监委对其审查调查时，查明其除了涉嫌受贿犯罪问题外，在外地还有价值一千一百万元的三处房产，马某说明三处房产来源线索不具体，无法查实，但能排除来源合法的可能性和合理性，属于非法所得。

二、处理建议

依据《检察院立案标准的规定（试行）》规定，涉嫌巨额财产来源不明，数额在三十万元以上的，应予立案。上述案例中的张某、欧阳某、马某涉嫌巨额财产来源不明犯罪问题，依据《纪律处分条例》第二十七条的规定，追究三人的党纪责任，给予党纪处分。依据《政务处分法》第三十三条第一款第（一）项的规定，追究三人的政务责任，给予政务处分。将张某三人涉嫌巨额财产来源不明犯罪问题移送检察机关依法处理。对扣押的涉案财物随案移送检察机关。

孙某构成一般巨额财产来源不明违法行为，应依据《纪律处分条例》第二十八条的规定，追究其党纪责任，给予党纪处分。依据《纪律处分条例》第四十条的规定，对于孙某违法所获得的经济利益，应当收缴。

三、评析意见

张某、欧阳某、孙某、马某违反国家法律法规规定，孙某构成一般巨额财产来源不明违法行为，张某、欧阳某、马某均涉嫌巨额财产来源不明犯罪问题。

巨额财产来源不明罪，是指国家工作人员的财产或者支出明显超出合法收入，差额巨大，而本人又不能说明其来源是合法的行为。

该罪主体是特殊主体，只能是国家工作人员。根据《刑法》第九十三条的规定，国家工作人员，是指国家机关中从事公务的人员。国有公司、企业、事业单位、人民团体中从事公务的人员和国家机关、国有公司、企业、事业单位委派到非国有公司、企业、事业单位、社会团体从事公务的人员，以及其他依照法律从事公务的人员，以国家工作人员论。

主观上是故意。行为人不能说明其明显超过合法收入的财产或支出的来源是合法的，明知来源非法，故意不如实说明来源。侵犯的客体是国家工作人员职务行为的廉洁性。

在客观方面行为方式必须具备下述两个条件：

1. 行为人财产或者支出明显超过合法收入，且差额巨大。这是构成该罪行为方式的前提要素。“财产”，是指行为人实际拥有的财产，包括动产和不动产。动产包括现金、存款、有价证券、股权、其他金融产品、金银首饰等财物；不动产包括房屋等。“支出”，包括生活消费的支出和用于生产经营的投资、赡养、保险、赠予、借贷等支出。“合法收入”，包括工资、奖金、补贴，从事讲学、写作等所得，承包经营、租赁经营所得以及通过继承、受赠、存款利息、股份分红、合法经营活动等途径得到的全部收入。“差额巨大”，是指其财产或支出与合法收入相差的数额巨大。“差额巨大”的界定标准，根据《检察院立案标准的规定（试行）》的规定，涉嫌巨额财产来源不明，数额在三十万元以上的，应予立案。

2. 本人不能说明财产或支出明显超过合法收入的部分是合法来源。这是构成该罪行为方式的后续要素。“明显超过”，是指行为人的财产或者支出与其合法收入状况不符，差额巨大。关于行为人“不能说明”巨额财产来源合法的认定，根据《审理经济犯罪案件工作纪要》的规定，刑法第三百九十五条第一款规定的“不能说明”，包括以下情况：(1) 行为人拒不说明财产来源；(2) 行为人无法说明财产的具体来源；(3) 行为人所说的财产来源经查证并不属实；(4) 行为人所说的财产来源因线索不具体等原因，无法查实，但能排除存在来源合法的可能性和合理性的。

需要强调的是，非法所得认定的问题，根据《刑法》第三百九十五条第一款的规定，国家工作人员的财产、支出明显超过合法收入，差额巨大的，可以责令该国家工作人员说明来源，不能说明来源的，差额部分以非法所得论。

另外，就是关于“非法所得”的数额计算问题。根据上述《审理经济犯罪案件工作纪要》的规定，《刑法》第三百九十五条规定的“非法所得”，一般是指行为人的全部财产与能够认定的所有支出的总和减去能够证实的有真实来源的所得。在具体计算时，应注意以下问题：(1) 应把国家工作人员个人财产和与其共同生活的家庭成员的财产、支出等一并计算，而且一并减去他们所有的合法收入以及确属与其共同生活的家庭成员个人的非法收入。(2) 行为人所有的财产包括房产、家具、生活用品、学习用品及股票、债券、存款等动产和不动产；行为人的支出包括合法支出和不合法的支出，包括日常生活、工作、学习费用、罚款及向他人行贿的财物等；行为人的合法收入包括工资、奖金、稿酬、继承等法律和政策允许的各种收入。(3) 为了便于计算犯罪数额，对于行为人的财产和合法收入，一般可以从行为人有比较确定的收入和财产时开始计算。

同时需要说明的是，在纪律审查时，首先应查明巨额款是否通过违纪违法行为所获得，例如贪污、受贿等，只有在确实无法查明行为人可能犯有其他违纪违法行为时，才能认定为一般巨额财产来源不明违法行为或者涉嫌巨额财产来源不明犯罪问题。

结合上述案例而言，案例一中，张某在银行一次性存入四百万元现金，属于非法所得，根据《检察院立案标准的规定（试行)》的规定，张某涉嫌巨额财产来源不明犯罪。

案例二中，欧阳某在三亚市有价值四百三十万元房产一处，属于非法所得，根据《检察院立案标准的规定（试行)》的规定，欧阳某涉嫌巨额财产来源不明犯罪。

案例三中，孙某对其银行存款中的二十九万元，虽然说明了具体来源，但经查证不属实，属于非法所得，根据《检察院立案标准的规定(试行)》的规定，孙某构成一般巨额财产来源不明违法行为。

案例四中，马某所说明的三处房产来源线索不具体，无法查实，但能排除存在来源合法的可能性和合理性，属于非法所得，根据《检察院立案标准的规定（试行）》的规定，马某涉嫌巨额财产来源不明犯罪。

综上，对张某、欧阳某、马某涉嫌巨额财产来源不明犯罪问题，依据《纪律处分条例》第二十七条的规定，追究三人的党纪责任，给予党纪处分。依据《政务处分法》第三十三条第一款第（一）的规定，追究三人的政务责任，给予政务处分。将张某等三人涉嫌巨额财产来源不明犯罪问题移送检察机关依法处理。对扣押的涉案财物随案移送检察机关。

对孙某构成一般巨额财产来源不明违法行为，应依据《纪律处分条例》第二十八条的规定，追究其党纪责任，给予党纪处分。依据《纪律处分条例》第四十条的规定，对于孙某违规所获得的经济利益，应当收缴。

二

失职渎职类疑难案例评析

23. 渎职罪、滥用职权罪、玩忽职守罪罪名解析

一、渎职罪概念、构成和种类

（一）渎职罪概念和构成

渎职罪，是指国家机关工作人员在行使职权或者履职过程中，滥用职权、玩忽职守、徇私舞弊，致使公共财产、国家和人民利益遭受重大损失的行为。该渎职罪，是指《刑法》分则第九章渎职罪中所包括的各种犯罪行为，该渎职罪是指一类犯罪行为。

该类犯罪主体只能是国家机关工作人员。该类犯罪中少数犯罪主体也可以是非国家机关工作人员。全国人民代表大会常务委员会《关于〈中华人民共和国刑法〉第九章渎职罪主体适用问题的解释》规定，"刑法第九章渎职罪主体的适用问题，解释如下：在依照法律、法规规定行使国家行政管理职权的组织中从事公务的人员，或者在受国家机关委托代表国家机关行使职权的组织中从事公务的人员，或者虽未列入国家机关人员编制但在国家机关中从事公务的人员，在代表国家机关行使职权时，有渎职行为，构成犯罪的，依照刑法关于渎职罪的规定追究刑事责任"。

该类犯罪主观上既可以是故意，也可以是过失。该类犯罪侵犯的客体是国家机关的正常管理活动。

该类犯罪在客观方面的行为方式为各种严重的渎职行为，即滥用职

权、徇私舞弊、玩忽职守的行为。从行为方式上看，包括作为和不作为。不管是作为还是不作为，都与职务及公务活动相关联。如果行为与其职务及公务活动无关联，不构成该类犯罪和该类的一般违法行为。

根据《刑法》规定，该类犯罪中的多数犯罪必须具有严重情节、造成严重后果或者遭受重大损失，如果没有达到严重情节、严重后果或者重大损失 ，不构成犯罪，构成一般违法行为。

（二）渎职罪种类

根据渎职罪主体性质分类，渎职罪分为下述三个种类：

1. 一般国家机关工作人员渎职罪。包括滥用职权罪，玩忽职守罪，故意泄露国家秘密罪，过失泄露国家秘密罪，徇私舞弊不移交刑事案件罪，国家机关工作人员签订、履行合同失职被骗罪，非法批准征收、征用、占用土地罪，非法低价出让国有土地使用权罪，招收公务员、学生徇私舞弊罪，失职造成珍贵文物损毁、流失罪。

2. 司法机关工作人员渎职罪。包括徇私枉法罪，民事、行政枉法裁判罪，执行判决、裁定失职罪，执行判决、裁定滥用职权罪，枉法仲裁罪，私放在押人员罪，失职致使在押人员脱逃罪，徇私舞弊减刑、假释、暂予监外执行罪。

3. 特殊国家机关工作人员渎职罪。包括滥用管理公司、证券职权罪，徇私舞弊不征、少征税款罪，徇私舞弊发售发票、抵扣税款、出口退税罪，违法提供出口退税凭证罪，违法发放林木采伐许可证罪，环境监管失职罪，食品、药品监管渎职罪，传染病防治失职罪，放纵走私罪，商检徇私舞弊罪，商检失职罪，动植物检疫徇私舞弊罪，动植物检疫失职罪，放纵制售伪劣商品犯罪行为罪，办理偷越国（边）境人员出入境证件罪，放行偷越国（边）境人员罪，不解救被拐卖、绑架妇女、儿童罪，阻碍解救被拐卖、绑架妇女、儿童罪，帮助犯罪分子逃避处罚罪。

应当注意的是，上述所阐释的渎职罪，不包括国有公司、企业、事业单位人员失职罪、国有公司、企业、事业单位人员滥用职权罪等渎职犯罪。

二、滥用职权罪概念和构成

(一) 滥用职权罪的概念

滥用职权罪，是指国家机关工作人员超越职权，违法决定、处理其无权决定、处理的事项，或者违反规定处理公务，致使公共财产、国家和人民利益遭受重大损失的行为。

(二) 滥用职权罪的构成

该罪主体是国家机关工作人员。国家机关工作人员，是指国家机关中从事公务的人员，不包括国家机关中从事劳务的人员。根据全国人民代表大会常务委员会《关于〈中华人民共和国刑法〉第九章渎职罪主体适用问题的解释》的规定，在依照法律、法规规定行使国家行政管理职权的组织中从事公务的人员，或者在受国家机关委托代表国家机关行使职权的组织中从事公务的人员，或者虽未列入国家机关人员编制但在国家机关中从事公务的人员，在代表国家机关行使职权时，有渎职行为，构成犯罪的，依照刑法关于渎职罪的规定追究刑事责任。

国有公司、企业、事业单位中从事公务的人员和国家机关、国有公司、企业、事业单位委派到非国有公司、企业、事业单位、社会团体从事公务的人员，滥用职权构成犯罪的，应按其他有关犯罪论处。例如，国有公司、企业、事业单位的工作人员，滥用职权，造成国有公司、企业破产或者严重损失，或者国有事业单位严重损失，致使国家利益遭受重大损失，应根据《刑法》第一百六十八条关于国有公司、企业、事业单位人员滥用职权罪的规定论处。

该罪在主观上是故意，即行为人明知自己滥用职权的行为必然或者可能会给公共财产、国家和人民利益造成重大损失，而希望这一结果的发生；或者行为人明知自己滥用职权的行为可能会给公共财产、国家和人民利益造成重大损失，而放任这一结果的发生。监察执法中，该罪在主观上既有间接故意，也有直接故意，过失不构成该罪。该罪侵犯的客体是国家机关的正常管理活动。

该罪在客观方面的行为方式为超越职权，违法决定、处理其无权决定、处理的事项，或者违反规定处理公务，致使公共财产、国家和人民利益遭受重大损失。该罪在客观方面必须具备下述两个条件：

1. 行为人实施了滥用职权行为。滥用职权包括两种行为方式：一种行为方式是超越职权，违法决定、处理其无权决定、处理的事项。超越职权包括三种情况：一是横向越权，行为人行使了属于其他国家机关的职权。二是纵向越权，具有上下级隶属关系的同一性质但不同级别国家机关之间的越权，包括上级对下级职责范围内的工作滥行指令，包括下级对上级职权范围的超越行使。三是内部越权，依照规定，应由集体讨论后形成决策决定意见，但是行为人独断专行个人决定。另一种行为方式是违反规定处理公务。是指行为人未超越自己的职权范围，但行为人以不正当目的或非法的方法行使了自己的职权，不正确地行使职权，作出违反法律法规规定的处理或决定。该罪多为作为的形式。

2. 滥用职权行为给公共财产、国家和人民利益造成了重大损失。认定重大损失标准的依据是最高人民法院、最高人民检察院《关于办理渎职刑事案件适用法律若干问题的解释（一）》第一条第一款的规定，国家机关工作人员滥用职权或者玩忽职守，具有下列情形之一的，应当认定为刑法第三百九十七条规定的“致使公共财产、国家和人民利益遭受重大损失”：（一）造成死亡一人以上，或者重伤三人以上，或者轻伤九人以上，或者重伤二人、轻伤三人以上，或者重伤一人、轻伤六人以上的；（二）造成经济损失三十万元以上的；（三）造成恶劣社会影响的；（四）其他致使公共财产、国家和人民利益遭受重大损失的情形。第二款规定，具有下列情形之一的，应当认定为刑法第三百九十七条规定的“情节特别严重”：（一）造成伤亡达到前款第（一）项规定人数三倍以上的；（二）造成经济损失一百五十万元以上的；（三）造成前款规定的损失后果，不报、迟报、谎报或者授意、指使、强令他人不报、迟报、谎报事故情况，致使损失后果持续、扩大或者抢救工作延误的；（四）造成特别恶劣社会影响的；（五）其他特别严重的情节。第八条规定，“经济损失”，是指渎职犯罪或者与渎职犯罪相关联的犯罪立案时已经实际造成的财产损失，包括为挽回渎职犯罪所造成损失而支付的各种开支、费用等。立案后至提起公诉前持续发生的经济损失，应一并计入渎职犯罪造成的经济损失。债务人经法定程序被宣告破产，债务人潜逃、去向不明，或者因行为人的责任超过诉讼时效等，致使债权已经无法实现的，无法实现的债权部分应当认定为渎职犯罪的经济损失。渎职犯罪或者与渎职犯罪相关联的犯罪立案后，犯罪分子及其亲友自行挽回的经济损失，司法机关或者犯罪分子所在单位及其上级主管部门挽回的经济损失，或者因客观原因减少的经济损失，不予扣减，但可以作为酌定从轻处罚的情节。

滥用职权的行为与造成损失的后果之间必须具有内在的因果关系，即损失的后果是由滥用职权的行为造成的。如果损失的后果不是由滥用职权的行为造成的，则不构成该罪。

滥用职权罪的刑事责任问题。《刑法》第三百九十七条规定，国家机关工作人员滥用职权，致使公共财产、国家和人民利益遭受重大损失的，处三年以下有期徒刑或者拘役；情节特别严重的，处三年以上七年以下有期徒刑。本法另有规定的，依照规定。国家机关工作人员徇私舞弊，犯前款罪的，处五年以下有期徒刑或者拘役；情节特别严重的，处五年以上十年以下有期徒刑。本法另有规定的，依照规定。

（三）在认定滥用职权罪时，应当注意的问题

首先，滥用职权罪与非罪的界限问题。关键是看滥用职权行为是否造成了公共财产、国家和人民利益的重大损失，造成重大损失的，构成滥用职权罪；没有造成重大损失的，构成一般滥用职权违法行为。

其次，滥用职权罪与其他特殊滥用职权犯罪的界限问题。该罪是对国家机关工作人员滥用职权犯罪的概括规定，适用《刑法》分则第九章渎职罪中没有明确规定具体主体的国家机关工作人员滥用职权构成犯罪的情况。如果《刑法》分则第九章渎职罪中有明确规定的，即适用该特别规定，不再以该罪论处。《关于办理渎职刑事案件适用法律若干问题的解释（一）》第二条规定，国家机关工作人员实施滥用职权行为，触犯《刑法》分则第九章第三百九十八条至第四百一十九条规定的，依照该规定定罪处罚。国家机关工作人员滥用职权，因不具备徇私舞弊等情形，不符合《刑法》分则第九章第三百九十八条至第四百一十九条的规定，但依法构成第三百九十七条规定的犯罪的，以滥用职权罪定罪处罚。

（四）在认定滥用职权罪时，依据《关于办理渎职刑事案件适用法律若干问题的解释（一）》的规定，应当强调的七个问题

一是国家机关工作人员实施渎职犯罪并收受贿赂，同时构成受贿罪的，除《刑法》另有规定外，以渎职犯罪和受贿罪数罪并罚。

二是国家机关工作人员实施渎职行为，放纵他人犯罪或者帮助他人逃避刑事处罚，构成犯罪的，依照渎职罪的规定定罪处罚。国家机关工作人员与他人共谋，利用其职务行为帮助他人实施其他犯罪行为，同时构成渎职犯罪和共谋实施的其他犯罪共犯的，依照处罚较重的规定定罪处罚。国家机关工作人员与他人共谋，既利用其职务行为帮助他人实施其他犯罪，又以非职务行为与他人共同实施该其他犯罪行为，同时构成渎职犯罪和其他犯罪的共犯的，依照数罪并罚的规定定罪处罚。

三是国家机关负责人员违法决定，或者指使、授意、强令其他国家机关工作人员违法履行职务或者不履行职务，构成《刑法》分则第九章规定的渎职犯罪的，应当依法追究刑事责任。

四是以“集体研究”形式实施的渎职犯罪，应当依照《刑法》分则第九章的规定追究国家机关负有责任的人员的刑事责任。对于具体执

行人员，应当在综合认定其行为性质、是否提出反对意见、危害结果大小等情节的基础上决定是否追究刑事责任和应当判处的刑罚。

五是以危害结果为条件的渎职犯罪的追诉期限，从危害结果发生之日起计算；有数个危害结果的，从最后一个危害结果发生之日起计算。

六是依法或者受委托行使国家行政管理职权的公司、企业、事业单位的工作人员，在行使行政管理职权时滥用职权或者玩忽职守，构成犯罪的，应当依照全国人民代表大会常务委员会《关于〈中华人民共和国刑法〉第九章渎职罪主体适用问题的解释》的规定，适用渎职罪的规定追究刑事责任。

七是负有监督管理职责的国家机关工作人员滥用职权，致使不符合安全标准的食品、有毒有害食品、假药、劣药等流入社会，对人民群众生命、健康造成严重危害后果的，依照渎职罪的规定从严惩处。

三、玩忽职守罪概念和构成

（一）玩忽职守罪的概念

玩忽职守罪，是指国家机关工作人员严重不负责任，不履行或不认真履行职责，致使公共财产、国家和人民利益遭受重大损失的行为。

（二）玩忽职守罪的构成

该罪的主体是国家机关工作人员。国家机关工作人员，是指国家机关中从事公务的人员，不包括从事劳务的人员。全国人民代表大会常务委员会《关于〈中华人民共和国刑法〉第九章渎职罪主体适用问题的解释》规定，在依照法律、法规规定行使国家行政管理职权的组织中从事公务的人员，或者在受国家机关委托代表国家机关行使职权的组织中从事公务的人员，或者虽未列入国家机关人员编制但在国家机关中从事公务的人员，在代表国家机关行使职权时，有渎职行为，构成犯罪的，依照《刑法》关于渎职罪的规定追究刑事责任。

国有公司、企业、事业单位的工作人员，严重不负责任，造成国有公司、企业破产或者严重损失，或者国有事业单位严重损失，致使国家利益遭受重大损失的行为，应根据《刑法》第一百六十八条关于国有公司、企业、事业单位人员失职罪的规定论处。国有公司、企业、事业单位直接负责的主管人员，在签订、履行合同过程中，因严重不负责任被诈骗，致使国家利益遭受重大损失的，应依据《刑法》第一百六十七条关于签订、履行合同失职被骗罪的规定论处。

该罪在主观上是过失。该罪侵犯的客体是国家机关的正常管理活动。

该罪在客观方面的行为方式为严重不负责任，不履行或不认真履行职责，致使公共财产、国家和人民利益遭受重大损失的行为。在客观方面必须具备两个条件：一是行为人具有玩忽职守的行为，即严重不负责任，不履行或不认真履行职责。不履行职责，是指行为人有能力且有条件履行自己应尽的职责，但是未实施职务所要求实施的行为，包括擅离职守和在岗不履责两种情况。前者是指行为人在执行职务中擅自脱离工作岗位；后者是指行为人在执行职务中，虽在工作岗位，但未履行职责。不认真履行职责，是指行为人在形式上有履行职责的行为，但是未按照法律、法规、单位规章制度的规定及职责要求完全履行职责的行为。例如，在职务活动中采取措施不及时或不得力，在工作中马马虎虎、敷衍塞责等。该罪大多是不作为的形式，也有作为的形式。

二是玩忽职守行为给公共财产、国家和人民利益造成重大损失。对于重大损失的标准，最高人民法院、最高人民检察院《关于办理渎职刑事案件适用法律若干问题的解释（一）》第一条规定，国家机关工作人员滥用职权或者玩忽职守，具有下列情形之一的，应当认定为刑法第三百九十七条规定的“致使公共财产、国家和人民利益遭受重大损失”：（一）造成死亡一人以上，或者重伤三人以上，或者轻伤九人以上，或者重伤二人、轻伤三人以上，或者重伤一人、轻伤六人以上的；（二）造成经济损失三十万元以上的；（三）造成恶劣社会影响的；

（四）其他致使公共财产、国家和人民利益遭受重大损失的情形。具有下列情形之一的，应当认定为刑法第三百九十七条规定的“情节特别严重”：（一）造成伤亡达到前款第（一）项规定人数三倍以上的；（二）造成经济损失一百五十万元以上的；（三）造成前款规定的损失后果，不报、迟报、谎报或者授意、指使、强令他人不报、迟报、谎报事故情况，致使损失后果持续、扩大或者抢救工作延误的；（四）造成特别恶劣社会影响的；（五）其他特别严重的情节。第八条规定，本解释规定的“经济损失”，是指渎职犯罪或者与渎职犯罪相关联的犯罪立案时已经实际造成的财产损失，包括为挽回渎职犯罪所造成损失而支付的各种开支、费用等。立案后至提起公诉前持续发生的经济损失，应一并计入渎职犯罪造成的经济损失。债务人经法定程序被宣告破产，债务人潜逃、去向不明，或者因行为人的责任超过诉讼时效等，致使债权已经无法实现的，无法实现的债权部分应当认定为渎职犯罪的经济损失。渎职犯罪或者与渎职犯罪相关联的犯罪立案后，犯罪分子及其亲友自行挽回的经济损失，司法机关或者犯罪分子所在单位及其上级主管部门挽回的经济损失，或者因客观原因减少的经济损失，不予扣减，但可以作为酌定从轻处罚的情节。

玩忽职守的行为与造成损失的后果之间必须具有内在的因果关系，即损失的后果是由玩忽职守的行为造成的。如果损失的后果不是由玩忽职守的行为造成的，则不构成该罪。

玩忽职守罪的刑事责任，根据《刑法》第三百九十七条第一款的规定，国家机关工作人员玩忽职守，致使公共财产、国家和人民利益遭受重大损失的，处三年以下有期徒刑或者拘役；情节特别严重的，处三年以上七年以下有期徒刑。本法另有规定的，依照规定。根据《刑法》第三百九十七条第二款的规定，国家机关工作人员徇私舞弊，犯前款罪的，处五年以下有期徒刑或者拘役；情节特别严重的，处五年以上十年以下有期徒刑。本法另有规定的，依照规定。

（三）在认定玩忽职守罪时，应当注意的问题

首先，玩忽职守罪与非罪的界限问题。

一是要正确区分玩忽职守罪与一般玩忽职守违法行为。区分两者的关键是看玩忽职守行为是否造成了公共财产、国家和人民利益的重大损失，造成重大损失的，构成玩忽职守罪；未造成重大损失的，构成一般玩忽职守违法行为。二是玩忽职守与工作失误的界限。玩忽职守在主观上是过失，包括过于自信的过失，即行为人预见到自己的行为可能发生危害社会的结果，但轻信能够避免，以致发生这种结果的心里态度。还包括疏忽大意的过失，即行为人应当预见到自己的行为可能发生危害社会的结果，因为疏忽大意而未遇见，以致发生这种结果的心里态度。在认识因素上，对危害结果的可能发生，过于自信的过失已经有所预见，而疏忽大意的过失根本没有预见；在意志因素上，对危害结果的可能发生，过于自信的过失是轻信能够避免，而疏忽大意的过失是疏忽。工作失误，是由于政策不明确、业务水平和能力有限等原因，以致决策不当，造成公共财产、国家和人民利益损失的行为，属于行为人主观上没有犯罪的过失，行为人是想把工作做好，但事与愿违。这是与玩忽职守本质的区别。

其次，玩忽职守犯罪与特殊玩忽职守犯罪的界限问题。该罪是对国家机关工作人员玩忽职守犯罪的概括规定，适用《刑法》分则第九章渎职罪中没有明确规定具体主体的国家机关工作人员因玩忽职守构成犯罪的情况。依据《关于办理渎职刑事案件适用法律若干问题的解释（一）》第二条规定，国家机关工作人员实施滥用职权或者玩忽职守犯罪行为，触犯刑法分则第九章第三百九十八条至第四百一十九条规定的，依照该规定定罪处罚。国家机关工作人员滥用职权或者玩忽职守，因不具备徇私舞弊等情形，不符合刑法分则第九章第三百九十八条至第四百一十九条的规定，但依法构成第三百九十七条规定的犯罪的，以滥用职权罪或者玩忽职守罪定罪处罚。

（四）在认定玩忽职守罪时，依据《关于办理渎职刑事案件适用法律若干问题的解释（一）》的规定，应当强调的四个问题

一是国家机关负责人员违法决定，或者指使、授意、强令其他国家机关工作人员违法履行职务或者不履行职务，构成《刑法》分则第九章规定的渎职犯罪的，应当依法追究刑事责任。

二是以危害结果为条件的渎职犯罪的追诉期限，从危害结果发生之日起计算；有数个危害结果的，从最后一个危害结果发生之日起计算。

三是依法或者受委托行使国家行政管理职权的公司、企业、事业单位的工作人员，在行使行政管理职权时玩忽职守，构成犯罪的，应当依照全国人民代表大会常务委员会《关于〈中华人民共和国刑法〉第九章渎职罪主体适用问题的解释》的规定，适用渎职罪的规定追究刑事责任。

四是负有监督管理职责的国家机关工作人员玩忽职守，致使不符合安全标准的食品、有毒有害食品、假药、劣药等流入社会，对人民群众生命、健康造成严重危害后果的，依照渎职罪的规定从严惩处。

24. 单位行贿、单位受贿、对单位行贿、以“集体研究”形式实施滥用职权行为如何认定？

一、基本案情

覃某，中共党员，A 市水利局局长。刘某，中共党员，A 市某国有农场场长。

经查，2020 年 9 月，A 市某国有农场向水利局申请 2021 年滴灌水利工程款时，覃某和刘某商量，由水利局批给农场九百万元工程款，同时，农场返给水利局八十万元，用于解决水利局食堂经费不足问题，刘某同意。

2021 年 1 月，覃某主持召开水利局局长办公会，指使、授意班子其他成员，违反规定以“集体研究”形式决定给国有农场批了九百万元水利工程款。之后，刘某用国有农场“小金库”资金，给了水利局八十万元，给覃某个人五万元，此事造成了恶劣的社会影响。

二、分歧意见

对于上述案件，在定性上存在分歧意见：

第一种意见认为，水利局构成单位受贿行为，覃某构成受贿行为。

第二种意见认为，水利局涉嫌单位受贿犯罪问题，覃某涉嫌受贿犯罪问题。水利局领导班子以“集体研究”形式的滥用职权，应当追究负有领导责任覃某的渎职犯罪的刑事责任。A 市某国有农场构成一般单位行贿违法行为、涉嫌对单位行贿犯罪问题。A 市某国有农场设立“小金库”，构成其他违法行为，刘某作为负有责任的领导人员，应当追究其党纪政务责任。

对覃某、刘某的上述行为，依据《纪律处分条例》的相关规定，追究覃某、刘某的党纪责任，给予二人党纪处分。依据《政务处分法》的相关规定，追究二人的政务责任，给予政务处分。将覃某、刘某涉嫌犯罪问题，移送检察机关依法办理。

三、评析意见

本案的焦点是，单位行贿、单位受贿、对单位行贿、认定问题。在审查调查中，一些基层纪检监察机关经常会对“对单位行贿”“单位行贿”“单位受贿”三种违法及涉嫌犯罪行为的专属特征概念产生混淆。因此，必须对《刑法》中的上述三种行为的具体条款进一步熟知掌握，并对具体犯罪概念和犯罪构成进行规范的解读。

另外，对于以“集体研究”形式实施滥用职权行为，应从集体成员中个人应负的具体责任的视角，进行实质的判断。我们同意第二种意见，具体解读如下：

（一）A 市某国有农场违反国家法律规定，涉嫌对单位行贿犯罪问题

对单位行贿罪，是指为谋取不正当利益，给予国家机关、国有公司、企业、事业单位、人民团体以财物的，或者在经济往来中，违反国家规定，给予各种名义的回扣、手续费的行为。

该罪的主体既可以是自然人，也可以是单位。单位犯该罪的，对单位判处罚金，并对其直接负责的主管人员和其他直接责任人员，依照《刑法》第三百九十一条的规定处罚。该罪主观方面是故意，是以谋取不正当利益为目的。至于不正当利益是否实现，不影响该罪的成立。侵

犯的客体是国家机关、国有公司、企业、事业单位、人民团体的正常管理活动和职务行为的廉洁性。行贿的对象是国家机关、国有公司、企业、事业单位、人民团体。

该罪在客观方面有两种行为方式：一是为谋取不正当利益，给予国家机关、国有公司、企业、事业单位、人民团体财物。二是为谋取不正当利益，在经济往来中，违反国家规定，给予国家机关、国有公司、企业、事业单位、人民团体各种名义的回扣、手续费。“违反国家规定”，是指违反国家法律、法规的规定。例如，《中华人民共和国反不正当竞争法》第七条明确规定，“经营者不得采用财物或者其他手段贿赂下列单位或者个人，以谋取交易机会或者竞争优势：（一）交易相对方的工作人员；（二）受交易相对方委托办理相关事务的单位或者个人；（三）利用职权或者影响力影响交易的单位或者个人。经营者在交易活动中，可以以明示方式向交易相对方支付折扣，或者向中间人支付佣金。经营者向交易相对方支付折扣、向中间人支付佣金的，应当如实入账。接受折扣、佣金的经营者也应当如实入账。经营者的工作人员进行贿赂的，应当认定为经营者的行为；但是，经营者有证据证明该工作人员的行为与为经营者谋取交易机会或者竞争优势无关的除外。”

根据《刑法》第三百九十一条的规定，自然人犯本罪的，处三年以下有期徒刑或者拘役，并处罚金。单位犯该罪的，对单位判处罚金，并对其直接负责的主管人员和其他直接责任人员依照自然人犯该罪的规定处罚。根据《贪污贿赂刑事案件适用法律的解释》第十九条第二款规定，对刑法规定并处罚金的其他贪污贿赂犯罪，应当在十万元以上犯罪数额二倍以下判处罚金。对该罪适用并处罚金的，应当在十万元以上犯罪数额二倍以下判处。

在本案中，犯罪主体是 A 市某国有农场。水利局违反规定给国有农场批了九百万元水利工程款。国有农场为谋取不正当利益，返还水利局八十万元，是覃某与刘某形成的合意，充分体现了国有农场对单位行贿行为的主观故意，符合“对单位行贿行为”构成要件的规定，A市某国有农场构成对单位行贿行为。刘某是直接负责的主管人员和直接责任人员，依据《检察院立案标准的规定（试行）》“一、贪污贿赂犯罪案件（六）对单位行贿案”规定，涉嫌下列情形之一的，应予立案：1. 个人行贿数额在十万元以上、单位行贿数额在二十万元以上的；2. 个人行贿数额不满十万元、单位行贿数额在十万元以上不满二十万元，但具有下列情形之一的：（1）为谋取非法利益而行贿的；（2）向三个以上单位行贿的；（3）向党政机关、司法机关、行政执法机关行贿的；（4）致使国家或者社会利益遭受重大损失。A市某国有农场已涉嫌对单位行贿犯罪，应将其涉嫌犯罪问题移送检察机关依法办理。依据《监察法》第四十六条的规定，将涉嫌犯罪取得的财物，应当随案移送人民检察院。

根据《纪律处分条例》第二十七条规定，应追究刘某的党纪责任，给予党纪处分。依据《政务处分法》第三十三条第一款第（一）项的规定，追究其政务责任，给予政务处分。

（二）A市某国有农场违反国家法律规定，构成一般单位行贿违法行为

单位行贿罪，是指公司、企业、事业单位、机关、团体为谋取不正当利益而行贿，或者违反国家规定，给予国家工作人员以回扣、手续费，情节严重的行为。

该罪的主体是单位。包括公司、企业、事业单位、机关、团体，既包括国有单位，也包括非国有单位。根据《商业贿赂刑事案件适用法律的意见》的规定，单位还包括村民委员会、居民委员会、村民小组等常设性的组织，也包括为组织体育赛事、文艺演出或者其他正当活动而成立的组委会、筹委会、工程承包队等非常设性的组织。

该罪主观方面是故意，具有为单位谋取不正当利益的目的。根据《刑法》第三百九十三条的规定，单位犯该罪的，对单位判处罚金，并

对其直接负责的主管人员和其他直接责任人员处五年以下有期徒刑或者拘役，并处罚金。侵犯的客体是国家工作人员的职务廉洁性和单位的正常管理活动。犯罪对象是国家工作人员。

该罪在客观方面的行为方式为单位为谋取不正当利益而行贿，或者违反国家规定，给予国家工作人员以回扣、手续费，情节严重的行为。"情节严重"的标准在《检察院立案标准的规定（试行）》中有明确的规定，即涉嫌下列情形之一的，应予立案：单位行贿数额在二十万元以上的；单位为谋取不正当利益而行贿，数额在十万元以上不满二十万元，但具有下列情形之一的：（1）为谋取非法利益而行贿的；（2）向三人以上行贿的；（3）向党政领导、司法工作人员、行政执法人员行贿的；（4）致使国家或者社会利益遭受重大损失的。根据最高人民法院、最高人民检察院《行贿刑事案件具体应用法律的解释》第十二条的规定，行贿犯罪中的"谋取不正当利益"，是指行贿人谋取的利益违反法律、法规、规章、政策规定，或者要求国家工作人员违反法律、法规、规章、政策、行业规范的规定，为自己提供帮助或者方便条件。违背公平、公正原则，在经济、组织人事管理等活动中，谋取竞争优势的，应当认定为"谋取不正当利益"。

应当注意的是，根据《刑法》第三百九十三条、《检察院立案标准的规定（试行）》的规定，在单位行贿中，因行贿取得的违法所得归个人所有的，依上述规定关于个人行贿的规定立案，追究其刑事责任。根据《贪污贿赂刑事案件适用法律的解释》第十九条第二款规定，对刑法规定并处罚金的其他贪污贿赂犯罪，应当在十万元以上犯罪数额二倍以下判处罚金。对该罪适用并处罚金的，应当在十万元以上犯罪数额二倍以下判处。

在本案中，A 市某国有农场为谋取不正当利益，体现了单位行贿行为的主观故意，给予覃某五万元的行为符合单位行贿行为构成要件的规定。依据《检察院立案标准的规定（试行）》的规定，A 市某国有农场构成一般单位行贿违法行为，刘某是直接负责的主管人员，根据《纪律处分条例》第二十八条规定，应追究其党纪责任。依据《政务处分法》第三十三条第一款第（一）项的规定，追究其政务责任。

（三）A市水利局领导班子以“集体研究”形式实施滥用职权，追究负有领导责任覃某滥用职权的刑事、党纪和政务责任

滥用职权罪，是指国家机关工作人员超越职权，违法决定、处理其无权决定、处理的事项，或者违反规定处理公务，致使公共财产、国家和人民利益遭受重大损失的行为。

滥用职权表现为两种行为方式：一种是超越职权，违法决定、处理其无权决定、处理的事项；另一种是违反规定处理公务，即未超越职权范围，但却是以不正当的目的或者非法的方法行使了职权，作出不符合法律法规规定的处理或决定。

本案的焦点问题是，滥用职权罪的行为主体是个人，那么以“集体研究”形式实施的滥用职权如何认定？

在本案中，覃某主持召开水利局局长办公会，指使、授意班子其他成员，违反规定以“集体研究”形式决定给A市某国有农场批了九百万元水利工程款。属于违反规定处理公务，是以不正当的目的行使了职权，属于在党的十八大、十九大之后，不收敛、不收手，顶风违纪违法，依据最高人民法院、最高人民检察院《关于办理渎职刑事案件适用法律若干问题的解释（一）》第五条规定，国家机关负责人员违法决定，或者指使、授意、强令其他国家机关工作人员违法履行职务或者不履行职务，构成《刑法》分则第九章规定的渎职犯罪的，应当依法追究刑事责任。以集体研究形式实施的渎职犯罪，应当依照《刑法》分则第九章的规定追究国家机关负有责任的人员的刑事责任。A市水利局领导班子的行为属于以“集体研究”形式实施的滥用职权行为，覃某是负有责任的人员，已经涉嫌滥用职权犯罪，应将覃某涉嫌滥用职权犯罪问题移送检察机关依法办理。

根据《纪律处分条例》第二十七条的规定，追究覃某的党纪责任。依据《政务处分法》第三十九条第（一）项的规定，追究覃某的政务责任，给予政务处分。

（四）A 市水利局违反国家法律规定，涉嫌单位受贿犯罪问题

单位受贿罪，是指国家机关、国有公司、企业、事业单位、人民团体，索取、非法收受他人财物，为他人谋取利益，情节严重的行为。

该罪的主体是国家机关、国有公司、企业、事业单位、人民团体。在主观上是故意，具有为单位收受财物的目的。单位受贿所索取或者收受的财物，必须归单位所有。根据《刑法》第三百八十七条第一款的规定，犯该罪的，对单位判处罚金，并对其直接负责的主管人员和其他直接责任人员，处五年以下有期徒刑或者拘役。侵犯的客体是国有单位的廉政制度。

该罪在客观方面有两种行为方式：一是为索取、非法收受他人财物，为他人谋取利益，情节严重的行为。索取他人财物或者非法收受他人财物，必须具备为他人谋取利益的条件，且是情节严重的行为，才能构成单位受贿罪。

二是根据《刑法》第三百八十七条第二款的规定，单位在经济往来中，在账外暗中收受各种名义的回扣、手续费的，以受贿论，依照前款的规定处罚。即国家机关、国有公司、企业、事业单位人民团体，在经济往来中，在账外暗中收受各种名义的回扣、手续费的，以单位受贿罪追究刑事责任。

在本案中，覃某作为水利局局长，违反规定以“集体研究”形式决定批给 A 市某国有农场九百万元水利工程款，并收受国有农场八十万元用于单位食堂。上述行为是在单位意志支配下，以单位名义实施的，符合单位受贿行为构成要件的规定，水利局构成单位受贿行为。覃某是直接负责的主管人员，《检察院立案标准的规定（试行）》规定，单位受贿案涉嫌下列情形之一的，应予立案：单位受贿数额在十万元以上

的；单位受贿数额不满十万元，但具有下列情形之一的：（1）故意刁难、要挟有关单位、个人，造成恶劣影响的；（2）强行索取财物的；（3）致使国家或者社会利益遭受重大损失的。水利局已涉嫌单位受贿犯罪问题，应将水利局涉嫌单位受贿犯罪问题移送检察机关依法办理。依据《监察法》第四十六条的规定，将涉嫌犯罪取得的财物，应当随案移送人民检察院。

依据《纪律处分条例》第二十七条的规定，追究覃某直接负责的主管人员的党纪责任，给予党纪处分。依据《政务处分法》第三十三条第一款第（一）项的规定，追究其政务责任，给予政务处分。

（五）覃某违反国家法律规定，涉嫌受贿犯罪问题

受贿罪，是指国家工作人员利用职务上的便利，索取他人财物，或者非法收受他人财物，为他人谋取利益的行为。

在本案中，覃某利用职务上的便利，非法收受刘某所送钱款 5 万元，为国有农场谋取利益，构成受贿行为。依据《贪污贿赂刑事案件适用法律的解释》第一条第一款规定，贪污或者受贿数额在三万元以上不满二十万元的，应当认定为刑法第三百八十三条第一款规定的“数额较大”，依法判处三年以下有期徒刑或者拘役，并处罚金。覃某涉嫌受贿犯罪问题，根据《纪律处分条例》第二十七条的规定，追究覃某的党纪责任，给予覃某党纪处分。依据《政务处分法》第三十三条第一款第（一）项的规定，追究其政务责任，给予政务处分。

将覃某涉嫌受贿犯罪问题移送检察机关依法处理，依据《监察法》第四十六条的规定，将覃某涉嫌犯罪取得的财物，应当随案移送人民检察院。

综上（三）（四）（五）的情况，对覃某的上述行为，依据《纪律处分条例》第二十三条、第二十七条的规定，合并处理，追究覃某的党纪责任，给予党纪处分。依据《政务处分法》第十五条、第三十三条第一款第（一）项和第三十九条的第一款第（一）项的规定，追究覃某的政务责任，给予政务处分。

25. 国有公司、企业、事业单位人员失职罪、玩忽职守罪如何认定？

一、基本案情

邵某，中共党员，某市国有电力工程公司财务处处长。2020 年 8 月，该电力工程公司与某市贸易公司签订工程总造价二百三十万元的电力工程合同。2020 年 12 月工程竣工验收合格后，市贸易公司支付了一百三十万元工程款，尚欠一百万元。电力工程公司工程处处长刘某当即将有关欠款材料交给邵某，并嘱咐其按时催收欠款。由于工作马虎，邵某将欠款手续放到了已经收回欠款的材料中，致使公司对市贸易公司的债权超过诉讼时效。

二、分歧意见

在本案中，对邵某的行为如何定性归责，存在不同的意见：

第一种意见认为，邵某作为国有公司工作人员，由于严重不负责任，造成国有公司严重损失，致使国家利益遭受重大损失的行为，涉嫌国有公司、企业、事业单位人员失职犯罪问题。

第二种意见认为，邵某作为国有公司的工作人员，严重不负责任，不履行职责，致使国家遭受重大损失，邵某涉嫌玩忽职守犯罪问题。

三、评析意见

本案的焦点问题是，由于邵某不正确履行职责，将欠款手续放到已经清欠结束的材料中，致使债权超过了诉讼时效。邵某的行为是否属于给公司造成了经济损失？我们同意第一种意见，主要理由阐释如下：

（一）邵某违反国家法律规定，涉嫌国有公司、企业、事业单位人员失职犯罪问题

国有公司、企业、事业单位人员失职罪，是指国有公司、企业、事业单位的工作人员，由于严重不负责任，造成国有公司、企业破产或者严重损失，或者国有事业单位严重损失，致使国家利益遭受重大损失的行为。

该罪主体是国有公司、企业、事业单位的工作人员。“国有公司、企业的工作人员”，既包括国有独资、全资公司、企业中的工作人员，也包括国有控股、参股公司及其分支机构中的国家工作人员。主观方面为过失。该罪侵犯的客体是国家对国有公司、企业、事业单位的管理秩序。

该罪在客观方面行为方式为行为人严重不负责任，造成国有公司、企业破产或者严重损失，或者国有事业单位严重损失，使国家利益遭受重大损失。在客观方面必须具备以下两个条件：（一）行为人在工作中严重不负责任。“严重不负责任”，是指不履行或者不正确履行自己的职责，通常表现为工作中轻率大意、不认真调查研究或者擅离职守、对分工负责的工作失管失察等。下列五种情形属于“严重不负责任”：一是在重大经营决策时，不认真分析研究，不尊重客观经济规律，不听取多方意见与建议，盲目决策的；二是在公司、企业管理方面失管失责，经营管理混乱的，或者对于侵吞、私分、挪用单位财产的严重违法犯罪行为失管失责的；三是在经济交往活动过程中失察失职，对本单位利益遭受损失存在重大过失的，或者在本单位利益将遭受损害时不及时采取补救措施的；四是在公司、企业改制或者国有资产处置过程中不认真履职尽责，疏忽大意的；五是其他违背职责、不尽职守和不正确、不认真履行职责的行为。（二）行为人的行为造成国有公司、企业破产或者严

重损失，或者国有事业单位严重损失，使国家利益遭受重大损失。“国家利益遭受重大损失”与“国家利益遭受特别重大损失”，既包括国家经济损失，也包括造成国家出资企业破产、停业、停产，或者被吊销许可证和营业执照，责令关闭、撤销、解散等情形。其中，国家经济损失包括直接经济损失和间接经济损失。计算损失数额时应重点把握以下三方面：一是行为人的渎职行为或者其关联行为涉嫌渎职犯罪，被监察机关立案调查时已经实际造成的经济损失，包括为恢复企业正常的管理活动和挽回损失而支付的各种开支、费用等，应当计入“国家利益遭受损失”数额。二是依据市场及国家出资企业经营惯例，对于数量明确，正常情况下可以确定获得的预期利益损失，应当计入“国家利益遭受损失”数额。三是因渎职犯罪造成国有控股、参股公司的经济损失，可全部认定为“国家利益遭受损失”。

关于“国家利益遭受损失”挽回后的处置问题，依照《监察法》第四十六条和《刑法》第六十四条的规定，对违法取得的财物，依法予以没收、追缴或者责令退赔。涉嫌国有公司、企业人员失职罪，国有公司、企业人员滥用职权罪的，“国家利益遭受损失”挽回后，在处置时一般应当结合具体案情，依法发还发案单位或者上缴国库。

在本案中，依据《审理经济犯罪案件工作纪要》关于渎职罪中渎职犯罪行为造成的公共财产重大损失的认定：“根据刑法规定，玩忽职守、滥用职权等渎职犯罪是以致使公共财产、国家和人民利益遭受重大损失为构成要件的。其中，公共财产的重大损失，通常是指渎职行为已经造成的重大经济损失。在司法实践中，有以下情形之一的，虽然公共财产作为债权存在，但已无法实现债权的，可以认定为行为人的渎职行为造成了经济损失：（1）债务人已经法定程序被宣告破产；（2）债务人潜逃，去向不明；（3）因行为人责任，致使超过诉讼时效；（4）有证据证明债权无法实现的其他情况。”最高人民法院、最高人民检察院《关于办理渎职刑事案件适用法律若干问题的解释（一）》第八条第二款规定，债务人经法定程序被宣告破产，债务人潜逃、去向不明，或者因行为人的责任超过诉讼时效等，致使债权已经无法实现的，无法实现的债权部分应当认定为渎职犯罪的经济损失。由于邵某不正确履行工作职责，将欠款手续放到已经收回欠款的材料中，致使公司对市贸易公司的债权超过诉讼时效，属于造成了一百万元经济损失，可以认定已经造成了经济损失，邵某的行为符合国有公司、企业、事业单位人员失职罪构成要件的规定，已涉嫌国有公司、企业、事业单位人员失职犯罪问题。依据《纪律处分条例》第二十七条、《政务处分法》第四十一条的规定，追究其党纪政务责任，给予党纪政务重处分。同时，将邵某涉嫌犯罪问题移送检察机关依法处理。

需要注意的是，对国有企业管理人员渎职犯罪案件，监察机关调查终结后需要移送起诉的，在依法确定起诉、审判管辖时，犯罪地的确定按照以下原则把握：一是犯罪地包括犯罪行为发生地和犯罪结果发生地。国有企业管理人员工作单位住所地可认定为犯罪地。二是涉嫌国有公司、企业人员失职罪和国有公司、企业人员滥用职权罪的，超越职权地或者不正确履职地、决策地、决策传导地、执行地、国家利益遭受损失地等亦属于犯罪地。

（二）邵某既不构成一般玩忽职守违法行为，也不涉嫌玩忽职守犯罪问题

玩忽职守罪，是指国家机关工作人员严重不负责任，不履行或不认真履行职责，致使公共财产、国家和人民利益遭受重大损失的行为。

该罪的主体只能是国家机关工作人员。国家机关工作人员，是指国家机关中从事公务的人员，不包括从事劳务的人员。全国人民代表大会常务委员会《关于〈中华人民共和国刑法〉第九章渎职罪主体适用问题的解释》的规定，在依照法律、法规规定行使国家行政管理职权的组织中从事公务的人员，或者在受国家机关委托代表国家机关行使职权的组织中从事公务的人员，或者虽未列入国家机关人员编制但在国家机

关中从事公务的人员，在代表国家机关行使职权时，有渎职行为，构成犯罪的，依照刑法关于渎职罪的规定追究刑事责任。

国有公司、企业、事业单位的工作人员，严重不负责任，造成国有公司、企业破产或者严重损失，或者国有事业单位严重损失，致使国家利益遭受重大损失的行为，应根据《刑法》第一百六十八条关于国有公司、企业、事业单位人员失职罪的规定论处。国有公司、企业、事业单位的工作人员，滥用职权，造成国有公司、企业破产或者严重损失，或者国有事业单位严重损失，致使国家利益遭受重大损失，应根据《刑法》第一百六十八条关于国有公司、企业、事业单位人员滥用职权罪的规定论处。国有公司、企业、事业单位直接负责的主管人员，在签订、履行合同过程中，因严重不负责任被诈骗，致使国家利益遭受重大损失的，应依据《刑法》第一百六十七条关于签订、履行合同失职被骗罪的规定论处。

该罪在主观上是过失，故意不构成该罪。该罪侵犯的客体是国家机关的正常管理活动。

该罪在客观方面的行为方式为严重不负责任，不履行或不认真履行职责，致使公共财产、国家和人民利益遭受重大损失的行为。在客观方面必须具备下述两个条件：

一是行为人具有玩忽职守的行为，即严重不负责任，不履行或不认真履行职责。不履行职责，是指行为人有能力且有条件履行职责，但完全未实施职务所要求实施的行为，具体包括擅离职守和在岗不履责两种情况。前者是指行为人在执行职务过程中擅自脱离工作岗位；后者是指行为人在执行职务过程中，在工作岗位上，但未履行职责。不认真履行职责，是指行为人形式上有履行职责的行为，但未按照法律、法规、单位规章制度的规定及职责要求完全履行职责的行为。例如，在职务活动中采取措施不及时或不得力，在工作中马马虎虎、敷衍塞责等。该罪大多是不作为的形式，也有作为的形式。

二是玩忽职守行为给公共财产、国家和人民利益造成重大损失。对于重大损失的标准，最高人民法院、最高人民检察院《关于办理渎职刑事案件适用法律若干问题的解释（一）》第一条规定，国家机关工作人员滥用职权或者玩忽职守，具有下列情形之一的，应当认定为刑法第三百九十七条规定的“致使公共财产、国家和人民利益遭受重大损失”：（一）造成死亡一人以上，或者重伤三人以上，或者轻伤九人以上，或者重伤二人、轻伤三人以上，或者重伤一人、轻伤六人以上的；（二）造成经济损失三十万元以上的；（三）造成恶劣社会影响的；（四）其他致使公共财产、国家和人民利益遭受重大损失的情形。具有下列情形之一的，应当认定为刑法第三百九十七条规定的“情节特别严重”：（一）造成伤亡达到前款第（一）项规定人数三倍以上的；（二）造成经济损失一百五十万元以上的；（三）造成前款规定的损失后果，不报、迟报、谎报或者授意、指使、强令他人不报、迟报、谎报事故情况，致使损失后果持续、扩大或者抢救工作延误的；（四）造成特别恶劣社会影响的；（五）其他特别严重的情节。第八条规定，本解释规定的“经济损失”，是指渎职犯罪或者与渎职犯罪相关联的犯罪立案时已经实际造成的财产损失，包括为挽回渎职犯罪所造成损失而支付的各种开支、费用等。立案后至提起公诉前持续发生的经济损失，应一并计入渎职犯罪造成的经济损失。债务人经法定程序被宣告破产，债务人潜逃、去向不明，或者因行为人的责任超过诉讼时效等，致使债权已经无法实现的，无法实现的债权部分应当认定为渎职犯罪的经济损失。渎职犯罪或者与渎职犯罪相关联的犯罪立案后，犯罪分子及其亲友自行挽回的经济损失，司法机关或者犯罪分子所在单位及其上级主管部门挽回的经济损失，或者因客观原因减少的经济损失，不予扣减，但可以作为酌定从轻处罚的情节。

玩忽职守的行为与造成损失的后果之间必须具有内在的因果关系，即损失的后果是由玩忽职守的行为造成的。如果损失的后果不是由玩忽职守的行为造成的，则不构成该罪。

玩忽职守罪的刑事责任，根据《刑法》第三百九十七条第一款的规定，国家机关工作人员玩忽职守，致使公共财产、国家和人民利益遭受重大损失的，处三年以下有期徒刑或者拘役；情节特别严重的，处三年以上七年以下有期徒刑。本法另有规定的，依照规定。根据《刑法》第三百九十七条第二款的规定，国家机关工作人员徇私舞弊，犯前款罪的，处五年以下有期徒刑或者拘役；情节特别严重的，处五年以上十年以下有期徒刑。本法另有规定的，依照规定。

在本案中，邵某作为国有电力工程公司财务处处长，其主体身份不符合玩忽职守罪主体要件的规定；玩忽职守罪侵犯的客体是国家机关的正常管理活动，邵某的行为也不符合玩忽职守客体要件的规定，因此，邵某不构成玩忽职守行为，既不构成一般玩忽职守违法行为，也不涉嫌玩忽职守犯罪问题。

在认定玩忽职守罪时，应当注意的问题是：第一，玩忽职守罪与非罪的界限问题。一是要正确区分玩忽职守罪与一般玩忽职守违法行为。区分两者的关键是看玩忽职守行为是否造成了公共财产、国家和人民利益的重大损失，造成重大损失的，构成玩忽职守罪；没有造成重大损失的，构成一般玩忽职守违法行为。二是玩忽职守与工作失误的界限。玩忽职守在主观上是过失，包括过于自信的过失，即行为人预见到自己的行为可能发生危害社会的结果，但轻信能够避免，以致发生这种结果的心里态度。还包括疏忽大意的过失，即行为人应当预见到自己的行为可能发生危害社会的结果，因为疏忽大意而没有遇见，以致发生这种结果的心里态度。在认识因素上，对危害结果的可能发生，过于自信的过失已经有所预见，而疏忽大意的过失根本没有预见；在意志因素上，对危害结果的可能发生，过于自信的过失是轻信能够避免，而疏忽大意的过失是疏忽。工作失误，是行为人由于政策不明确、业务水平和能力有限等原因，以致决策不当，从而造成公共财产、国家和人民利益损失的行为。该情况行为人主观上无犯罪的过失，行为人是想把工作做好，但事与愿违。这是与玩忽职守本质的区别，因此工作失误不构成犯罪。

第二，玩忽职守犯罪与特殊玩忽职守犯罪的界限问题。该罪是对国家机关工作人员玩忽职守犯罪的概括规定，适用《刑法》分则第九章渎职罪中没有明确规定具体主体的国家机关工作人员因玩忽职守构成犯罪的情况。依据最高人民检察院《关于渎职侵权犯罪案件立案标准的规定》关于玩忽职守案的相关规定，国家机关工作人员玩忽职守，符合《刑法》第九章所规定的特殊渎职罪构成要件的，按照该特殊规定追究刑事责任；主体不符合《刑法》第九章所规定的特殊渎职罪的主体要件，但玩忽职守涉嫌前款第一项至第九项规定情形之一的，按照《刑法》第三百九十七条的规定以玩忽职守罪追究刑事责任。2013 年最高人民法院、最高人民检察院《关于办理渎职刑事案件适用法律若干问题的解释（一）》第二条规定，国家机关工作人员实施滥用职权或者玩忽职守犯罪行为，触犯刑法分则第九章第三百九十八条至第四百一十九条规定的，依照该规定定罪处罚。国家机关工作人员滥用职权或者玩忽职守，因不具备徇私舞弊等情形，不符合刑法分则第九章第三百九十八条至第四百一十九条的规定，但依法构成第三百九十七条规定的犯罪的，以滥用职权罪或者玩忽职守罪定罪处罚。

在认定玩忽职守罪时，依据最高人民法院、最高人民检察院《关于办理渎职刑事案件适用法律若干问题的解释（一）》的规定，应当强调以下六个问题。

一是国家机关工作人员实施渎职犯罪并收受贿赂，同时构成受贿罪的，除《刑法》另有规定外，以渎职犯罪和受贿罪数罪并罚。

二是国家机关工作人员实施渎职行为，放纵他人犯罪或者帮助他人逃避刑事处罚，构成犯罪的，依照渎职罪的规定定罪处罚。国家机关工作人员与他人共谋，利用其职务行为帮助他人实施其他犯罪行为，同时构成渎职犯罪和共谋实施的其他犯罪共犯的，依照处罚较重的规定定罪处罚。国家机关工作人员与他人共谋，既利用其职务行为帮助他人实施其他犯罪，又以非职务行为与他人共同实施该其他犯罪行为，同时构成渎职犯罪和其他犯罪的共犯的，依照数罪并罚的规定定罪处罚。

三是国家机关负责人员违法决定，或者指使、授意、强令其他国家机关工作人员违法履行职务或者不履行职务，构成《刑法》分则第九章规定的渎职犯罪的，应当依法追究刑事责任。以“集体研究”形式实施的渎职犯罪，应当依照《刑法》分则第九章的规定追究国家机关负有责任的人员的刑事责任。对于具体执行人员，应当在综合认定其行为性质、是否提出反对意见、危害结果大小等情节的基础上决定是否追究刑事责任和应当判处的刑罚。

四是以危害结果为条件的渎职犯罪的追诉期限，从危害结果发生之日起计算；有数个危害结果的，从最后一个危害结果发生之日起计算。

五是依法或者受委托行使国家行政管理职权的公司、企业、事业单位的工作人员，在行使行政管理职权时滥用职权或者玩忽职守，构成犯罪的，应当依照全国人民代表大会常务委员会《关于〈中华人民共和国刑法〉第九章渎职罪主体适用问题的解释》的规定，适用渎职罪的规定追究刑事责任。

六是负有监督管理职责的国家机关工作人员滥用职权或者玩忽职守，致使不符合安全标准的食品、有毒有害食品、假药、劣药等流入社会，对人民群众生命、健康造成严重危害后果的，依照渎职罪的规定从严惩处。

三

其他疑难案例评析

26. 医疗机构领导人员、医务人员违纪如何追究党纪责任？非国家工作人员与国家工作人员通谋，共同收受他人财物，如何追究刑事责任？

一、案情简介

李某，中共党员，某市人民医院（国有医院）院长。杨某，中共党员，某市人民医院胸外科副主任医师。魏某，中共党员，某市人民医院胸外科主治医师。

2020年9月，人民医院胸外科由于临时急需，经批准后李某决定在某医疗器械有限公司（以下简称医疗器械公司）购买8万元该公司生产的手术包（手术用品）。该公司经理刘某为长期给该医院供货，分别送给李某五千元、杨某四千元、魏某四千元。李某等三人分别承诺以后继续使用该公司产品。

二、处理建议

李某作为人民医院院长，利用职务上的便利，非法收受他人财物，为他人谋取利益，根据《刑法》第三百八十五条、《商业贿赂刑事案件适用法律的意见》、《贪污贿赂刑事案件适用法律的解释》第一条规定，李某属于一般受贿违法行为，不涉嫌受贿犯罪问题。依据《纪律处分条例》第二十八条“党组织在纪律审查中发现党员有刑法规定的行为，虽不构成犯罪但须追究党纪责任的……应当视具体情节给予警告直至开除党籍处分”的规定，追究李某的党纪责任。

杨某、魏某作为医疗机构医务人员，利用职务便利，非法收受他人财物，为他人谋取利益。依据《刑法》第一百六十三条、《商业贿赂刑事案件适用法律的意见》以及《贪污贿赂刑事案件适用法律的解释》第十一条的规定，杨某、魏某均构成非国家工作人员一般受贿违法行为，不涉嫌非国家工作人员受贿犯罪问题，应依据《纪律处分条例》第二十八条的规定，追究二人的党纪责任。

三、评析意见

医疗机构领导人员及医务人员违纪违法问题是群众反映强烈的腐败问题，属于依法惩治商业贿赂范畴。在执纪实务中，必须准确把握对医疗机构领导人员及医务人员违纪行为的定性归责。

（一）李某违反国家法律法规规定，构成一般受贿违法行为

受贿罪是指国家工作人员利用职务上的便利，索取他人财物，或者非法收受他人财物，为他人谋取利益的行为。

“利用职务上的便利”，是指利用单位职务范围内的权力，即自己职务上主管、负责或者承办某项公共事务的职权及其所形成的便利条件。利用职务上的便利索取他人财物的，不论是否“为他人谋取利益”，均可构成受贿罪；非法收受他人财物的，则必须同时具备“为他人谋取利益”的条件，才构成受贿罪，至于为他人谋取的利益是否正当、为他人谋取的利益是否实现，并不影响受贿罪的认定。

结合本案而言，根据《刑法》第九十三条第二款和《审理经济犯罪案件工作纪要》的规定，国有公司、企业、事业单位、人民团体中从事公务的人员和国家机关、国有公司、企业、事业单位委派到非国有公司、企业、事业单位、社会团体从事公务的人员，以及其他依照法律

从事公务的人员，以国家工作人员论。“从事公务”，是指代表国家机关、国有公司、企业、事业单位、人民团体等履行组织、领导、监督、管理等职责。“公务”主要表现为与职权相联系的公共事务以及监督、管理国有财产的职务活动。所以，国有事业单位医院领导班子成员属于以国家工作人员论的范畴。

在本案中，李某属于受贿罪主体范畴。李某作为院长，在临时购买医疗用品中，利用职务上的便利非法收受销售方财物并为其谋取利益。根据《商业贿赂刑事案件适用法律的意见》的规定，“医疗机构中的国家工作人员，在药品、医疗器械、医用卫生材料等医药产品采购活动中，利用职务上的便利，索取销售方财物，或者非法收受销售方财物，为销售方谋取利益，构成犯罪的，依照刑法第三百八十五条的规定，以受贿罪定罪处罚”。根据《刑法》第三百八十五条、《贪污贿赂刑事案件适用法律的解释》第一条等的规定，李某构成一般受贿违法行为，不涉嫌受贿犯罪问题。因此，应依据《纪律处分条例》第二十八条规定，追究其党纪责任。

（二）杨某、魏某违反国家法律法规规定，均构成非国家工作人员一般受贿违法行为

非国家工作人员受贿罪，是指公司、企业或者其他单位的工作人员利用职务上的便利，索取他人财物或者非法收受他人财物，为他人谋取利益，数额较大的行为。

该罪主体是公司、企业或者其他单位的工作人员。“其他单位”，既包括事业单位、社会团体、村民委员会、居民委员会、村民小组等常设性的组织，也包括为组织体育赛事、文艺演出或者其他正当活动而成立的组委会、筹委会、工程承包队等非常设性的组织。上述的“公司、企业或者其他单位”，既包括非国有公司、企业或者其他非国有单位，也包括国有公司、企业或者其他国有单位，但是，只有公司、企业或者其他单位中的非国家工作人员才能构成该罪主体。国有公司、企业或者

其他国有单位中从事公务的人员以及国有公司、企业或者其他国有单位委派到非国有公司、企业以及其他单位从事公务的人员利用职务上的便利受贿的，依照受贿罪追究刑事责任。该罪主观方面是故意。

该罪侵犯的客体是公司、企业或者其他单位的正常管理秩序和公司、企业或者其他单位工作人员职务行为的廉洁性。犯罪对象是财物，包括金钱、实物和可以用金钱计算数额的财产性利益。例如，含有金额的会员卡、提供房屋装修、提供旅游费用等。

该罪在客观方面的行为方式是行为人利用职务上的便利，索取他人财物或者非法收受他人财物，为他人谋取利益，数额较大的行为。构成该罪必须具有下述三个要素：

一是行为人利用了职务上的便利。“利用职务便利”，是指公司、企业或者其他单位的工作人员利用自己在本单位主管、负责或者承办某项工作的职权职责范围内的条件。

二是行为人实施了利用职务上的便利，索取他人财物或者非法收受他人财物，为他人谋取利益的行为。对这一客观行为要素需要注意的，不论是索取他人财物还是非法收受他人财物，均要求具有为他人谋取利益的行为。“索取”，是指行为人以公开或者暗示的形式主动向他人索取财物。“非法收受”，是指行为人违反法律法规被动接受他人主动送予的财物。“为他人谋取利益”，是指行为人利用职务上的便利，主动或者应他人请托为他人谋取利益。只要行为人具有承诺、实施、完成为他人谋取利益的任何一种情形，就应当认定为“为他人谋取利益”。明知他人有具体请托事项的或者履职时未被请托，但事后基于该履职事由收受他人财物的，应当认定为“为他人谋取利益”。上述利益，既包括合法的、正当的利益，也包括非法的、不正当利益；既包括物质利益，也包括非物质利益。

三是索取或者非法收受他人财物数额较大。依据《贪污贿赂刑事案件适用法律的解释》第一条、第十一条的规定，该罪的数额较大立案标准为六万元以上四十万元以下。

结合本案而言，根据《商业贿赂刑事案件适用法律的意见》的规定，刑法第一百六十三条规定的“其他单位”，既包括事业单位、社会团体、村民委员会、居民委员会、村民小组等常设性的组织，也包括为组织体育赛事、文艺演出或者其他正当活动而成立的组委会、筹委会、工程承包队等非常设性的组织。所以，作为国有事业单位，人民医院属于非国家工作人员受贿罪条款中界定的“其他单位”范畴。医务人员具体包括：医疗防疫人员、药剂人员、护理人员、医疗机构其他专业技术人员。

在本案中，杨某、魏某作为医疗机构中的医务人员，利用职务便利，非法收受医药产品销售方财物，为销售方谋取利益。《商业贿赂刑事案件适用法律的意见》规定，“医疗机构中的医务人员，利用开处方的职务便利，以各种名义非法收受药品、医疗器械、医用卫生材料等医药产品销售方财物，为医药产品销售方谋取利益，数额较大的，依照刑法第一百六十三条的规定，以非国家工作人员受贿罪定罪处罚。”根据《刑法》第一百六十三条、《贪污贿赂刑事案件适用法律的解释》第十一条等的规定，杨某、魏某均构成非国家工作人员一般受贿违法行为，不涉嫌非国家工作人员受贿犯罪问题。因此，应依据《纪律处分条例》第二十八条的规定，追究杨某、魏某的党纪责任。

需要说明的是，在实务中，要正确把握非国家工作人员受贿罪与受贿罪的界限和区别，主要有三方面：一是主体不同。前者的主体是公司、企业或者其他单位中的非国家工作人员；后者的主体则是国家工作人员或者其他从事公务的人员。二是客体不同。前者侵犯的是“公司、企业或者其他单位的正常管理活动”和“工作人员职务行为的廉洁性”；后者侵犯的是“党和国家机关、国有公司、企业、事业单位、人民团体的正常管理活动”和“国家工作人员职务行为的廉洁性”。三是客观行为方式包括的行为要素不同。索取型受贿罪是国家工作人员利用职务上的便利，索取他人财物，即构成受贿罪；索取型非国家工作人员受贿罪是公司、企业或者其他单位的工作人员利用职务上的便利，索取他人财物，为他人谋取利益，才构成非国家工作人员受贿罪。也就是索取型受贿罪的客观行为方式不包括“为他人谋取利益”这个行为要素。

根据《商业贿赂刑事案件适用法律的意见》第十一条的规定，非国家工作人员与国家工作人员通谋，共同收受他人财物，构成共同犯罪的，根据双方利用职务便利的具体情形分别定罪追究刑事责任：（一）利用国家工作人员的职务便利为他人谋取利益的，以受贿罪追究刑事责任。（二）利用非国家工作人员的职务便利为他人谋取利益的，以非国家工作人员受贿罪追究刑事责任。（三）分别利用各自的职务便利为他人谋取利益的，按照主犯的犯罪性质追究刑事责任，不能分清主从犯的，可以受贿罪追究刑事责任。

27. 非国家工作人员受贿行为如何认定？

一、基本案情

欧阳某，中共党员，A 村村委会主任。2020 年 4 月，当地 B 建筑有限责任公司承建了 A 村造价一百七十万元的蔬菜大棚建设工程，工程资金来自村集体资金。2020 年 10 月，因欧阳某在工程竣工验收中给予 B 建筑有限责任公司关照，该公司经理刘某送给欧阳某六万元感谢费。

二、分歧意见

在本案中，关于对欧阳某行为性质的定性，出现了分歧意见：

第一种意见认为，欧阳某作为村委会主任，收受刘某六万元，构成受贿行为，并涉嫌受贿犯罪问题。应依据《纪律处分条例》第二十七条的规定，追究其党纪责任，给予党纪处分。

第二种意见认为，欧阳某主体身份不符合受贿罪主体要件的规定，不构成受贿行为。构成非国家工作人员受贿行为，并涉嫌非国家工作人员受贿犯罪问题。依据《纪律处分条例》第二十七条的规定，追究其党纪责任，给予党纪处分。

对于欧阳某涉嫌犯罪问题应当给予政务重处分，但是，依据《政务处分法》第二十二条第一款的规定，可不再给予其政务处分，依照

《政务处分法》第二十二条第二款和《农村基层干部廉洁履行职责若干规定（试行）》第二十二条、第二十四条的规定，应当由县级或者乡镇人民政府根据具体情况减发或者扣发补贴、奖金、调离岗位、解除人事关系或者劳动关系、责令其辞职；拒不辞职的，依照《中华人民共和国村民委员会组织法》的规定，对欧阳某的村民委员会主任予以罢免。

三、评析意见

我们同意第二种意见，具体分析如下：

（一）欧阳某不是党和国家工作人员或者其他从事公务的人员，不构成受贿行为

受贿罪，是指国家工作人员利用职务上的便利，索取他人财物，或者非法收受他人财物，为他人谋取利益的行为。

该罪主体只能由国家工作人员构成。国家工作人员是指在职的国家工作人员。国家工作人员范畴根据《刑法》第九十三条规定，“本法所称国家工作人员，是指国家机关中从事公务的人员。国有公司、企业、事业单位、人民团体中从事公务的人员和国家机关、国有公司、企业、事业单位委派到非国有公司、企业、事业单位、社会团体从事公务的人员，以及其他依照法律从事公务的人员，以国家工作人员论”。

《审理经济犯罪案件工作纪要》关于“其他依照法律从事公务的人员的认定”规定“刑法第九十三条第二款规定的‘其他依照法律从事公务的人员’应当具有两个特征：一是在特定条件下行使国家管理职能；二是依照法律规定从事公务。具体包括：（一）依法履行职责的各级人民代表大会代表；（二）依法履行审判职责的人民陪审员；（三）协助乡镇人民政府、街道办事处从事行政管理工作的村民委员会、居民委员会等农村和城市基层组织人员；（四）其他由法律授权从事公务的人员”。关于“从事公务”的理解，“从事公务，是指代表国家机关、国有公司、企业、事业单位、人民团体等履行组织、领导、监督、管理等职责。公

务主要表现为与职权相联系的公共事务以及监督、管理国有财产的职务活动。如国家机关工作人员依法履行职责，国有公司的董事、经理、监事、会计、出纳人员等管理、监督国有财产等活动，属于从事公务。那些不具备职权内容的劳务活动、技术服务工作，如售货员、售票员等所从事的工作，一般不认为是公务”。

根据全国人民代表大会常务委员会《关于〈中华人民共和国刑法〉第九十三条第二款的解释》的规定，村民委员会等村基层组织人员协助人民政府从事下列行政管理工作，属于刑法第九十三条第二款规定的“其他依照法律从事公务的人员”：（一）救灾、抢险、防汛、优抚、扶贫、移民、救济款物的管理；（二）社会捐助公益事业款物的管理；（三）国有土地的经营和管理；（四）土地征用补偿费用的管理；（五）代征、代缴税款；（六）有关计划生育、户籍、征兵工作；（七）协助人民政府从事的其他行政管理工作。村民委员会等村基层组织人员从事前款规定的公务，利用职务上的便利，非法占有公共财物、挪用公款、索取他人财物或者非法收受他人财物，构成犯罪的，适用刑法第三百八十二条和第三百八十三条贪污罪、第三百八十四条挪用公款罪、第三百八十五条和第三百八十六条受贿罪的规定。

还有特殊情况的受贿主体。例如，2000 年 6 月最高人民法院给江苏省高级人民法院《关于国家工作人员利用职务上便利为他人谋取利益离退休后收受财物行为如何处理问题的批复》中明确规定，国家工作人员利用职务上的便利为请托人谋取利益，并与请托人事先约定，在其离退休后收受请托人财物，构成犯罪的，以受贿罪定罪处罚。再如，《受贿刑事案件适用法律的意见》规定，国家工作人员利用职务上的便利为请托人谋取利益之前或者之后，约定在其离职后收受请托人财物，并在离职后收受的，以受贿论处。该罪主观方面是故意。

该罪侵犯的客体是国家工作人员职务廉洁性。受贿行为所索取、收受的财物称为“贿赂”，犯罪对象是贿赂。贿赂即是《刑法》所规定的财物。《贪污贿赂刑事案件适用法律的解释》第十二条规定，“贿赂犯罪中的‘财物’，包括货币、物品和财产性利益。财产性利益包括可以折算为货币的物质利益如房屋装修、债务免除等，以及需要支付货币的其他利益如会员服务、旅游等。后者的犯罪数额，以实际支付或者应当支付的数额计算”。需要注意的是，非财产性利益不属于贿赂。

该罪在客观方面表现为利用职务上的便利，索取他人财物，或者非法收受他人财物，为他人谋取利益的行为。包括两种不同的行为方式：

一是利用职务上的便利，索取他人财物，即索取贿赂行为。索取贿赂，是指行为人主动向他人索要、勒索财物。体现的是索要的财物主动性和给付财物的被动性。索取他人财物不论是否“为他人谋取利益”，均构成受贿行为。根据《检察院立案标准的规定（试行)》的规定，受贿罪中的“‘利用职务上的便利’，是指利用本人职务范围内的权力，即自己职务上主管、负责或者承办某项公共事务的职权及其所形成的便利条件。索取他人财物的，不论是否‘为他人谋取利益’，均可构成受贿罪”。根据《审理经济犯罪案件工作纪要》的规定，受贿罪中“‘利用职务上的便利’，既包括利用本人职务上主管、负责、承办某项公共事务的职权，也包括利用职务上有隶属、制约关系的其他国家工作人员的职权。担任单位领导职务的国家工作人员通过不属自己主管的下级部门的国家工作人员的职务为他人谋取利益的，应当认定为‘利用职务上的便利’为他人谋取利益”。

二是利用职务上的便利，非法收受他人财物，为他人谋取利益。即收受贿赂行为。收受贿赂，是指行为人接受请托人的财物。体现的是给付财物行为的主动自愿性和接受财物的被动性。根据《检察院立案标准的规定（试行)》的规定，“非法收受他人财物的，必须同时具备‘为他人谋取利益’的条件，才能构成受贿罪。但是为他人谋取的利益是否正当，为他人谋取的利益是否实现，不影响受贿罪的认定”。根据《审理经济犯罪案件工作纪要》的规定，“为他人谋取利益包括承诺、实施和实现三个阶段的行为。只要具有其中一个阶段的行为，如国家工作人员收受他人财物时，根据他人提出的具体请托事项，承诺为他人谋取利益的，就具备了为他人谋取利益的要件。明知他人有具体请托事项而收受其财物的，视为承诺为他人谋取利益”。“为他人谋取利益”包括五种情况：一是承诺（承诺包括明示、暗示和默许）为他人谋取利益，但尚未实际进行；二是已经实施为他人谋取利益，也就是实施过程中，但尚未谋取到利益；三是已经实施为他人谋取利益，但尚未完全实现；四是为他人谋取利益，已经完全实现。五是明知他人有具体请托事项而收受其财物的，视为承诺为他人谋取利益。《贪污贿赂刑事案件适用法律的解释》第十三条规定：“具有下列情形之一的，应当认定为‘为他人谋取利益’，构成犯罪的，应当依照刑法关于受贿犯罪的规定定罪处罚：（一）实际或者承诺为他人谋取利益的；（二）明知他人有具体请托事项的；（三）履职时未被请托，但事后基于该履职事由收受他人财物的。国家工作人员索取、收受具有上下级关系的下属或者具有行政管理关系的被管理人员的财物价值三万元以上，可能影响职权行使的，视为承诺为他人谋取利益。”

在本案中，欧阳某不属于上述受贿罪主体界定范畴之内人员，欧阳某的主体身份不符合受贿罪主体要件的规定。

从受贿罪侵犯的客体来看，村委会主任欧阳某对工程进行验收是村委会主任职务范围内处理的集体事务，属于在村集体自治事务中利用职务便利收受他人财物的行为，不属于国家工作人员和其他依照法律从事公务的人员的公务行为，没有侵犯国家工作人员和其他依照法律从事公务的人员职务行为的廉洁性，也不合受贿罪客体要件的规定。

综上，欧阳某不符合受贿罪主体、客体要件的规定，因此，欧阳某不构成受贿行为。

（二）欧阳某违反国家法律规定，涉嫌非国家工作人员受贿犯罪问题

非国家工作人员受贿罪，是指公司、企业或者其他单位的工作人员

利用职务上的便利，索取他人财物或者非法收受他人财物，为他人谋取利益，数额较大的行为。

该罪的主体是公司、企业或者其他单位的工作人员。“其他单位”，既包括事业单位、社会团体、村民委员会、居民委员会、村民小组等常设性的组织，也包括为组织体育赛事、文艺演出或者其他正当活动而成立的组委会、筹委会、工程承包队等非常设性的组织。“公司、企业或者其他单位的工作人员”，既包括非国有公司、企业或者其他非国有单位，也包括国有公司、企业以及其他国有单位中的非国家工作人员。依照《刑法》第一百六十三条第三款规定，“国有公司、企业或者其他国有单位中从事公务的人员和国有公司、企业或者其他国有单位委派到非国有公司、企业以及其他单位从事公务的人员有前两款行为的，依照本法第三百八十五条、第三百八十六条的规定定罪处罚”。依照《刑法》第一百六十三条第二款的规定，“公司、企业或者其他单位的工作人员在经济往来中，利用职务上的便利，违反国家规定，收受各种名义的回扣、手续费，归个人所有的，依照前款的规定处罚”。“回扣”，是指在商品买卖或者劳务活动中，由卖方从所收到的价款中，按照一定的比例扣除一部分返还给买方或者其经办人的款项。“手续费”，是指在经济活动中，除回扣外，其他违反国家规定支付给公司、企业或者其他单位的工作人员的各种名义的钱，例如，信息费、顾问费、劳务费、辛苦费、好处费等。违反国家规定，收取各种名义的回扣、手续费，是否归个人所有，是区分罪与非罪的主要界限。

该罪在主观方面是故意。该罪侵犯的客体是公司、企业或者其他单位的正常管理秩序及工作人员职务廉洁性。犯罪对象是财物，依据《商业贿赂刑事案件适用法律的意见》第七条的规定，“商业贿赂中的财物，既包括金钱和实物，也包括可以用金钱计算数额的财产性利益，如提供房屋装修、含有金额的会员卡、代币卡（券）、旅游费用等。具体数额以实际支付的资费为准”。《贪污贿赂刑事案件适用法律的解释》

第十二条规定，“贿赂犯罪中的‘财物’，包括货币、物品和财产性利益。财产性利益包括可以折算为货币的物质利益如房屋装修、债务免除等，以及需要支付货币的其他利益如会员服务、旅游等。后者的犯罪数额，以实际支付或者应当支付的数额计算”。

该罪客观方面行为方式是行为人利用职务上的便利，索取他人财物或者非法收受他人财物，为他人谋取利益，数额较大的行为。该罪在客观方面必须同时具备下述三个条件：

1. 行为人是利用职务上的便利实施该行为。利用职务上的便利，是指公司、企业或其他单位的工作人员利用自己在本单位组织、领导、监管、主管、经管、负责或者参与、经手某项工作的职务权力、职务职责的条件。

2. 行为人实施了索取或者非法收受他人财物，为他人谋取利益的行为。认定该客观方面行为要素，需要注意，不管是成立索取型非国家工作人员受贿罪还是非法收受型非国家工作人员受贿罪，均要求具备“为他人谋取利益”的行为要素。“索取”，是指行为人以公开或暗示的形式，主动向他人索要财物。“非法收受”，是指行为人被动接受他人主动送的财物。“为他人谋取利益”，是指行为人利用本人职务上的便利，主动或应他人请托、要求为他人谋取利益。依据《审理经济犯罪案件工作纪要》关于“为他人谋取利益的认定”规定，“为他人谋取利益包括承诺、实施和实现三个阶段的行为。只要具有其中一个阶段的行为，如国家工作人员收受他人财物时，根据他人提出的具体请托事项，承诺为他人谋取利益的，就具备了为他人谋取利益的要件。明知他人有具体请托事项而收受其财物的，视为承诺为他人谋取利益”。依据《贪污贿赂刑事案件适用法律的解释》第十三条的规定，为他人谋取利益包括：“（一）实际或者承诺为他人谋取利益的；（二）明知他人有具体请托事项的；（三）履职时未被请托，但事后基于该履职事由收受他人财物的。”“利益”，既包括合法的、正当的利益，也包括非法的、不正当的利益；既包括金钱、实物和财产性利益，也包括非物质利益。

3. 行为人索取或者非法收受他人财物的数额较大。依据最高人民检察院、公安部印发修订后《公安机关管辖立案追诉标准（二）》第十条的规定，“公司、企业或者其他单位的工作人员利用职务上的便利，索取他人财物或者非法收受他人财物，为他人谋取利益，或者在经济往来中，利用职务上的便利，违反国家规定，收受各种名义的回扣、手续费，归个人所有，数额在三万元以上的，应予立案追诉”。该罪的数额较大标准为三万元。

关于非国家工作人员受贿罪的刑事责任问题。《刑法》第一百六十三条第一款规定，“公司、企业或者其他单位的工作人员，利用职务上的便利，索取他人财物或者非法收受他人财物，为他人谋取利益，数额较大的，处三年以下有期徒刑或者拘役，并处罚金；数额巨大或者有其他严重情节的，处三年以上十年以下有期徒刑，并处罚金；数额特别巨大或者有其他特别严重情节的，处十年以上有期徒刑或者无期徒刑，并处罚金”。

在本案中，欧阳某在主观上是直接故意，并具有非法获取财物的目的。欧阳某的违纪行为侵犯了村民委员会的正常管理活动和村民委员会主任职务的廉洁性，符合非国家工作人员受贿行为客体要件的规定。欧阳某利用自己是村委会主任，并负责村大棚建设工程验收工作的职务便利，非法收受B建筑有限责任公司财物，为他人谋取利益，符合非国家工作人员受贿行为客观方面的规定，因此，欧阳某构成非国家工作人员受贿行为。依据最高人民检察院、公安部印发修订后《公安机关管辖立案追诉的标准（二）》第十条的规定，“公司、企业或者其他单位的工作人员利用职务上的便利，索取他人财物或者非法收受他人财物，为他人谋取利益，或者在经济往来中，利用职务上的便利，违反国家规定，收受各种名义的回扣、手续费，归个人所有，数额在三万元以上的，应予立案追诉”。欧阳某涉嫌非国家工作人员受贿罪问题。根据

《纪律处分条例》第二十七条的规定，追究其党纪责任，给予党纪处分。

因为欧阳某已涉嫌非国家工作人员受贿罪，应当给予政务重处分，但是，依据《政务处分法》第二十二条第一款的规定，可不再给予其政务处分，依照《政务处分法》第二十二条第二款和《农村基层干部廉洁履行职责若干规定（试行）》第二十二条、第二十四条的规定，应当由县级或者乡镇人民政府根据具体情况减发或者扣发补贴、奖金、调离岗位、解除人事关系或者劳动关系、责令其辞职，拒不辞职的，依照《中华人民共和国村民委员会组织法》（以下简称《村民委员会组织法》）的规定，对欧阳某的村民委员会主任予以罢免。将欧阳某涉嫌非国家工作人员受贿犯罪问题移交检察机关依法处理。依据《监察法》第四十六条的规定，对欧阳某涉嫌犯罪取得的财物，应当随案移送人民检察院。

在监察调查中，在认定非国家工作人员受贿罪时应当注意的：一是受贿的数额是否达到较大。根据《刑法》第一百六十三条的规定，数额较大是构成该罪的必要条件，达到数额较大就涉嫌非国家工作人员受贿犯罪问题；如果未达到数额较大，就构成非国家工作人员一般受贿违法行为。

二是依据《刑法》第一百六十三条第二款的规定，公司、企业或者其他单位的工作人员在经济往来中，利用职务上的便利，违反国家规定，收受各种名义的回扣、手续费，归个人所有的，依照前款的规定处罚。需要强调的是，认定在经济往来中收受各种名义的回扣、手续费行为时，要看是否违反了国家规定。违反了国家规定，构成该行为；未违反国家规定，不构成该行为。例如，依据《中华人民共和国反不正当竞争法》第七条第二款规定，“经营者在交易活动中，可以以明示方式向交易相对方支付折扣，或者向中间人支付佣金。经营者向交易相对方支付折扣、向中间人支付佣金的，应当如实入账。接受折扣、佣金的经营者也应当如实入账。”在市场交易中，以明示并入账的方式给付或取得折扣或者佣金的，不构成非国家工作人员受贿行为。

三是公司、企业或者其他单位的工作人员在法律、政策允许的范围内，以自己的劳动合理取得报酬的，不是受贿行为。要注意区分贿赂与馈赠的界限。《商业贿赂刑事案件适用法律的意见》第十条规定，“办理商业贿赂犯罪案件，要注意区分贿赂与馈赠的界限。主要应当结合以下因素全面分析、综合判断：（一）发生财物往来的背景，如双方是否存在亲友关系及历史上交往的情形和程度；（二）往来财物的价值；（三）财物往来的缘由、时机和方式，提供财物方对于接受方有无职务上的请托；（四）接受方是否利用职务上的便利为提供方谋取利益”。因此，在认定非国家工作人员是接受馈赠还是收受贿赂时，应当依据上述规定，综合研判认定。

关于非国家工作人员受贿罪中共同犯罪的认定问题。公司、企业或者其他单位中的国家工作人员与非国家工作人员共同实施受贿犯罪的问题，应依据法律、法规和司法解释的规定，确定相关人员的犯罪性质。根据《商业贿赂刑事案件适用法律的意见》第十一条的规定，“非国家工作人员与国家工作人员通谋，共同收受他人财物，构成共同犯罪的，根据双方利用职务便利的具体情形分别定罪追究刑事责任：（一）利用国家工作人员的职务便利为他人谋取利益的，以受贿罪追究刑事责任。（二）利用非国家工作人员的职务便利为他人谋取利益的，以非国家工作人员受贿罪追究刑事责任。（三）分别利用各自的职务便利为他人谋取利益的，按照主犯的犯罪性质追究刑事责任，不能分清主从犯的，可以受贿罪追究刑事责任”。

值得说明的是，非国家工作人员受贿罪的主体是公司、企业或者其他单位的工作人员。认定“其他单位”包括范畴的法律依据是什么，也是我们在实务中需要掌握的。

首先，法律界定了村民委员会属于“其他单位”的范畴。依据

《中华人民共和国会计法》（以下简称《会计法》）第二条规定，国家机关、社会团体、公司、企业、事业单位和其他组织（以下统称单位）必须依照本法办理会计事务，组织属于单位。依据《村民委员会组织法》第二条第一款规定，村民委员会是村民自我管理、自我教育、自我服务的基层群众性自治组织，实行民主选举、民主决策、民主管理、民族监督。村民委员会属于组织，所以，村民委员会也属于单位。

其次，司法解释界定了村民委员会属于“其他单位”的范畴。依据最高人民法院、最高人民检察院《商业贿赂刑事案件适用法律的意见》第二条规定，《刑法》第一百六十三条、第一百六十四条规定的“其他单位”，既包括事业单位、社会团体、村民委员会、居民委员会、村民小组等常设性的组织，也包括为组织体育赛事、文艺演出或者其他正当活动而成立的组委会、筹委会、工程承包队等非常设性的组织。村民委员会属于《刑法》第一百六十三条规定的“其他单位”的范畴。

28. 私分集体资金、职务侵占、私分国有资产行为如何定性归责？

（职务侵占罪与侵占罪的区别）

一、基本案情

张某，中共党员，某村党支部书记兼村委会主任；刘某，中共党员，村委会副主任（协管村财务及捐助款工作）；韩某，中共党员，村委会会计。2021 年春节前，张某、刘某、韩某商量给村委会委员分点钱，并用虚开的六张汽车修理发票将村委会集体所有土地租金八万元套出，分给村委会主任、副主任、会计及五名委员每人一万元。随后，张某、刘某、韩某未将社会捐助给村小学的三万元入账，每人分得一万元。

二、分歧意见

关于张某等人的上述行为如何定性归责有两种不同意见：

第一种意见认为，张某等人的行为属于私分集体资金，不构成违纪，但应当追缴私分资金。张某、刘某、韩某三人私分捐助款构成私分国有资产行为，应当追究张某三人的党纪政务责任。上述十一万元涉案款应上缴国库。

第二种意见认为，张某、刘某、韩某构成共同职务侵占行为和共同贪污行为，村委会构成单位违反《会计法》行为，应当追究张某三人党纪政务责任。上述十一万元违纪违法款追缴后应归还村委会。

三、评析意见

我们同意第二种意见，具体理由如下：

（一）张某、刘某、韩某构成共同职务侵占行为，其他五名村委会成员不构成共同职务侵占行为

职务侵占罪，是指公司、企业或者其他单位的人员，利用职务上的便利，将本单位的财物非法占为己有，数额较大的行为。

该罪主体是公司、企业或者其他单位的人员。公司是指依照公司法，经过国家主管机关批准设立的各种有限责任公司和股份有限公司。企业是指依照我国企业登记法规，经过国家主管机关批准设立的，以营利为目的的各种经济组织。其他单位，是指公司、企业以外的其他组织。依据《商业贿赂刑事案件适用法律的意见》的规定，《刑法》第一百六十三条、第一百六十四条规定的“其他单位”，既包括事业单位、社会团体、村民委员会、居民委员会、村民小组等常设性的组织，也包括为组织体育赛事、文艺演出或者其他正当活动而成立的组委会、筹委会、工程承包队等非常设性的组织。

值得注意的是，根据《刑法》第二百七十一条第二款的规定，国有公司、企业或者其他国有单位中从事公务的人员和国有公司、企业或者其他国有单位委派到非国有公司、企业或者其他单位从事公务的人员有前款行为的，依照贪污罪的规定定罪处罚。

需要强调的，一是最高人民法院《关于村民小组组长利用职务便利非法占有公共财物行为如何定性问题的批复》规定，对村民小组组长利用职务上的便利，将村民小组集体财产非法占为己有，数额较大的行为，应当依照《刑法》第二百七十一条第一款的规定，以职务侵占罪定罪处罚。二是依据 2001 年最高人民法院《关于在国有资本控股、参股的股份有限公司中从事管理工作的人员利用职务便利非法占有本公

司财物如何定罪问题的批复》规定，在国有资本控股、参股的股份有限公司中从事管理工作的人员，除受国家机关、国有公司、企业、事业单位委派从事公务的以外，不属于国家工作人员。对其利用职务上的便利，将本单位财物非法占为己有，数额较大的，应当依照《刑法》第二百七十一条第一款的规定，以职务侵占罪定罪处罚。

该罪在主观方面为直接故意，即明知是本单位的财物，却想利用职务之便非法占为己有的心理态度，也是希望利用职务之便非法占为己有的心理态度。该罪侵犯的客体，是公司、企业或其他单位的财物所有权。犯罪对象，是单位所有的财物，包括有体物与无体物，还包括已被单位控制之中的财物、应属单位收入的财物。在本单位管理、使用或者运输中的私人财产，应以本单位财物论。

该罪在客观方面的行为方式，是利用职务上的便利，将本单位的财物非法占为己有，数额较大的行为。

"利用职务上的便利"，是指本人利用职务权力或者因执行职务而产生的主管、管理、经手单位财物的便利条件。主管财物，是指领导人员在职务上具有对单位的财物的购置、调配等决定权力。经手财物，是指因执行职务而领取、使用、支配单位的财物等权力。例如，采购员经手单位的货款物资、单位工作人员出差经手差旅费等。管理财物，是指对单位财物的保管与管理，如单位出纳员对单位现金的管理、保管员对单位购买的物资的管理等。只要因行为人的职务关系而主管、经手、管理单位财物，就能为侵占单位财物提供便利条件。如果只是在本单位工作，利用熟悉作案环境的，不属于利用职务上的便利，不构成该罪。

职务侵占行为利用职务上的便利，将本单位的财物非法占为己有的手段有多种：包括侵吞、窃取、骗取和其他手段。

"侵吞"，是指行为人利用职务上的便利，将自己主管、管理、经营或者经手的单位财物非法占为己有的行为。侵吞对象是自己主管、管理、经营或者经手的单位的财物。侵吞的方法有：一是将自己管理或者经手的单位财物加以隐匿、扣留，应支付的不支付，应入账的不入账，应上交的不上交，非法占为己有。例如，单位财会人员回收货款不销账，或者收到回款不入账等。二是将自己管理或者经手的单位财物非法转卖后将钱款占为已有。例如，非法出卖单位财物收入归己等。三是将自己管理的单位财物私自用掉或者非法占为己有。

“窃取”，是指行为人利用职务上的便利，采用秘密获取的方法将自己保管的单位财物非法占为己有的行为，就是通常所说的“监守自盗”。采用窃取手段进行职务侵占的对象，只限于自己保管的单位财物。例如，保管员将自己保管的单位财物秘密窃取。如果采取秘密的方法将他人保管的财物非法占有，不构成职务侵占行为，是盗窃行为。

“骗取”，是指行为人利用职务上的便利，采取虚构事实或隐瞒真相的方法，非法占有单位财物归己所有的行为。例如，出差人员伪造、涂改单据，虚报冒领差旅费；行为人虚开购物发票，骗取单位资金；工程负责人多报工时或伪造工资表冒领工资；等等。“其他手段”，是指除侵吞、窃取、骗取以外的其他职务侵占手段。例如，少数单位领导或者员工中间私分单位资产，是职务侵占行为。

利用职务上的便利侵占单位财物，必须是数额较大的，才能构成职务侵占罪。最高人民检察院、公安部联合发布修订后的《公安机关管辖立案追诉规定（二）》第七十六条规定，公司、企业或者其他单位的工作人员，利用职务上的便利，将本单位财物非法占为己有，数额在三万元以上的，应予立案追诉。

职务侵占罪的刑事责任问题，根据《刑法》第二百七十一条规定，公司、企业或者其他单位的工作人员，利用职务上的便利，将本单位财物非法占为己有，数额较大的，处三年以下有期徒刑或者拘役，并处罚金；数额巨大的，处三年以上十年以下有期徒刑，并处罚金；数额特别巨大的，处十年以上有期徒刑或者无期徒刑，并处罚金。

在本案中，张某等人私分的八万元属于村集体资金。从主观方面看，张某等三人是私分决策者和直接责任人员，通过私分达到非法占有集体财产目的，是直接故意。而其他五名村委会成员，虽然是私分受益者，但无非法占有集体资金目的。

从客体看，张某、刘某、韩某以非法方式侵占集体资金，侵犯的是村委会集体财物所有权。根据《商业贿赂刑事案件适用法律的意见》的规定，村委会属于上述界定的其他单位范畴。张某等三人决策和执行私分八万元的行为符合职务侵占客体要件的规定。

从主观和客观方面看，张某等三人分别是村委会主任、副主任、会计，其行为属于职务行为，是共同商量后利用职务上的便利，以骗取手段私分、非法占有本单位财物的行为，属于共同职务侵占行为。其他五名成员分得钱款，属于他人给付行为，并无非法占有集体资金的目的，他们不具有职务行为性质，不产生法律责任。

张某、刘某、韩某符合职务侵占罪四要件的规定，构成职务侵占行为。依据修订后《公安机关管辖立案追诉规定（二）》第七十六条的规定，张某、刘某、韩某不涉嫌职务侵占犯罪问题，构成一般职务侵占违法行为。依据《纪律处分条例》第二十八条的规定，追究张某等三人的党纪责任，分别给予党内警告处分，依据《政务处分法》第四十一条的规定，分别给予张某等三人政务记过处分。

（二）职务侵占罪与侵占罪的区别

关于侵占罪的构成、既遂、刑事责任、侵占罪与借贷纠纷的区别：

侵占罪的构成。侵占罪，是指以非法占有为目的，将代为保管的他人财物或者他人的遗忘物、埋藏物非占为已有，数额较大且拒不退还或者拒不交出的行为。

该罪主体是一般主体，即年满 16 周岁、具有刑事责任能力的自然人。在主观方面是直接故意，即明知自己合法持有的是代为保管的他人财物或是他人的遗忘物、埋藏物，以非法占有为目的，拒不退还或者拒不交出。但是如果没有非法占有目的，有原因暂时不能退还或者不能交出的，不构成该罪。

该罪侵犯的客体是公私财产所有权。犯罪对象可以是动产和不动产；包括有体物、无体物和流动物，包括金钱、实物、石油、自来水、发电厂发的电、煤气等。在公共财物临时委托私人保管的情况下，侵占公共财物，符合侵占罪四要件构成的，构成该罪。

该罪在客观方面的行为方式是，将代为保管的他人财物或者他人的遗忘物、埋藏物非法占为己有，数额较大，且拒不退还或者拒不交出的行为。在客观方面必须具有下述三个条件：

1. 以合法的方式代为保管他人的财物，合法占有他人的遗忘物或者埋藏物。侵占行为特点是"变合法持有为非法所有"，这是构成侵占罪的前提条件。"持有"，是指对财物的事实上的控制或支配状态，包括存放在自己家中或行为人能够控制的其他地方。"合法持有"，则是指以合法的方式，取得对他人财物暂时的占有权，但无处分权。根据《刑法》第二百七十条的规定，"合法持有他人财物"，包括以下两种情况：

一是合法代为保管他人财物。"代为保管"，是指财物的所有人、持有人以合法方式将财物的占有权转移给行为人，具有多种法律上和事实上的原因或根据。例如，委托他人代转财物、代收财物、代买商品、代卖物品等。行为人以合法的方式代为保管他人财物的情况下，行为人是合法取得占有权，但无所有权，其有交还财物给委托人或者委托人指定的其他人的义务。如果拒不交还交付，非法据为己有，构成侵占他人财物。另外，"代为保管"还包括在无因管理情况下，行为人为避免他人的利益受损失而自动为他人保管财物，也是以合法方式持有他人财物，如果非法据为己有，拒不返还，也构成侵占行为。

二是合法占有他人的遗忘物或者埋藏物。遗忘物，是指财物的所有人或持有人将自己持有的财物放置在某处，因疏忽忘记拿走，暂时失去控制的财物。需要注意的是，遗忘物与遗失物是不同的概念，遗失物是指所有人或者持有人因为疏忽，将其持有的财物丢失在某处，脱离了自己控制。遗失物与遗忘物的区别，主要在于遗忘物的所有人或者持有人一经回忆较容易找回，而遗失物的所有人或者持有人则很难知道遗失在何地，难以找回。《刑法》规定侵占遗忘物，未规定侵占遗失物。《民法典》第三百一十二条规定，所有权人或者其他权利人有权追回遗失物。第三百一十四条规定，拾得遗失物，应当返还权利人。拾得人应当及时通知权利人领取，或者送交公安等有关部门。第三百一十六条规定，拾得人在遗失物送交有关部门前，有关部门在遗失物被领取前，应当妥善保管遗失物。因故意或者重大过失致使遗失物毁损、灭失的，应当承担民事责任。第三百一十七条规定，权利人领取遗失物时，应当向拾得人或者有关部门支付保管遗失物等支出的必要费用。权利人悬赏寻找遗失物的，领取遗失物时应当按照承诺履行义务。拾得人侵占遗失物的，无权请求保管遗失物等支出的费用，也无权请求权利人按照承诺履行义务。第三百一十八条规定，遗失物自发布招领公告之日起一年内无人认领的，归国家所有。从《刑法》对侵占罪、《民法典》对遗失物的规定条款看，我们认为，应当依据《刑法》和《民法典》的规定，对遗忘物和遗失物进行处罚和处理。

埋藏物，是指所有权不明的埋藏于地下的财物。《民法典》第三百一十九条规定，拾得漂流物、发现埋藏物或者隐藏物的，参照适用拾得遗失物的有关规定。法律另有规定的，依照其规定。第二百五十八条规定，国家所有的财产受法律保护，禁止任何组织或者个人侵占、哄抢、私分、截留、破坏。依据《中华人民共和国文物保护法》第五条的规定，中华人民共和国境内地下、内水和领海中遗存的一切文物，属于国家所有。因此侵占埋藏物，也包括对国家所有权的侵犯。侵占埋藏物行为，是以合法持有该埋藏物为前提，主要表现为行为人在进行地面挖掘时，发现地下埋藏物，不知物主是谁，而将其占为己有。如果行为人明知某处埋藏有某人的财物，或者明知某古墓埋藏有古代珍贵文物，以非法占有为目的挖掘，将所有财物据为己有，则应分别以盗窃罪或盗掘古墓葬罪论处。

2. 侵占行为是将代为保管的他人财物、他人的遗忘物或者埋藏物非法占为己有，即是将合法持有的财物非法据为己有，拒不退还或者拒不交出。拒不退还或者拒不交出，是指物主或者有关机关要求退还或交出财物，而拒不退还或拒不交出。拒不退还或者拒不交出，包括将保管物、遗忘物或埋藏物消费、出售、毁灭、赠予他人等。如果行为人并不拒绝退还或者交出，只是延期退还或者交出，或者口头表示拒不退还或者拒不交出，经过说服教育当即退还或者交出的，不应以侵占罪论处。

3. 侵占他人财物，必须是数额较大。数额较小的，即使拒不退还，也不能以侵占罪论处，而是构成一般侵占违法行为。

侵占罪的刑事责任问题，根据《刑法》第二百七十条的规定，将代为保管的他人财物非法占为己有，数额较大，拒不退还的，处二年以下有期徒刑、拘役或者罚金；数额巨大或者有其他严重情节的，处二年以上五年以下有期徒刑，并处罚金。将他人的遗忘物或者埋藏物非法占为己有，数额较大，拒不交出的，依照前款的规定处罚。本条罪，告诉的才处理。

侵占罪既遂的问题。侵占罪属于侵犯财产罪范畴。侵犯财产罪，是以行为人使他人的财物脱离所有人或持有人的控制，非法转移到行为人控制之下，或者已经给他人财产造成损害结果为既遂标准。就侵占罪而言，在侵占行为发生前，他人的财物已经被行为人合法控制，侵占罪的完成应当以行为人表示拒绝退还或者拒绝交出为标准。因为，只有拒绝退还或者拒绝交出，才能证明他人财物已经被行为人非法占为己有，完成了侵占行为的全过程，侵占罪的危害结果已经发生。行为人非法占有他人财物，拒不退还或拒不交出，这种法定结果的发生就是侵占罪成立的标志。“拒不退还”“拒不交出”是《刑法》第二百七十条规定的侵占罪在客观方面要件，它既是犯罪成立的标准，又是罪与非罪的界限。

这一规定实际上排除了侵占罪未遂存在的可能性。实务中，行为人不拒绝退还或不拒绝交出，则不构成侵占罪；行为人拒绝退还或拒绝交出，则构成侵占罪。

正确区分借用关系中借用特定物拒不退还与借用种类物拒不退还的问题。

我们认为，借用特定物可以构成侵占罪，借用种类物属于民事纠纷，不构成犯罪。特定物，是指具有特殊特征，不可替代的物。借用他人的特定物，是以合法方式取得对该物的占有权，但所有权未改变，借用人负有归还原物的义务。如借用后拒不退还，数额较大，即构成侵占罪。

种类物，是可以用同种类、同质量的物替代的物，例如，人民币、粮食、钢材等。借用他人的种类物，债务人取得该物的所有权，同时负有偿还同种类、同质量的物的义务，不是退还原物。因此通过借用关系取得对他人财物的所有权，事后拒不退还的，应当作为平等民事主体之间的借贷纠纷处理，一般不构成侵占罪。因此，在借用关系中，区分借贷纠纷与侵占罪的界限，关键在于行为人是否取得对财物的所有权。

职务侵占罪与侵占罪的区别。《刑法》第二百七十一条中职务侵占罪中“侵占”一词与《刑法》第二百七十条侵占罪中的“侵占”一词含义是不同的。后者是指非法占有本人已合法持有的财物；前者是指非法占有的意思，不以合法持有为前提。职务侵占罪与侵占罪同属以非法占有为目的，侵犯公私财产权利的犯罪。二者的区别是：职务侵占罪的主体是特殊主体，而侵占罪是一般主体。职务侵占罪犯罪对象是公司、企业或其他单位的财物，侵占罪犯罪对象是代为保管的他人财物以及他人的遗忘物、埋藏物。职务侵占罪只能是利用职务上的便利实施，行为方式包括窃取、骗取、侵吞等多种形式；侵占罪的实施与职务无关，行为方式只是将代为保管的他人财物非法占为己有，拒不退还，或者将他人的遗忘物或者埋藏物非法占为己有，拒不交出。

（三）张某、刘某、韩某构成共同贪污行为

贪污罪是指国家工作人员利用职务上的便利，侵吞、窃取、骗取或者以其他手段非法占有公共财物的行为。

贪污罪主体是特殊主体，即国家工作人员。根据《刑法》第九十三条的规定，国家工作人员，是指国家机关中从事公务的人员。国有公司、企业、事业单位、人民团体中从事公务的人员和国家机关、国有公司、企业、事业单位委派到非国有公司、企业、事业单位、社会团体从事公务的人员，以及其他依照法律从事公务的人员，以国家工作人员论。

贪污罪主体包括其他依照法律从事公务的人员。根据《审理经济犯罪案件工作纪要》的规定，《刑法》第九十三条第二款规定的“其他依照法律从事公务的人员”应当具有两个特征：一是在特定条件下行使国家管理职能；二是依照法律规定从事公务。具体包括：依法履行职责的各级人民代表大会代表；依法履行审判职责的人民陪审员；协助乡镇人民政府、街道办事处从事行政管理工作的村民委员会、居民委员会等农村和城市基层组织人员；其他由法律授权从事公务的人员。全国人民代表大会常务委员会《关于〈中华人民共和国刑法〉第九十三条第二款的解释》规定，村民委员会等村基层组织人员协助人民政府从事下列行政管理工作，属于刑法第九十三条第二款规定的“其他依照法律从事公务的人员”：（一）救灾、抢险、防汛、优抚、扶贫、移民、救济款物的管理；（二）社会捐助公益事业款物的管理；（三）国有土地的经营和管理；（四）土地征用补偿费用的管理；（五）代征、代缴税款；（六）有关计划生育、户籍、征兵工作；（七）协助人民政府从事的其他行政管理工作。村民委员会等村基层组织人员从事前款规定的公务，利用职务上的便利，非法占有公共财物、挪用公款、索取他人财物或者非法收受他人财物，构成犯罪的，适用刑法第三百八十二条和第三百八十三条贪污罪、第三百八十四条挪用公款罪、第三百八十五条和

第三百八十六条受贿罪的规定。

在本案中，张某、刘某、韩某将村小学捐助款三万元未入账并非法占有，每人分得一万元。属于侵吞方式的贪污行为，张某三人的行为符合《刑法》第二十五条规定，共同犯罪是指二人以上共同故意犯罪，构成共同贪污行为。依据《贪污贿赂刑事案件适用法律的解释》第一条规定，贪污或者受贿数额在三万元以上不满二十万元的，应当认定为刑法第三百八十三条第一款规定的“数额较大”，依法判处三年以下有期徒刑或者拘役，并处罚金。张某、刘某、韩某构成一般贪污违法行为。依据《纪律处分条例》第二十八条规定，追究三人党纪责任，分别给予党内警告处分。依据《政务处分法》第三十三条第一款第（一）项的规定，分别给予张某等三人政务记过处分。

（四）张某、刘某、韩某不构成私分国有资产行为

私分国有资产罪，是指国家机关、国有公司、企业、事业单位、人民团体，违反国家规定，以单位名义将国有资产集体私分给个人，数额较大的行为。

该罪主体由国家机关、国有公司、企业、事业单位、人民团体等国有单位构成。

根据《刑法》第三百九十六条第一款的规定，该罪追究的是直接负责的主管人员和其他直接责任人员的刑事责任。因为单位犯罪是由直接负责的主管人员决定，其他直接责任人员具体实施的，他们在主观上具有与单位一致的故意，客观上代表单位具体实施了单位犯罪行为。直接负责的主管人员是指对单位犯罪起决定、批准、授意、纵容、指挥作用的单位领导人员。其他直接责任人员是指在直接负责的主管人员的批准、授意、纵容、指挥下，直接实施单位犯罪行为的单位内部的工作人员，是实施单位犯罪的主要执行人，对自己实施的单位犯罪行为在主观上是明知的人员。

侵犯的客体是复杂客体，既侵犯了党和国家的廉政制度和国家工作

人员职务廉洁性，又侵犯了国有资产所有权。犯罪对象是国有资产。根据《检察院立案标准的规定（试行）》附则（六）的规定，本规定中有关私分国有资产罪案中的“国有资产”，是指国家依法取得和认定的，或者国家以各种形式对企业投资和投资收益、国家向行政事业单位拨款等形成的资产。《刑法》第九十一条对公共财产的范围作出明确的规定，即本法所称公共财产，是指下列财产：（一）国有财产；（二）劳动群众集体所有的财产；（三）用于扶贫和其他公益事业的社会捐助或者专项基金的财产。在国家机关、国有公司、企业、集体企业和人民团体管理、使用或者运输中的私人财产，以公共财产论。因此，国有资产以外的公有财产和非公有财产均不能成为该罪的犯罪对象。

该罪在客观方面的行为方式为违反国家规定，以单位名义将国有资产集体私分给个人，数额较大的行为。在客观方面必须具备下述三个条件：

第一，违反国家规定。“违反国家规定”，是指违反全国人民代表大会及其常委会制定的法律、国务院及有关部门制定的法规、规章中关于国有资产监督、管理、使用、处理的有关规定。这是构成该罪的前提条件。

第二，以单位名义将国有资产集体私分给个人。以单位名义，是指私分国有资产是单位领导集体研究决定的或者由单位有决策权的负责人决定，并由直接责任人经手实施，公开或者半公开地以单位发奖金、补贴、分红等名义所进行的活动。体现了单位的意识和意志。“集体私分给个人”，是指以单位名义，将国有资产擅自分给本单位全部成员或者绝大多数成员。如果在少数负责人或成员中秘密进行的，不具有公开性的私分，应属贪污行为，不构成私分国有资产行为。集体私分的主管人员和其他直接责任人员是否分得财物，不影响其构成该罪。

第三，私分数额较大。数额较大，不是指每个人分得的财产数额，而是指私分国有资产的总额。根据《检察院立案标准的规定（试行）》

的规定，涉嫌私分国有资产，累计数额在十万元以上的，应予立案。如果私分数额十万元以下的，构成一般私分国有资产违法行为。

在本案中，私分国有资产罪的主体由国家机关、国有公司、企业、事业单位、人民团体等国有单位构成。显然，村委会不属于私分国有资产罪主体界定的范畴，因此，张某等三人不构成私分国有资产行为。

（五）村委会构成单位违反《会计法》行为

在本案中，张某、刘某、韩某将村委会集体资金用虚开发票方式套出，是违法获得原始凭证行为，违反了《会计法》第十四条、第四十三条第一款的规定，侵犯了国家财经管理秩序，属于单位违反《会计法》行为。因此，村委会构成单位违反《会计法》行为，应追究直接负责的主管人员和其他直接责任人员的责任，张某、刘某是直接负责的主管人员，韩某是其他直接责任人员，应追究张某、刘某、韩某的党纪政务责任。

综上（一）（三）（五）的情况，张某、刘某、韩某构成一般职务侵占违法行为和一般贪污违法行为。村委会构成单位违法行为，应合并处理，追究张某等三人的党纪政务责任。八万元涉案款追缴后归还村委会，三万元涉案款追缴后应当继续用于村小学的公益事业。

29. 非法占有代转的财物是否构成侵占罪？

一、基本案情

种某，中共党员，A 市人民政府秘书长。2018 年 5 月，A 市某煤矿矿长于某托人找 A 市市长姜某违规办理了煤矿扩储手续。同年 6 月，于某为了感谢姜某，到姜某办公室给姜某放下三十万元人民币转身离开。当天姜某找不到于某，想起市政府秘书长种某认识于某，立即打电话让种某到他办公室。姜某对种某说："你认识于某，于某给我送了三十万元，我找不到他，你替我马上把这钱退给于某。"种某表示立即去办，但种某未将三十万元退给于某而是自己留下。后被查实。

二、分歧意见

在本案中，对种某的行为是否构成违纪，存在分歧意见。

第一种意见认为，种某不构成违纪行为，因为《纪律处分条例》中没有相关条款对种某留下三十万元的行为进行评价，所以不能追究种某的党纪责任，种某的行为只是违反道德行为，只能对种某进行批评教育。

第二种意见认为，种某的行为构成侵占行为，涉嫌侵占犯罪问题，应依据《纪律处分条例》第二十七条、《政务处分法》第四十一条的规定，追究其党纪政务责任，给予其党纪政务处分。侵占罪属于人民法院直接受理的自诉案件，即告诉才处理的案件。依据《刑事诉讼法》第一百一十四条的规定，启动自诉案件程序。由于于某的煤矿扩储手续是违规办理的，于某是为谋取不正当利益，才给予姜某财物的，因此，该三十万元属于赃款，应当收缴后上缴国库。

三、评析意见

本案的焦点问题，是关于侵占罪的认定问题。应从侵占罪的犯罪构成理论视角，对种某的行为进行定性归责。我们同意第二种意见，具体理由阐述如下：

种某违反国家法律规定，涉嫌侵占犯罪问题。

侵占罪，是指以非法占有为目的，将代为保管的他人财物或者他人的遗忘物、埋藏物非法占为己有，数额较大且拒不退还或者拒不交出的行为。

该罪主体是一般主体，即年满 16 周岁、具有刑事责任能力的自然人。在主观方面是直接故意，即明知自己合法持有的是代为保管的他人财物或是他人的遗忘物、埋藏物，以非法占有为目的，拒不退还或者拒不交出。但是如果没有非法占有目的，有原因暂时不能退还或者不能交出的，不构成该罪。

该罪侵犯的客体是公私财产所有权。犯罪对象可以是动产和不动产；包括有体物、无体物和流动物，例如，钱款、实物、石油、自来水、发电厂发的电、煤气等。在公共财物临时委托私人保管的情况下，侵占公共财物，符合侵占罪四要件构成的，构成该罪。

该罪在客观方面的行为方式是，将代为保管的他人财物或者他人的遗忘物、埋藏物非法占为己有，数额较大，且拒不退还或者拒不交出的行为。在客观方面必须具有下述三个条件：

1. 以合法的方式代为保管他人的财物，合法占有他人的遗忘物或者埋藏物。侵占行为特点是“变合法持有为非法占为己有”，这是构成侵占罪的前提条件。持有，是指对财物的事实上的控制或支配状态，包括存放在自己家中或行为人能够控制的其他地方。合法持有，则是指以合法的方式，取得对他人财物暂时的占有权，但无处分权。根据《刑法》第二百七十条的规定，“合法持有他人财物”，包括以下两种情况：

一是合法代为保管他人财物。“代为保管”，是指财物的所有人、持有人以合法方式将财物的占有权转移给行为人，具有多种法律上和事实上的原因或根据。例如，委托他人代转财物、代收财物、代买商品、代卖物品等。行为人以合法的方式代为保管他人财物的，行为人是合法取得占有权，但无所有权，其有交还财物给委托人或者委托人指定的其他人的义务。如果拒不交还，非法占为己有，构成侵占行为。另外，“代为保管”还包括在无因管理情况下，行为人为避免他人的利益受损失而为他人保管财物，也是以合法方式持有他人财物，如果非法占为己有，拒不返还，构成侵占行为。

二是合法占有他人的遗忘物或者埋藏物。遗忘物，是指财物的所有人或持有人将自己持有的财物放置某处，因疏忽忘记拿走，暂时失去的财物。遗忘物与遗失物是不同的概念，遗失物是指所有人或者持有人因为疏忽，将其持有的财物丢失某处。遗失物与遗忘物的区别主要在于遗忘物的所有人或者持有人一经回忆较容易找回，而遗失物的所有人或者持有人很难知道遗失在何地，难以找回。《刑法》规定的是侵占遗忘物，未规定侵占遗失物。《民法典》第三百一十二条规定，所有权人或者其他权利人有权追回遗失物。第三百一十四条规定，拾得遗失物，应当返还权利人。拾得人应当及时通知权利人领取，或者送交公安等有关部门。第三百一十六条规定，拾得人在遗失物送交有关部门前，有关部门在遗失物被领取前，应当妥善保管遗失物。因故意或者重大过失致使遗失物毁损、灭失的，应当承担民事责任。第三百一十七条规定，权利人领取遗失物时，应当向拾得人或者有关部门支付保管遗失物等支出的必要费用。权利人悬赏寻找遗失物的，领取遗失物时应当按照承诺履行义务。拾得人侵占遗失物的，无权请求保管遗失物等支出的费用，也无权请求权利人按照承诺履行义务。第三百一十八条规定，遗失物自发布招领公告之日起一年内无人认领的，归国家所有。从《刑法》对侵占罪、《民法典》对遗失物的规定条款看，我们认为，应当依据《刑法》和《民法典》的规定，对遗忘物和遗失物进行处罚和处理。

埋藏物，是指所有权不明的埋藏于地下的财物。《民法典》第三百一十九条规定，拾得漂流物、发现埋藏物或者隐藏物的，参照适用拾得遗失物的有关规定。法律另有规定的，依照其规定。第二百五十八条规定，国家所有的财产受法律保护，禁止任何组织或者个人侵占、哄抢、私分、截留、破坏。依据《中华人民共和国文物保护法》第五条第一款的规定，中华人民共和国境内地下、内水和领海中遗存的一切文物，属于国家所有。因此侵占埋藏物，也包括对国家所有权的侵犯。侵占埋藏物行为，是以合法持有该埋藏物为前提，主要表现为行为人在进行地面挖掘时，发现地下埋藏物，不知物主是谁，而将其非法占为已有。如果行为人明知某处埋藏有某人的财物，或者明知某古墓埋藏有古代珍贵文物，以非法占有为目的挖掘，将所有财物非法占为已有，则应分别以盗窃罪或盗掘古墓葬罪论处。

2. 侵占行为是将代为保管的他人财物、他人的遗忘物或者埋藏物非法占为已有，即是将合法持有的财物非法占为已有，拒不退还或者拒不交出。拒不退还或者拒不交出，是指物主或者有关机关要求退还或交出财物，而拒不退还或拒不交出。拒不退还或者拒不交出，包括将保管物、遗忘物或埋藏物消费、出售、毁灭、赠予他人等。如果行为人并不拒绝退还或者交出，只是延期退还或者交出，或者口头表示拒不退还或者拒不交出，经过说服教育当即退还或者交出的，不应以侵占罪论处。

3. 侵占他人财物，必须是数额较大。数额较小的，即使拒不退还，也不能以侵占罪论处，而是构成一般侵占违法行为。

侵占罪的刑事责任问题，根据《刑法》第二百七十条规定，将代为保管的他人财物非法占为己有，数额较大，拒不退还的，处二年以下有期徒刑、拘役或者罚金；数额巨大或者有其他严重情节的，处二年以上五年以下有期徒刑，并处罚金。将他人的遗忘物或者埋藏物非法占为己有，数额较大，拒不交出的，依照前款的规定处罚。本条罪，告诉的才处理。

侵占罪既遂的问题。侵占罪属于侵犯财产罪范畴。侵犯财产罪，是以行为人使他人的财物脱离所有人或持有人的控制，非法转移到行为人控制之下，或者已经给他人财产造成损害结果为既遂标准。

就侵占罪而言，在侵占行为发生前，他人的财物已经被行为人合法控制，侵占罪的完成应当以行为人表示拒绝退还或者拒绝交出为标准。因为，只有拒绝退还或者拒绝交出，才能证明他人财物已经被行为人非法占为己有，完成了侵占行为的全过程，侵占罪的危害结果已经发生。行为人非法占有他人财物，拒不退还或拒不交出，这种法定结果的发生就是侵占罪成立的标志。“拒不退还”“拒不交出”是《刑法》第二百七十条规定的侵占罪在客观方面要件要素，它既是犯罪成立的标准，又是罪与非罪的界限。该规定实际上排除了侵占罪未遂存在的可能性。实务中，行为人不拒绝退还或不拒绝交出，则不构成侵占罪；行为人拒绝退还或拒绝交出，构成侵占罪。

正确区分借用关系中借用特定物拒不退还与借用种类物拒不退还的问题。

我们认为，借用特定物可以构成侵占罪，借用种类物属于民事纠纷，不构成犯罪。

特定物，是指具有特殊特征，不可替代的物。借用他人的特定物，是以合法方式取得对该物的占有权，但所有权未改变，借用人负有归还原物的义务。如借用后拒不退还，数额较大，即构成侵占罪。

种类物，是可以用同种类、同质量的物替代的物。例如，人民币、粮食、钢材等。借用他人的种类物，债务人取得该物的所有权，同时负有偿还同种类、同质量的物的义务，不是退还原物，是通过借用关系取得对他人财物的所有权，事后拒不退还的，应当作为平等民事主体之间的借贷纠纷处理，不构成侵占罪。因此，在借用关系中，区分借贷纠纷与侵占罪的界限，关键在于行为人是否取得对财物的所有权。

职务侵占罪与侵占罪的区别问题。《刑法》第二百七十一条中职务侵占罪中“侵占”一词与《刑法》第二百七十条侵占罪中的“侵占”一词含义不同。前者是指公司、企业或者其他单位的人员，利用职务上的便利，将本单位的财物非法占为己有，该非法占有的意思，不以合法持有为前提；后者是指以非法占有为目的，将代为保管的他人财物或者他人的遗忘物、埋藏物非法占为己有，即是非法占有本人已合法持有的财物。职务侵占罪与侵占罪同属以非法占有为目的，侵犯公私财产权利的犯罪。二者的区别是：职务侵占罪的主体是特殊主体，而侵占罪是一般主体。职务侵占罪犯罪对象是公司、企业或其他单位的财物，侵占罪犯罪对象是代为保管的他人财物以及他人的遗忘物、埋藏物。职务侵占罪只能是利用职务上的便利实施，行为方式包括窃取、骗取、侵吞等多种形式；侵占罪的实施与职务无关，行为方式只是将代为保管的他人财物非法占为己有，拒不退还，或者将他人的遗忘物或者埋藏物非法占为己有，拒不交出。

在本案中，姜某将三十万元委托种某退给于某，种某有将钱交付给于某的义务。但事实上，自 2018 年 6 月姜某将钱交给种某起，至 2021 年 6 月案发时，种某并不承认钱在其手中，实际种某就是拒不履行交付义务，三十万元在其手中长达三年，主观故意就是将钱款非法占为己有，已构成侵占他人财产行为，涉嫌侵占犯罪问题。应依据《纪律处分条例》第二十七条、《政务处分法》第四十一条的规定，追究其党纪政务责任，给予其党纪政务处分。

侵占罪属于人民法院直接受理的自诉案件，即告诉才处理的案件。依据《刑事诉讼法》第一百一十四条规定，对于自诉案件，被害人有权向人民法院直接起诉。被害人死亡或者丧失行为能力的，被害人的法定代理人、近亲属有权向人民法院起诉。人民法院应当依法受理。启动自诉案件程序。

需要说明的是，因为于某的煤矿扩储手续属于违规办理，于某系为谋取不正当利益给予姜某财物，所以，种某侵占的三十万元人民币属于赃款，应当收缴后上缴国库。

30. 对利用职权非法占有土地使用权行为如何定性归责？

一、基本案情

韩某，中共党员，某村委会主任。2020 年 3 月，县政府给该村确认了偏远区域的十五亩集体所有土地，承包费为每亩每年三百元。韩某在未与村党支部及村委会其他成员商议且未告知全体村民的情况下，私下将该十五亩土地使用权非法占为己有，安排他人为自己耕种。2021 年 4 月，韩某被举报，县纪委监委对韩某立案审查调查。

二、定性及处理建议

审查调查人员认为，韩某利用职务上的便利，将村集体所有土地使用权非法占为己有，属于非法占有集体财物行为；至案发时非法侵占土地承包费四千五百元，属于一般职务侵占违法行为。依据《纪律处分条例》第二十八条的规定，追究韩某的党纪责任，给予党纪处分。依据《纪律处分条例》第四十条的规定，对违纪行为所获得的经济利益，应当收缴。

三、评析意见

我们认为，本案的焦点在于，“土地使用权”具不具有财产性利益，属不属于财物范畴？如果属于财物范畴，村委会主任上述行为性质就显而易见了。对此，应从相关法律法规对公共财物专属特征概念的规定对“土地使用权是否属于财物范畴”进行分析解读。

（一）土地使用权具有财产性利益，属于财物范畴

根据《中华人民共和国土地管理法》第二条规定，中华人民共和国实行土地的社会主义公有制，即全民所有制和劳动群众集体所有制。同时，依据《刑法》第九十一条的规定，本法所称公共财产，是指下列财产：（1）国有财产；（2）劳动群众集体所有的财产；（3）用于扶贫和其他公益事业的社会捐助或者专项基金的财产。在国家机关、国有公司、企业、集体企业和人民团体管理、使用或者运输中的私人财产，以公共财产论。因此，国有土地、农民集体所有土地属于公共财产。

依据《贪污贿赂刑事案件适用法律的解释》第十二条的规定，“财物”，包括货币、物品和财产性利益。财产性利益包括可以折算为货币的物质利益如房屋装修、债务免除等，以及需要支付货币的其他利益如会员服务、旅游等。后者的犯罪数额，以实际支付或者应当支付的数额计算。根据《中华人民共和国土地管理法》第九条的规定，国有土地和农民集体所有的土地，可以依法确定给单位或者个人使用。因为土地所有权与使用权可以分离，个人或者单位可以获得土地使用权，可以对土地进行占有、使用、开发、经营，对此可以产生经济收益。因此土地使用权具有财产性利益，属于“财物”的范畴。

依据《国有资产产权界定和产权纠纷处理暂行办法》第八条规定，全民所有制企业中的产权界定依下列办法处理：有权代表国家投资的部门和机构以货币、实物和所有权属于国家的土地使用权、知识产权等向企业投资，形成的国家资本金，界定为国有资产。

基于以上阐述，土地使用权具有财产性利益，属于财物范畴，属于公共财产范畴。农民集体所有土地使用权属于集体财产。

（二）韩某违反国家法律法规规定，构成一般职务侵占违法行为

职务侵占罪，是指公司、企业或者其他单位的人员，利用职务上的

便利，将本单位财物非法占为己有，数额较大的行为。

依据《商业贿赂刑事案件适用法律的意见》的规定，“其他单位”，既包括事业单位、社会团体、村民委员会、居民委员会、村民小组等常设性的组织，也包括为组织体育赛事、文艺演出或者其他正当活动而成立的组委会、筹委会、工程承包队等非常设性的组织。根据最高人民法院《关于村民小组组长利用职务便利非法占有公共财物如何定性问题的批复》，对村民小组组长利用职务上的便利，将村民小组集体财产非法占为己有，数额较大的行为，应当以职务侵占罪定罪处罚。从上述规定可以看出，村委会属于职务侵占罪界定的单位范畴。

职务侵占罪在客观方面必须同时具备两个条件：一是利用职务上的便利，这是构成本罪的必要条件。其中，“利用职务上的便利”，是指本人的职权范围内或者因执行职务而产生的主管、管理、经手本单位财物的便利条件。“主管财物”，是指领导人员在职务上有对单位的财物的购置、调拨、安排使用或者以其他方式支配等决定权力。“管理财物”，是指对单位财物的保管和管理。“经手财物”，是指因执行职务而领取、使用和报销单位财物等权力。二是以侵吞、窃取、骗取或者其他手段将本单位财物非法占为己有。其中，“侵吞”，是指行为人利用职务上的便利条件，将自己管理、使用的本单位财物非法占为己有的行为。“窃取”，是指行为人利用职务上的便利，用秘密获取的方法，将自己管理的单位财物非法占为己有的行为。“骗取”，是指行为人利用职务上的便利，使用欺骗的方法，将他人管理的单位财物非法占为己有的行为。“其他手段”，是指行为人利用职务上的便利，采取侵吞、窃取、骗取以外的其他方法。

需要说明的是，土地使用权虽与房产等实物财产有所不同，但土地使用权是国有或者集体所有土地财产权的重要部分，具有占有、使用、收益的权能，具有财产性利益，能够被公司、企业或者其他单位的人员，利用职务上的便利非法占为己有，即土地使用权能够被非法占有。

在本案中，韩某作为村委会主任，利用职务上的便利，将该村集体所有土地，以侵吞方式将土地使用权非法占为己有，侵犯了村集体所有土地财产权，即侵犯了占有、使用、收益的权能。至案发，韩某已侵犯村集体财物四千五百元。依据《贪污贿赂刑事案件适用法律的解释》第一条规定，贪污或者受贿数额在三万元以上不满二十万元的，应当认定为刑法第三百八十三条第一款规定的“数额较大”，依法判处三年以下有期徒刑或者拘役，并处罚金。第十一条规定，刑法第一百六十三条规定的非国家工作人员受贿罪、第二百七十一条规定的职务侵占罪中的“数额较大”“数额巨大”的数额起点，按照本解释关于受贿罪、贪污罪相对应的数额标准规定的二倍、五倍执行。职务侵占罪数额较大的立案标准为六万元以上不满四十万元。因此，韩某不涉嫌职务侵占犯罪，构成一般职务侵占违法行为。依据《纪律处分条例》第二十八条的规定，追究韩某的党纪责任。因为，韩某主动上交了违纪所得四千五百元。根据错误性质、情节后果、主观态度等因素，给予韩某党纪处分。依据《纪律处分条例》第四十条的规定，对违纪行为所获得的经济利益，应当收缴。

31. 如何区分匿名诬告违纪行为和一般诬告陷害违法行为？

一、基本案情

张某，中共党员，某乡政府四级主任科员。2021 年 3 月，张某捏造违纪事实向县纪检监察机关匿名诬告乡政府会计李某收受礼金五百元及贪污三千元公款问题，一个月内匿名举报十几次，造成不良影响。经核实，张某所反映李某的情况不属实，2021 年 12 月，县纪委监委对张某立案审查调查。

二、分歧意见

本案中，对张某受到党纪处分适用党内法规条款问题，在讨论中存在两种意见：

第一种意见认为，张某捏造违纪事实多次匿名诬告乡政府会计李某收受礼金五百元及贪污三千元公款，张某违反政治纪律，是匿名诬告违纪行为，属于情节较重的行为，依据《纪律处分条例》第五十二条第二款的规定，追究其党纪责任，给予党纪处分。依据《政务处分法》第三十二条第一款第（四）项的规定，追究其政务责任，给予政务处分。

第二种意见认为，张某多次匿名诬告乡政府会计李某收受礼金五百元及贪污三千元公款，涉嫌一般诬告陷害违法问题，依据《纪律处分条例》纪法衔接条款第二十八条的规定，追究其党纪责任，给予党纪处分。依据《政务处分法》第三十二条第（四）项的规定，追究其政务责任，给予政务处分。

三、评析意见

本案的焦点问题是匿名诬告违纪行为与一般诬告陷害违法行为的区别。我们同意第一种意见，具体解读如下：

匿名诬告违纪行为，是指违反规定，匿名诬告，有意陷害他人，或者制造他人其他谣言，向纪检监察机关或相关机关、单位匿名告发，意图使他人受到纪律追究，造成损害或者不良影响的行为。

该违纪主体是一般主体，即具有党纪责任能力的党员构成该主体。主观方面是故意，具有匿名诬告他人，使他人受到纪律追究的目的。明知匿名诬告是违纪行为，仍实施。匿名诬告的动机通常是栽赃、嫉贤妒能、出于私怨、泄愤、嫁祸于人等。无论行为人出于何种动机，被匿名诬告人是否受到纪律追究，都不影响该违纪行为成立。

侵犯的客体是复杂客体，即侵犯他人的人身权利，同时侵犯纪检监察机关或相关机关、单位的正常活动。“他人”，是指诬告的对象。该违纪行为对象是特定的诬告对象。“特定的诬告对象”，是指诬告的对象必须清楚明确。从党内法规认知和执纪实务看，一般对诬告的对象都指名道姓，有的虽未指名道姓，但从诬告内容中能够确认推断出诬告的对象。

在客观方面必须同时具备以下两个条件：一是具有违反规定，匿名诬告，有意陷害他人，或者制造他人其他谣言的行为。“违反规定”，是指违反党章和相关准则的规定。党章第四十条规定，党内严格禁止用违反党章和国家法律的手段对待党员，严格禁止打击报复和诬告陷害。违反这些规定的组织或者个人必须受到党的纪律和国家法律的追究。《关于党内政治生活的若干准则》第七条规定，保障党员的权利不受侵犯部分中明确规定，对诬陷他人者，要按党纪国法严肃处理。《关于新形势下党内政治生活的若干准则》第七条规定，发扬党内民主和保障党员权利部分中明确规定，党组织要严肃追查处理诬告陷害行为。“诬告”是指捏造违纪违法事实，向相关机关、单位告发行为。“捏造”，是指无中生有，虚构他人的违纪违法事实，把根本不存在的违纪违法行为强加于人。捏造的事实基本是违纪违法事实，而不是一般的事实。因为只有捏造违纪违法事实，才有可能使他人受到纪律追究。所捏造的违纪违法事实，只要足以引起纪检监察机关或有关机关、单位追究被害人的责任即可。“告发”，是指诬告者将其捏造的违纪违法事实向纪检监察机关或有关机关、单位告发。告发的方式是匿名诬告。“匿名诬告”，是指不署自己的真实姓名告发的行为。即是不具名或者不写真实姓名的匿名告发。“纪律追究”，主要是指党纪责任追究、政务责任追究和根据国家法律法规以及企事业单位或者其他社会组织的规章制度进行的其他纪律责任追究。只要行为人实施了捏造违纪违法事实、进行匿名告发的行为，就构成匿名诬告违纪行为既遂。至于被害人是否被错误地追究责任，应作为量纪的情节考量。“有意陷害他人或者制造他人其他谣言”，是指使他人受到纪律或法律制裁的行为。

二是造成损害或者不良影响。“造成损害”，是指匿名诬告使被害人的人身权利受到侵害和相关机关、单位正常工作受到干扰。“不良影响”，是指匿名诬告行为在社会上造成不好的影响。根据《纪律处分条例》第五十二条第二款规定，匿名诬告必须造成损害或者不良影响的，才构成违纪，即构成一般匿名诬告违纪行为，如果未造成损害或者不良影响的，属于匿名诬告轻微违纪问题范畴。

诬告陷害罪，是指捏造犯罪事实诬陷他人，意图使他人受刑事追究，情节严重的行为。情节严重以下的行为，即情节较轻、情节较重的诬告陷害行为，属于一般诬告陷害违法行为，不涉嫌诬告陷害犯罪问题。

匿名诬告违纪行为与一般诬告陷害违法行为的区别就是目的不同。

匿名诬告违纪行为意图使他人受到纪律追究，而一般诬告陷害违法行为意图使他人受到刑事追究，但不涉嫌犯罪。

显然，判断意图则主要根据行为人捏造事实的内容和告发机关来认定。如果捏造犯罪事实诬告陷害他人，并且是向司法机关告发的，一般属于意图使他人受到刑事追究。如果捏造违纪违法事实匿名诬告他人，并且是向纪检监察机关及相关机关、单位告发的，一般属于意图使他人受到纪律追究。

根据《刑法》第二百四十三条的规定，捏造事实诬告陷害他人，意图使他人受刑事追究，情节严重的，处三年以下有期徒刑、拘役或者管制；造成严重后果的，处三年以上十年以下有期徒刑。诬告陷害罪与一般诬告陷害违法行为的界限，主要是情节是否严重。对一般诬告陷害违法行为，应追究其党纪政务责任，但不构成犯罪。所谓情节严重，一般是指使他人的名誉及司法机关的名誉受到严重的损害；被害人已被错误地追究刑事责任；严重干扰了司法机关的正常活动；手段恶劣；动机卑鄙；等等。

司法机关受理的党员捏造犯罪事实诬陷他人，意图使他人受刑事追究，情节严重的，该党员涉嫌诬告陷害犯罪问题，司法机关追究其刑事责任后，将其诬告陷害犯罪问题移交纪检监察机关，追究其党纪政务责任，纪检监察机关应根据司法机关处理的具体情况，依据《纪律处分条例》总则纪法衔接条款第二十七条的规定，追究其党纪责任，给予党纪处分；依据《政务处分法》第十四条的规定，追究其政务责任，给予政务处分。

司法机关受理的党员捏造犯罪事实诬陷他人，意图使他人受刑事追究，情节较轻、情节较重的，不涉嫌诬告陷害犯罪问题的，该党员构成一般诬告陷害违法行为，应将该问题移交纪检监察机关，追究其党纪政务责任。纪检监察机关应依据《纪律处分条例》总则纪法衔接条款第二十八条的规定，追究党员的党纪责任。如果给予党纪轻处分，就不给予政务处分；如果给予党纪重处分，同时，依据《政务处分法》第三十二条第（四）项的规定，追究其政务责任，给予政务重处分。

在本案中，张某捏造违纪事实，多次向纪检监察机关匿名诬告李某收受礼金五百元和贪污三千元公款，意图使李某受纪律追究，构成匿名诬告违纪行为。因为张某不是向司法机关捏造李某犯罪事实诬告诬陷李某，意图使李某受刑事追究，张某的上述行为不属于司法机关评价范畴，而是纪检监察机关评价范畴，因此，第一种意见是正确的。

值得注意的是，要正确区分匿名诬告违纪行为与非违纪行为的界限。要满足匿名诬告违纪行为的构成要件：首先，必须有特定的诬告对象。如果没有特定的诬告对象，就不可能导致纪检监察机关或有关机关、单位追究被害人的纪律责任，不会侵犯他人的人身权利，也就不构成该违纪行为。其次，在客观方面必须同时具备两个条件：一是捏造违纪事实，向相关机关、单位告发，意图使他人受到纪律追究。二是造成损害或者不良影响。缺少其中任何一个条件都不构成该违纪行为。再次，要准确把握区分该违纪行为与错告的界限。错告，包括检举失实，是指党员在行使检举权、控告权时，由于对情况了解不全面，认识偏差，向纪检监察机关或相关机关、单位作了不符合实际情况的告发。区分诬告与错告，要看主观上是否具有陷害他人的目的，客观上是否具有捏造违纪违法事实的行为。诬告，主观上有陷害他人的目的，客观上有捏造违纪违法事实的行为，意在使他人受纪律追究。错告，在主观上不是出于陷害他人的目的，而是为了同违纪现象作斗争，在客观上没有捏造违纪事实，由于对情况了解不全面或者认识片面，而使检举、控告的情况有不符合事实之处。

需要强调的是，认定匿名诬告违纪行为，是一项十分严肃的工作，必须慎重对待。根据《中国共产党纪律检查机关控告申诉工作条例》第三十四条规定，认定诬告，必须经过地、市级以上（含地、市级）党的委员会或纪律检查委员会批准。

32. 侵占公私财物行为如何认定？

一、基本案情

孙某，中共党员，A 市财政局预算处处长。2021 年 2 月，孙某将自己与妻子元旦期间旅游的高铁车票一千二百元在 A 市财政局基建处（单位基建项目独立账户）小金库报销；同年 4 月，又将自己与妻子春节期间旅游的高铁车票四千三百元在 A 市所辖 B 县交通局小金库报销，将女儿春节期间旅游的高铁车票四千七百元在 A 市交通局小金库报销。同年 6 月，A 市纪委监委对孙某违纪违法问题立案审查调查。

二、分歧意见

在本案中，关于对孙某行为的定性归责，有两种不同意见：

第一种意见认为，孙某将自己与妻子元旦期间旅游的高铁车票一千二百元在 A 市财政局基建处报销属于在本单位报销的行为，孙某构成一般贪污违法行为。孙某在 B 县交通局、A 市交通局共计报销九千元构成侵占公私财物违纪行为。

第二种意见认为，孙某在 A 市财政局基建处、B 县交通局、A 市交通局共计报销一万零二百元构成侵占公私财物违纪行为，应依据《纪律处分条例》第一百零一条规定，追究其党纪责任，给予党纪处分。依据《政务处分法》第三十三条第一款第（二）项规定，追究其政务责任，给予政务处分。

三、评析意见

本案的焦点问题是侵占公私财物违纪行为与一般贪污违法行为的区别问题，应从违纪构成和犯罪构成的视角，对侵占公私财物违纪行为进行准确定性归责。我们同意第二种意见，具体理由如下：

（一）孙某在本单位的报销行为不应认定为一般贪污违法行为

贪污罪，是指国家工作人员利用职务上的便利，侵吞、窃取、骗取或者以其他手段非法占有公共财物的行为。受国家机关、国有公司、企业、事业单位、人民团体委托管理、经营国有财产的人员，利用职务上的便利，侵吞、窃取、骗取或者以其他手段非法占有国有财物的，以贪污罪追究其刑事责任。

贪污在客观方面的行为方式为利用职务上的便利，以侵吞、窃取、骗取或者其他手段非法占有公共财物的行为。贪污的构成在客观方面必须同时具备两个条件，即利用职务上的便利和非法占有公共财物，两者缺一不可。

“利用职务上的便利”，是指利用职务上主管、管理、经手公共财物的权力及方便条件。“主管”，是指具有审查、批准、调拨、支配公共财物的职权。例如，经理、厂长具有主管公司、企业内部财物的职权。“管理”，是指具有监守或者保管公共财物的职权。管理与主管的区别在于：主管对财物有支配权，它可以指定或者改变财物的用途和方向；管理则无此权，它只有监守、保管的职权。例如，仓库保管员仅有保管仓库内的公共财物的职权，出纳员仅有保管公款的职权。“经手”，是指因执行公务而具有领取、支出和报销公共财物的职权。经手与管理的区别在于：管理是对公共财物的直接管理的职权，而经手则无对财物直接管理的职权，只是依据职务有权领取、支出和报销财物。例如，采购员具有领取、支出、报销采购费用的职权。

在本案中，孙某将自己与妻子元旦期间旅游的高铁车票一千二百元在A市财政局基建处小金库报销，没有利用自己职务范围内主管、管理、经手公共财物的权力及方便条件，属于非本人经管的财物，其行为方式不符合贪污在客观方面行为方式规定。因此，孙某不构成一般贪污违法行为。

（二）孙某的三次报销行为构成侵占公私财物违纪行为

侵占公私财物违纪行为，是指党和国家工作人员或者其他从事公务的人员中的党员，利用职权或者职务上的影响，侵占非本人经管的公私财物，情节较轻的行为。

该违纪主体是特殊主体，即党和国家工作人员或者其他从事公务的人员中的党员。主观上是直接故意，并具有侵占公私财物的目的。行为人明知实施上述行为是违反党规党纪行为，但仍实施上述行为。侵犯的客体是复杂客体，既侵犯职务行为廉洁性，又侵犯公私财物的所有权。行为对象是公私财物，包括国家、集体和个人财物。

在客观方面必须具有利用职权或者职务上的影响，侵占非本人经管的公私财物的行为。“利用职权”，是指利用本人职权和利用职务上有隶属和制约关系的其他国家工作人员职权，同时也包括担任领导职务的国家工作人员利用不属于自己主管的下级部门的国家工作人员的职权。“利用职务上的影响”，是指利用本人职权和地位所形成的便利条件。“利用本人职权或者地位形成的便利条件”，是指行为人与被其利用的国家工作人员之间在职务上虽然没有隶属、制约关系，但是行为人利用了本人职权或者地位产生的影响和一定的工作联系。“侵占非本人经管的公私财物的行为”，按照《纪律处分条例》第一百零一条的规定，主要有以下五种行为方式：

一是侵占非本人经管的公私财物的行为。“侵占”，是指行为人通过各种手段将公私财物占有。“占有”，既可以是归行为人本人所有，也可以是归他人所有。“非本人经管的财物”，是指不属于行为人职务范围内经手、管理的财物。

二是以象征性地支付钱款等方式侵占公私财物的行为。“象征性地支付钱款”，是指支付的价款远远低于行为人所侵占公私财物价格。

三是无偿、象征性地支付报酬接受服务、使用劳务的行为。该行为有两种表现形式：第一是无偿接受服务、使用劳务；第二是象征性地支付报酬接受服务、使用劳务。“无偿接受服务、使用劳务”，是指接受服务、使用劳务，未支付任何费用。“象征性地支付报酬接受服务、使用劳务”，是指接受服务、使用劳务所支付的报酬远远低于实际发生的应当支付的服务费、劳务费。

四是利用职权或者职务上的影响，将本人、配偶、子女及其配偶等亲属应当由个人支付的费用，由下属单位、其他单位或者他人支付、报销的。“下属单位”，是指有隶属关系的单位。“其他单位”，是指与行为人行使职权或者职务上的影响有关系的单位。“他人”，是指与行为人职权或者职务上的影响、工作上有关系的其他人。

五是根据中央纪委2009年印发的《设立“小金库”和使用“小金库”款项违纪行为适用〈中国共产党纪律处分条例〉若干问题的解释》的规定，使用“小金库”款项报销应由个人负担的费用的，对有关责任人员，依据《纪律处分条例》第七十二条侵占公私财物条款的规定追究责任。

行为人只要利用职权或者职务上的影响，实施了上述五种侵占公私财物行为中的任何一种行为，即构成违纪，即一般违纪行为。实施两种或两种以上行为的，按一种违纪行为论处，不合并处理，量纪时作为量纪情节予以考量。

结合本案，孙某在A市财政局基建处、B县交通局、A市交通局共计报销一万零二百元，主观故意是明确的，从行为方式上看，均是利用了自己是市财政局预算处处长这个职权和职务上的影响，侵占了上述三家单位的公款，其行为符合侵占公私财物违纪行为构成要件的规定，构成侵占公私财物违纪行为。李某在多家单位报销，属于在党的十八大、十九大之后，不收敛、不收手，顶风违纪，应依据《纪律处分条例》第一百零一条规定，追究其党纪责任，给予党纪处分。依据《政务处分法》第三十三条第一款第（二）项规定，追究其政务责任，给予政务处分。

需要说明的是，侵占公私财物行为的关键要素是，不是利用本人职务上主管、管理、经手公共财物的权力，侵占本单位的财物，而是利用职权或者职务上的影响，侵占非本人经管的公私财物，包括下属单位、其他单位和他人的财物。行为人利用职权或者职务上的影响是侵占公私财物行为构成的必备要素要件。

需要强调的是，贪污与侵占公私财物两者的区别有以下五方面：一是主体的区别。前者的主体是国家工作人员或者受委托管理、经营国有财产的人员；而后者的主体是党和国家工作人员或者其他从事公务的人员。二是主观目的的不同。前者是非法占有公共财物的目的；而后者是侵占公私财物的目的。三是侵犯客体的不同。前者的客体是国家工作人员职务行为的廉洁性和公共财物的所有权；而后者的客体是廉洁自律制度和公私财物的所有权。四是行为对象的区别。前者的行为对象是公共财物；而后者的行为对象是公私财物。五是行为方式的区别。前者是利用职务上的便利，侵吞、窃取、骗取或者以其他手段非法占有公共财物的行为；而后者是利用职权或者职务上的影响，侵占公私财物的行为，即侵占非本人经管的公私财物行为，或者以象征性地支付钱款等方式侵占公私财物的行为，或者无偿、象征性地支付报酬接受服务、使用劳务的行为，或者利用职权或者职务上的影响，将本人、配偶、子女及其配偶等亲属应当由个人支付的费用，由下属单位、其他单位或者他人支付、报销的行为。在执纪执法实务中必须对上述区别准确把握。

值得注意的是，要正确区分侵占公私财物违纪行为与职务侵占罪的界限。

根据《刑法》第二百七十一条的规定，职务侵占罪，是指公司、企业或者其他单位的人员，利用职务上的便利将本单位财物非法占为己有，数额较大的行为。两者的区别有以下三方面：一是主体不同。前者的主体是党和国家工作人员或者其他从事公务的人员中的党员；而后者的主体是公司、企业或者其他单位中不具有国家工作人员身份的人员。二是行为对象不同。前者的行为对象是非本人经管的公私财物；而后者的行为对象是本人经管的本单位的财物。三是行为方式不同。前者是利用职权和职务上的影响侵占非本人经管的公私财物的行为；而后者是利用职务上的便利，将本单位财物非法占为己有，数额较大的行为。

四

相关专业术语及罪数形态的评析

33. “特定关系人”和“关系密切的人”如何辨析？

一、基本案情

案例一：角某，中共党员，某县教育局局长。2020 年 9 月，角某为其高中同学李某（某软件开发公司经理）女儿违规择校提供帮助。后角某将其妹妹安排在李某公司，月薪三千元，不实际工作却领取工资，至案发时共领取三万元。

案例二：佟某，中共党员，某县发改局局长。佟小某（佟某胞弟），该县某私有公司经理。佟小某的朋友肖某系某商场经理，该商场无零售烟草专卖许可证，却经营相关业务。2020 年 10 月，肖某被县工商局查扣三百条香烟。佟小某找该县工商局局长纪某（另案处理）求情，纪某违规将香烟返还肖某。事后，肖某送给佟小某三万元。佟某对这件事不知情。

二、处理建议

案例一中，角某利用职务上的便利为请托人谋取利益，要求请托人以给妹妹安排工作为名，使妹妹不实际工作却获取所谓薪酬，依据《受贿刑事案件适用法律的意见》第六条关于特定关系人“挂名”领取薪酬问题的规定，角某涉嫌受贿犯罪。

案例二中，佟小某利用哥哥职权和地位形成的便利条件，通过其他国家工作人员职务上的行为，为请托人谋取不正当利益，收受请托人财物，涉嫌利用影响力受贿犯罪问题。

三、评析意见

上述两个案件中，对相关人员的定性归责没有分歧，关键是对案例一中，关于特定关系人挂名领取薪酬问题的“特定关系人”，及案例二中利用影响力受贿罪主体“关系密切的人”如何准确界定，是实务中必须厘清的问题。《受贿刑事案件适用法律的意见》第十一条中就受贿行为规定了“特定关系人”“共同利益关系的人”两个概念。《中华人民共和国刑法修正案（七)》中就利用影响力受贿罪规定了“关系密切的人”的概念。三个概念之间的关系如何及认定标准是实务中不好把握的问题。

（一）特定关系人的解析

《受贿刑事案件适用法律的意见》中给出了特定关系人的概念，即“特定关系人”，是指与国家工作人员有近亲属、情妇（夫）以及其他共同利益关系的人。特定关系人就是有共同利益关系的人，认定是否属于特定关系人，关键在于是否与国家工作人员有共同利益关系。特定关系人主要有三种表现形式：近亲属、情妇（夫）以及其他共同利益关系的人。

我们认为，对“特定关系人”的认定应注意以下三个方面：

一是关于近亲属认定问题。“国家工作人员的近亲属”具体都指哪些人可以参考《民法典》第一千零四十五条第二款的规定，配偶、父母、子女、兄弟姐妹、祖父母、外祖父母、孙子女、外孙子女为近亲属。

二是关于情妇（夫）认定问题。情妇（夫）是指男女两人，一方或者双方已有配偶，他们之间保持性爱关系，男方是女方的情夫、女方是男方的情妇。

三是对“其他共同利益关系的人”认定的问题。“共同利益关系的人”就是存在“共同利益”关系的人，对于共同利益关系的理解和把握的重点，主要是对人对事的好处。纯粹的同学、同事、战友关系，没有共同利益关系交叉，不属于上述意见界定的共同利益关系。同时需要注意的是，共同利益关系不限于共同财产关系，因为共同利益关系范畴大于共同财产关系。

我们认为，《受贿刑事案件适用法律的意见》规定，国家工作人员利用职务上的便利为请托人谋取利益，授意请托人以本意见所列形式，将有关财物给予特定关系人的，以受贿论处。如果共同利益关系人没有通谋的，不构成共犯，特定关系人与国家工作人员通谋，共同实施前款行为的，对特定关系人以受贿罪的共犯论处。上述意见强调的是对国家工作人员的该种受贿形式的刑事责任追究，强调的是行为结果之后国家工作人员授意请托人以本意见所列形式，将有关财物给予特定关系人，即给予共同利益关系的人，也就是说只要是共同利益关系的人接受就认定国家工作人员构成受贿。

（二）关系密切的人解析

关系密切的人法律规定。《中华人民共和国刑法修正案（七）》第十三条规定：“在刑法第三百八十八条后增加一条作为第三百八十八条之一国家工作人员的近亲属或者其他与该国家工作人员关系密切的人，通过该国家工作人员职务上的行为，或者利用该国家工作人员职权或者地位形成的便利条件，通过其他国家工作人员职务上的行为，为请托人谋取不正当利益，索取请托人财物或者收受请托人财物，数额较大或者有其他较重情节的，处三年以下有期徒刑或者拘役，并处罚金；数额巨大或者有其他严重情节的，处三年以上十年以下有期徒刑，并处罚金；数额特别巨大或者有其他特别严重情节的，处七年以上有期徒刑，并处罚金或者没收财产。离职的国家工作人员或者其近亲属以及其他与其关系密切的人，利用该离职的国家工作人员原职权或者地位形成的便利条件实施前款行为的，依照前款的规定定罪处罚。”

《中华人民共和国刑法修正案（七）》中就利用影响力受贿罪规定了“关系密切的人”的概念。《受贿刑事案件适用法律的意见》提出了“特定关系人”的概念，并明确规定“本意见所称‘特定关系人’，是指与国家工作人员有近亲属、情妇（夫）以及其他共同利益关系的人”。“特定关系人”的范畴相对比较明确。但《中华人民共和国刑法修正案（七）》对“关系密切的人”并未给出明确的具体认定标准。那么这里的“其他与该国家工作人员关系密切的人”都包含哪些人？如何认定“关系密切”？是我们必须掌握的内容。

关系密切的人的范畴。《中华人民共和国刑法修正案（七）》指出“关系密切的人”包含国家工作人员的近亲属和其他与国家工作人员关系密切的人两种。一种包含国家工作人员的近亲属，近亲属参考《民法典》第一千零四十五条第二款的规定认定。另一种是“其他与国家工作人员关系密切的人”，是指除近亲属之外的其他关系密切的人，“关系密切的人”中的关系是指人和人之间或者人和事物之间存在某种利益性质的联系，密切是指彼此关系亲近，即是彼此关系亲近的人。这些人可以间接及以特殊方式对国家工作人员行为、决定施加影响。实践中主要表现为以下几种常见的关系：血亲姻亲关系、情妇（夫）关系、恋人关系、老师学生关系、共同利益关系、同学战友关系、老朋友关系、同事上下级关系、老乡关系等。上述这些关系可以单独存在，也存在交叉关系。而且他们之间交往甚密，这些人对国家工作人员的行为、决定具有一定的影响力。

需要注意的是，“特定关系人”是以司法解释的形式规定的概念，被纳入受贿罪的共犯。而“关系密切的人”是最高国家权力机关以刑法修正案的形式纳入《刑法》的具体条款之中，独立构成斡旋型受贿罪的主体。“特定关系人”强调的是与国家工作人员的共同利益关系，而“关系密切的人”强调的则是其与国家工作人员的关系密切。《中华人民共和国刑法修正案（七）》所规定的“关系密切的人”范围应大于特定关系人，“特定关系人”是“关系密切的人”的组成部分。因此，“特定关系人”内容可以纳入“关系密切的人”范畴。

关系密切的人认定问题。关于如何认定关系密切，我们认为，应从与国家工作人员的关系程度进行认定，可以通过双方联系目的、手段、方式等来认定。同时必须考虑的是，因为“关系密切的人”是利用影响力受贿罪的主体，能够对国家工作人员施加影响力的人才是本罪中的“关系密切的人”，如果不能施加影响力，也不能成为该罪主体。在实践中，对“关系密切的人”的认定还应注意以下两个方面：

一是对于近亲属范围的认定。参考《民法典》第一千零四十五条第二款的规定认定。

二是对“其他与国家工作人员关系密切的人”的认定。我们认为应从四个方面综合考量认定：

第一，从关系密切的人角度，不能仅凭关系密切的人口供认定关系密切，需要相关的证据证明。第二，从行贿者及被利用的其他国家工作人员角度，他们认为“关系密切的人”与国家工作人员关系密切。知道“关系密切的人”与国家工作人员有近亲属关系、是情妇（夫）、恋人、同学、战友、老部下、老上级、领导秘书等关系，知道他们交往甚密，知道这些人对国家工作人员具有影响力。第三，从国家工作人员角度，承认其与“关系密切的人”的关系密切，但需要相关证据证明，例如，微信短信联系、电话联系、接触的时间频率及单独会面、双方经济往来、信任程度等。第四，从密切程度的角度，看他们的关系事先是否存在，预先存在的关系应是双方明知和确认的，为外界所知。看他们的关系是否稳定牢固。看他们形成关系的关联性，即看形成关系的过程。审查调查人员应根据具体情况进行实质把握。

34. “谋取竞争优势”解析

在查处行贿犯罪实务中，正确认定“谋取不正当利益”是非常关键的一环。根据《行贿刑事案件应用法律的解释》第十二条规定，违背公平、公正原则，在经济、组织人事管理等活动中谋取竞争优势也是“谋取不正当利益”。实践中，如何正确理解和把握谋取竞争优势，是审查调查人员一直困惑的问题。

第一，关于“谋取不正当利益”应当明确两个观念。一是“谋取不正当利益”是行贿罪的主观要件。如果行贿人向受贿人提出要受贿人为他谋取不正当利益，并给予了财物，即构成行贿罪。在索贿情形中，行贿人原本没有行贿主观故意，被勒索后，行贿人实际获得了不正当利益，法律才认定其构成行贿罪。二是受贿人是否实际为行贿人谋取了不正当利益对于认定行贿犯罪“谋取不正当利益”不具有决定作用。如果行贿人没有谋取不正当利益的目的，受贿人在接受行贿人财物后为行贿人谋取了不正当利益，行贿人没有提出要求的，不认定为行贿犯罪。行贿人没有明示要求受贿人提供违法性帮助，但是受贿人在提供违法性帮助的情况下，行贿人是“明知”的，可以认定行贿人是具有主观故意和目的。此种情况下，只有行贿人提供证据证明自己明确告知受贿人不要提供违反法律、法规、规章、政策、行业规范所禁止的便利，才能证明其没有谋取不正当利益的故意和目的。

第二，司法解释中关于“谋取竞争优势”的规定。《商业贿赂刑事案件适用法律的意见》规定，在招标投标、政府采购等商业活动中，违背公平原则，给予相关人员财物以谋取竞争优势的，属于“谋取不正当利益”。《行贿刑事案件应用法律的解释》第十二条第二款再次规定，违背公平、公正原则，在经济、组织人事管理等活动中，谋取竞争优势的，应当认定为“谋取不正当利益”。从上述司法解释对谋取竞争优势的规制可以看出，从招标投标、政府采购等商业活动中对谋取竞争优势范畴的规制，打击领域进一步延伸扩大到其他经济活动领域。同时打击领域扩展到组织人事管理活动中，即规制范围从政府采购等商业活动扩大到其他领域，充分体现了我国对“谋取竞争优势”方面违法行为的立法司法打击力度。

第三，关于“谋取竞争优势”的界定。就谋取竞争优势而言，竞争是指为了自己利益而与竞争参与者争胜，优势是指能超过竞争参与者的有利形势。简言之，行贿人为谋取竞争优势，给予国家工作人员以财物，是想得到能超过竞争参与者的有利形势，获得预期不正当利益的目的。实践中存在两种情况：一是无竞争优势，通过行贿获得竞争优势；二是为了谋求超过竞争对手的优势。

第一种情况中，本来无竞争优势，通过行贿取得优于别人的竞争条件，其谋取的竞争优势明显，目的明确，认定是行贿比较容易。从行贿人看，如果有证据表明行贿人口头、书面提出谋取竞争优势的利益请托，就可认定行贿人具有主观故意和目的。行贿人只要用语言表达了该意思，就可以认定。实践中，很多情况下行贿人、受贿人之间是不需要明说的，通过彼此的行为就能心知肚明。行贿人谋取利益的行为也不一定要通过明示的方式表示，很多情况下行贿是采取隐晦的方式。所以，我们认为，在竞争过程中，当行贿人向国家工作人员行贿，其行为本身就体现出要谋取竞争优势的意思。第二种情况中，如果行贿人或者竞争参与者，在竞争性活动中，均有各自的优势，但为了谋求超过竞争对手的优势而行贿，也属于“谋取竞争优势”，进而构成行贿罪。

第四，关于“谋取竞争优势”的客观表现。招投标、政府采购、招生、考试录取等均属于竞争性的活动。在招投标中，投标人向评委行贿，受贿人在评标时意见倾向于行贿人，影响评定的结果，最后使行贿人中标；受贿人采取提前透露评委名单、邀请特定公司推荐的人选作为专家评委等方式帮助行贿人中标；受贿人根据行贿人的实际情况，设定中标条件，使行贿人中标；受贿人在招标文件中设置排他性的条款或者有利于行贿人的条款。上述情况等均属于“谋取竞争优势”。为了子女面试得到高分，向面试考官行贿，侵害了公平竞争的面试招生秩序，属于“谋取竞争优势”。

实践中需要注意的是，在经济、组织人事管理等活动中，只有存在竞争性的活动，才存在谋取竞争优势问题。

35. 如何理解行贿犯罪中“谋取不正当利益”?

一、基本案情

案例一：孙某，中共党员，某市工商行政管理局局长。钱某，该市某商店店长。该店无烟草专卖零售许可证，却经营烟草零售业务。2020年9月，被工商局稽查部门查扣二百条香烟。钱某送给孙某三万元，希望退回香烟。后孙某将香烟退给钱某，既没有没收违法所得，也没有给予处罚。

案例二：李某，中共党员，某县县长。张某，某家具公司经理。2020年12月，张某到李某住处送其十万元，请求县政府办公桌椅采购采取邀请招标，自己准备三家公司，李某应允。本应采取公开招标的方式，后李某通知相关部门决定该二百三十万元项目采取邀请招标方式进行采购，使张某公司中标，比原来采取公开招标预计价格高出九万元。

二、处理建议

案例一中，孙某滥用职权，违法决定、处理其无权决定、处理的事项，同时，利用职务上的便利，非法收受他人财物，为他人谋取不正当利益，依据《关于办理渎职刑事案件适用法律若干问题的解释（一）》第一条、《贪污贿赂刑事案件适用法律的解释》第一条的规定，孙某构成一般滥用职权违法行为，同时孙某涉嫌受贿犯罪问题，依据《纪律处分条例》第二十三条、第二十七条、第二十八条的规定，合并处理，追究孙某的党纪责任，给予党纪处分。依据《政务处分法》第十五条、第三十三条第（一）项、第三十九条第（一）项的规定，给予孙某政务处分。对孙某的涉嫌受贿犯罪问题，移送检察机关依法追究刑事责任。涉案款物随案移送检察机关。

钱某谋取利益违反《中华人民共和国烟草专卖法》的规定，属于谋取不正当利益，依据《贪污贿赂刑事案件适用法律的解释》第七条的规定，钱某涉嫌行贿犯罪问题，应移送检察机关追究刑事责任。

案例二中，李某违反《中华人民共和国政府采购法》的规定，本应采取公开招标的方式，却违法决定采取邀请招标，属于滥用职权，违法决定、处理其无权决定、处理的事项。同时，利用职务上的便利，非法收受他人财物，为他人谋取不正当利益，依据《关于办理渎职刑事案件适用法律若干问题的解释（一）》第一条、《贪污贿赂刑事案件适用法律的解释》第一条的规定，李某构成一般滥用职权违法行为，同时李某涉嫌受贿犯罪问题，依据《纪律处分条例》第二十三条、第二十七条、第二十八条的规定，合并处理，追究李某的党纪责任，给予党纪处分。依据《政务处分法》第十五条、第三十三条第（一）项、第三十九条第（一）项的规定，给予李某政务处分。对李某的涉嫌受贿犯罪问题，移送检察机关依法追究刑事责任。涉案款物随案移送检察机关。

张某要求国家工作人员违反《中华人民共和国政府采购法》的规定，为自己提供帮助，属于谋取不正当利益，依据《贪污贿赂刑事案件适用法律的解释》第七条的规定，张某涉嫌行贿犯罪问题，应移送检察机关追究刑事责任。

三、评析意见

在认定行贿犯罪时，如何认定“谋取不正当利益”，是实务中的焦点。我们认为，应从司法解释规定及理论和实务相结合的视角给予解析。

（一）关于行贿罪四要件构成及“谋取不正当利益”的认定范畴

行贿罪是指为谋取不正当利益，给予国家工作人员以财物的行为。

行贿罪的主体是一般主体，凡是已满16周岁具有刑事责任能力的自然人均能构成该罪的主体。该罪在主观方面是故意，具有谋取不正当利益的目的。需要注意的是，行为人是否具有谋取不正当利益的目的，是区分罪与非罪界限的重要标志。目的是该犯罪构成所必备的主观要件之要素。该罪侵犯的客体是国家工作人员的职务廉洁性。犯罪对象是国家工作人员。

该罪在客观方面的行为方式表现是为谋取不正当利益，给予国家工作人员以财物的行为。根据《刑法》第三百八十九条的规定，该罪在客观方面的行为方式主要表现包括：一是为了利用国家工作人员的职务行为，为自己谋取不正当利益，主动给予国家工作人员财物。二是有求于国家工作人员的职务行为，由于国家工作人员的勒索给予国家工作人员以财物，获得了不正当利益。三是在经济往来中，违反国家规定，给予国家工作人员以财物，数额较大的，或者违反国家规定，给予国家工作人员以各种名义的回扣、手续费的。根据《刑法》第三百八十九条第三款的规定，因被勒索给予国家工作人员以财物，没有获得不正当利益的，不是行贿。

根据《行贿刑事案件应用法律的解释》第十二条的规定，行贿犯罪中的“谋取不正当利益”，是指行贿人谋取的利益违反法律、法规、规章、政策规定，或者要求国家工作人员违反法律、法规、规章、政策、行业规范的规定，为自己提供帮助或者方便条件。违背公平、公正原则，在经济、组织人事管理等活动中，谋取竞争优势的，应当认定为“谋取不正当利益”。

（二）“谋取不正当利益”的几种类型及解析

实践中，对上述“谋取不正当利益”司法解释的规范含义必须准确把握。从不正当利益的属性看，不正当利益包括，实体违法违规利益和程序违法违规利益。我们认为，根据上述司法解释，“谋取不正当利益”包括以下几种类型：

1. 实体违法违规利益，是指行贿人“谋取的不正当利益”违反法律、法规、规章、政策规定，所获取的利益属于违法违规利益。违法违规利益不仅表现为获取手段的违法违规性，同时也表现为利益本身的违法违规性，违法违规利益的取得侵害了国家的法律秩序。该利益一般表现为国家禁止性的利益和特定义务的违法违规免除情况。

案例一中，《中华人民共和国烟草专卖法》第三十二条明确规定，无烟草专卖零售许可证经营烟草制品零售业务的，由工商行政管理部门责令停止经营烟草制品零售业务，没收违法所得，并处罚款。孙某滥用职权，违法决定、处理其无权决定、处理的事项，利用职务上的便利，非法收受他人财物，为钱某谋取了不正当利益。钱某谋取的利益违反《中华人民共和国烟草专卖法》的规定，钱某主观故意、目的是谋取不正当利益，客观实际也谋取了不正当利益。所以钱某涉嫌行贿犯罪问题。

我们认为，需要注意的是，《行贿刑事案件应用法律的解释》第十二条中的“政策”的理解，包括国家政策，也包括党的政策。党的政策包含党的路线、方针、政策，并且包括党的准则、条例、规范等，违反了党的政策获得的利益，应当认定为“谋取不正当利益”。地方性法规根据宪法、法律和行政法规，结合本地区的实际情况制定的，只要不与宪法、法律和行政法规相抵触，应当属于《行贿刑事案件应用法律的解释》中“法规”界定的范畴。地方性政策是各地党和政府为当地社会发展因地制宜所作的各项决策，只要不与国家层面的政策相抵触，应当属于《行贿刑事案件应用法律的解释》中“政策”界定的范畴。

2. 程序违法违规利益，是指行贿人要求国家工作人员违反法律、法规、规章、政策、行业规范的规定，为自己提供帮助或者方便条件。

行贿人想要获得的利益可能是合法的，但其希望通过不合法、不正当的程序获得，即获得利益的程序违法违规。这种利益的取得，不仅侵犯的是他人应当得到的利益，同时侵害了获得利益程序上的公正性，本质就是利益取得的手段的不正当性，从而侵犯了他人获得利益的权利。

案例二中，李某本应采取公开招标的方式，却滥用职权，违法决定邀请招标，使张某公司中标，李某属于利用职务上的便利，为张某谋取了不正当利益。张某请求李某违反《中华人民共和国政府采购法》规定，为自己提供帮助，使自己中标，张某属于要求国家工作人员违反法律的规定，为自己提供帮助和方便条件的行为。张某谋取利益的程序违法违规，属于谋取的不正当利益。依据《贪污贿赂刑事案件适用法律的解释》第七条的规定，张某涉嫌行贿犯罪问题。

3. 违背公平、公正原则，在经济、组织人事管理等活动中，谋取竞争优势的，应当认定为“谋取不正当利益”。依据《商业贿赂刑事案件适用法律的意见》的规定，在招标投标、政府采购等商业活动中，违背公平原则，给予相关人员财物以谋取竞争优势的，属于“谋取不正当利益”。

（三）关于“谋取不正当利益”构成要件认定需要注意的问题

一是“谋取不正当利益”是行贿罪的主观要件。如果行贿人向受贿人提出要受贿人为他谋取不正当利益，并给予了财物，即构成行贿罪。在索贿情形中，行贿人原本没有行贿主观故意和目的，被勒索后，行贿人实际获得了不正当利益，法律才认定行贿人构成行贿罪。也就是说，此行贿意图是被动产生的，但行贿行为仍是其自行选择决定的，因而法律将行贿人的主观方面评价为故意，即行贿人具有谋取不正当利益的目的。受贿人为行贿人谋取不正当利益是行贿人的心理追求，受贿人是否实施不影响行贿犯罪构成。只要行贿人具有让受贿人为其谋取不正当利益的想法即属于谋取不正当利益，无需受贿人实际为行贿人谋取。

二是如果行贿人没有谋取不正当利益的主观故意和目的，受贿人在接受行贿人财物后为行贿人谋取了不正当利益，行贿人没有提出要求的，不认定为行贿犯罪。这意味着受贿人是否实际为行贿人谋取了不正当利益对于认定行贿犯罪“谋取不正当利益”不具有决定作用。

行贿人没有明示要求受贿人提供违法性帮助，但是受贿人在提供违法性帮助的情况下，行贿人是“明知”的，可以推定行贿人是具有主观故意和目的。只有行贿人提供证据证明自己明确告知受贿人不要提供违反法律、法规、规章、政策、行业规范所禁止的便利，才能证明行贿人没有谋取不正当利益的故意和目的。

三是行贿人明知自己是为了谋取不正当利益，向国家工作人员送钱送物的，即使利益没有得以实现，也应认定为行贿。收受财物一方的国家工作人员未承诺、实施谋利行为或者不明知行贿人有具体请托事项的，不构成受贿罪，因为行贿与受贿不完全是对合关系，不是有行贿就必然有受贿，或者有受贿就必然有行贿。

36. 如何理解继续犯与连续犯？

（继续犯与状态犯、继续犯与即成犯、继续犯与接续犯）

一、基本案情

案例一：角某，中共党员，某市所辖 A 县县长。2020 年 4 月，角某为 B 房地产开发公司在土地出让及相关政策等方面给予关照，2021 年元旦、春节、五一、国庆期间四次共收受该公司经理李某六十万元。2022 年 3 月，市纪委监委对角某涉嫌受贿犯罪问题立案审查调查。

案例二：范某，中共党员，某村委会主任。2020 年 11 月，范某在向村民刘某索要十万元欠款时，刘某声称范某放的是高利贷（年利率 45%），不还又能如何。范某就将刘某拘禁在自己家地下室三天。事后，刘某到县纪委监委举报。

二、处理建议

案例一中，角某利用职务上的便利，为他人谋取利益，非法收受他人财物，依据《贪污贿赂刑事案件适用法律的解释》第一条、第十五条的规定，角某涉嫌受贿犯罪，应依据《纪律处分条例》第二十七条、《政务处分法》第三十三条第一款第（一）项的规定，追究角某党纪政务责任，给予党纪政务处分。对角某的涉嫌受贿犯罪问题，移送检察机关依法追究刑事责任。涉案款物随案移送检察机关。

案例二中，范某属于索债型非法拘禁行为，是典型的非法拘禁继续犯，范某涉嫌非法拘禁犯罪问题。依据最高人民法院《关于对为索取法律不予保护的债务非法拘禁他人行为如何定罪问题的解释》规定，行为人为索取高利贷、赌债等法律不予保护的债务，非法扣押、拘禁他人的，依照《刑法》第二百三十八条的规定定罪处罚。即按非法拘禁罪定罪处罚。对范某涉嫌非法拘禁犯罪问题，应依据《纪律处分条例》第二十七条的规定，追究范某的党纪责任。依据《监察法》的规定，监察机关依法向有关机关提出监察建议，依法定程序罢免范某村委会主任职务。关于范某涉嫌非法拘禁犯罪问题，移送公安机关依法处理。

三、评析意见

审查调查人员对上述两个案件的定性归责无异议，但是对继续犯和连续犯的区别、相关要件、处断原则及与其他有关罪数形态的区别容易产生误区，我们就此解析如下：

（一）连续犯的解析

连续犯，是指基于同一或者概括的犯罪故意，连续实施性质相同的独立成罪的数个行为，触犯同一罪名的犯罪形态。

案例一中，角某利用职务上的便利，为他人谋取利益，非法收受他人财物，角某涉嫌受贿犯罪，是连续实施受贿行为，属于受贿连续犯。

1. 连续犯构成要件要素

（1）连续犯必须是实施性质相同的独立成罪的数个行为。未实施数个行为，只实施一个行为的，不构成连续犯。如果行为人以数个动作完成犯罪，而数个动作形成的是一个犯罪行为，不构成连续犯，构成接续犯。数个行为必须是独立成罪的，即各个行为都独立具备犯罪构成要件，构成连续犯。如果刑法规定数个行为作为一罪论处，构成集合犯。并且数个行为还必须是性质相同的行为，如果实施的数个行为性质不同，不构成连续犯。

（2）连续犯实施的数个犯罪行为，必须是基于同一的或概括的犯罪故意。同一的犯罪故意，指行为人预计实施数次同一犯罪的故意，每次实施的具体犯罪都明确地包含在行为人的故意内容之中。概括的犯罪故意，指行为人概括地具有实施数次同一犯罪的故意，每次实施的具体犯罪并非都是明确地包含在行为人的故意内容之中。需要注意的是，关于过失能否构成连续犯问题，我们认为，连续犯主观要件必须是故意，因为它是数个犯罪行为具有连续性的前提条件，而连续数次过失犯罪并无犯意使它们具有连续性，不宜认定构成连续犯。

（3）连续犯数个行为必须具有连续性。如果不具有连续性，只能构成独立的数罪，不构成连续犯。需要强调的是，如何理解数个行为的连续性问题，我们认为，连续犯的数个行为之间的连续性，应当以行为人主客观条件的统一为标准。因此，行为人有同一的或概括的犯罪故意，但客观上并未实施数个犯罪行为或实施的数个犯罪行为不具有连续性，就不构成连续犯。行为人实施了性质相同的数个犯罪行为，但主观上缺乏实施数罪的同一的或概括的犯罪故意，也不构成连续犯。连续犯时间上的连续性，是数个犯罪行为在时间上没有发生前后隔断的情况。

（4）连续犯数个行为必须触犯同一罪名。我们认为，同一罪名应以具体犯罪中基本犯的犯罪构成为标准来认定，只要行为符合同一基本犯罪构成的，即为触犯同一罪名。实践中应把握以下三点：一是独立成罪的数个行为均与具体犯罪的基本构成相符合的，是同一罪名。二是数个行为中有的与具体犯罪的基本构成相符合，有的与由该基本构成派生的构成即加重或减轻的构成相符合，亦成立同一罪名。三是数个行为中有的与具体犯罪的基本构成相符合，有的与该基本构成的修正构成即共犯或犯罪停止形态的构成相符合，也是触犯同一罪名。另外，《刑法》有些条款中明文规定依照某罪“定罪处罚”，该情况也应成立同一罪名。

2. 连续犯的处断原则

连续犯按照一罪处断，不实行数罪并罚。应当依据《刑法》的有关规定分别从重处罚或者加重处罚。

（二）继续犯的解析

继续犯（也称持续犯），是指作用于同一对象的一个犯罪行为从着手实行到行为终了犯罪行为与不法状态在一定时间内同时处于继续状态的犯罪。索债型非法拘禁罪，是行为人以索取债务为目的，以拘留、禁闭或者其他方法故意非法剥夺他人人身自由的行为。案例二中范某属于索债型非法拘禁行为，是典型的非法拘禁继续犯。

1. 继续犯构成要件要素

（1）继续犯是一个犯罪行为。在主观上继续犯的犯意只有一个，存在于实行行为的开始至终了，在客观上继续犯自始至终只有一个实行行为，行为地发生变化，仍是一个实行行为。继续犯只能是一个犯罪行为。继续犯通常由作为构成，也有由不作为构成继续犯的情况。例如，遗弃罪，负有扶养义务而拒绝扶养，属于不作为。

（2）继续犯是持续地作用于同一对象。作用的对象只能是同一对象。如果不是出于一个非法拘禁的概括故意，则构成数个非法拘禁罪，不构成一个继续犯。

（3）继续犯是犯罪行为与不法状态同时继续。该要件要素需要把握以下三点：一是犯罪行为具有继续性，即犯罪行为从着手实行到行为终了在时间上是个过程，实行行为一直处于不间断进行的状态中。二是犯罪行为所引起的不法状态具有继续性。不法状态，是指由于犯罪的实行行为使客体遭受侵害的状态，这种不法状态处于继续存在的状态中。三是犯罪行为与不法状态同时处于持续过程中。例如，非法拘禁罪在行为人将被害人非法拘禁期间，既是非法拘禁行为的继续，同时也是非法拘禁不法状态的继续。

（4）继续犯是从着手实行到行为终了继续一定时间。即有时间上的持续性。关于时间继续应从何时开始，我们认为应以犯罪实行后为开始。因为继续犯以一定时间的继续为要件要素，否则不构成犯罪，只有经过一定时间继续，才构成犯罪既遂。所以继续犯的时间继续，不应认为是从犯罪既遂后开始，而应认为是从犯罪实行后开始。上述要件要素同时具备，才构成继续犯。

2. 继续犯与有关罪数形态的区别

（1）继续犯与状态犯的区别。状态犯，是指犯罪既遂后，其实行行为所造成的不法状态处于持续之中的犯罪形态。继续犯与状态犯的区别：一是继续犯的不法状态从犯罪实行即行发生，一直存在于犯罪行为终止的整个犯罪过程中。状态犯的不法状态则发生于犯罪行为终止之后，而不存在于整个犯罪过程中。二是继续犯是犯罪行为与不法状态同时继续；状态犯则只是不法状态的继续，而不存在犯罪行为的继续。例如，盗窃犯占有赃物，只是不法状态的继续，而盗窃行为已经结束，这是状态犯。

（2）继续犯与即成犯的区别。即成犯，是指犯罪行为实行终了，犯罪即行完成的犯罪形态。它包括两种情况：一种情况是犯罪实行终了，犯罪既遂成立，没有不法状态继续的犯罪。如杀人罪。另一种情况是犯罪实行终了，仍有不法状态继续的犯罪。例如，盗窃罪。即成犯与继续犯的区别是：继续犯以犯罪行为和不法状态在一定时间内继续为要件，即成犯在犯罪构成要件上没有时间的要求。

（3）继续犯与接续犯的区别。接续犯，是指行为人在同一机会以性质相同的数个动作接连不断地完成一个犯罪行为的犯罪形态。即是在同一机会实施，在相接近的时间或场所内侵害同一犯罪客体，而且是接连不断地实施性质相同的数个动作。例如，行为人多次下毒致被害人死亡，这是杀人接续犯。接续犯与继续犯的区别是：接续犯是数个相同的动作组成一个犯罪行为，但没有犯罪行为和不法状态的同时继续；而继续犯则是犯罪行为和不法状态同时处于持续之中。

3. 继续犯的处断原则

《刑法》分则对继续犯的犯罪设具体条款给予规定，并规定相应的法定刑。继续犯应依《刑法》规定以一罪论处，不实行数罪并罚，继续时间的长短可作量刑情节给予考虑。

37. 如何理解牵连犯与吸收犯？

（基本的犯罪构成、派生的犯罪构成、修正的犯罪构成）

一、基本案情

案例一：田某，中共党员，某国有石油器械制造公司经理。2020年11月，田某为了贪污公款，虚开四十五万元石油配件原材料发票（非增值税发票），在单位报销后，将该款非法占有。

案例二：李某，中共党员，某公司经理。2021年3月，李某让张某找一张电力安装的发票，张某应允。张某伪造了一张四十五万元某电力安装公司普通发票，并在发票上伪造了该公司印章。李某用该发票在单位报销了四十五万元非法占为己有，李某对张某私刻印章伪造发票事宜并不知情。

二、处理建议

案例一中，田某利用职务上的便利，虚开发票，以骗取的手段非法占有公款。依据《贪污贿赂刑事案件适用法律的解释》第一条、最高人民检察院、公安部《关于公安机关管辖的刑事案件立案追诉标准的规定（二）的补充规定》第二条规定，“在《立案追诉标准（二）》中增加第六十一条之一：虚开刑法第二百零五条规定以外的其他发票，涉嫌下列情形之一的，应予立案追诉：（一）虚开发票一百份以上或者虚开金额累计在四十万元以上的”。田某涉嫌虚开发票犯罪，涉嫌贪污犯罪，此虚开发票行为与贪污行为属于牵连关系，依据牵连关系的处断原则，从一重从重处罚，即以贪污罪处断。依据《纪律处分条例》第二十七条、《政务处分法》第三十三条第一款第（一）项的规定，追究田某党纪政务责任，给予党纪政务重处分。对田某的涉嫌贪污犯罪问题，移送检察机关依法追究刑事责任。涉案款物随案移送检察机关。

案例二中，张某涉嫌伪造印章犯罪和伪造发票犯罪。张某私刻公司印章行为与伪造发票行为是吸收关系，依照伪造发票行为处断。依据《纪律处分条例》第二十七条、《政务处分法》第四十一条的规定，追究张某的党纪政务责任。另外，因张某涉嫌伪造发票犯罪属于公安机关管辖，应将张某涉嫌犯罪问题移送公安机关依法处理。

三、评析意见

审查调查人员对上述两个案件的定性归责无分歧，只是对牵连犯、吸收犯的相关要件、处断原则容易产生误区，我们就此解析如下：

（一）牵连犯的解析

牵连犯，是指以实施某一犯罪为目的，其方法行为或结果行为又触犯其他罪名的犯罪形态。例如，案例一中，田某为了贪污公款的目的以虚开发票的方法（方法行为）贪污公款（目的行为），分别触犯了虚开发票罪和贪污罪，是典型的牵连犯。

1. 牵连犯构成要件要素

（1）牵连犯是以实施一个犯罪为目的。实施的这一行为属于牵连犯本罪。牵连犯是为了实施某一犯罪，其方法行为或结果行为，又构成另一独立的犯罪，属于牵连犯他罪。牵连犯本罪是一个犯罪，他罪是依附本罪而成立的。

（2）牵连犯必须有两个以上的行为。牵连犯的数个行为存在两种情况：一是目的行为与方法行为（手段行为）。二是原因行为与结果行为。目的行为、原因行为是就本罪而论，当与方法行为相对应时，称目的行为，当与结果行为相对应时，称原因行为。这里的方法行为，不是方法；结果行为，不是结果。否则，就不是数个行为，不构成牵连犯。目的行为或原因行为都是指实施本罪的行为。方法行为，是指为了本罪的实行而实施的行为。例如，为了贪污公款虚开发票，贪污公款是目的行为，虚开发票是方法行为。结果行为，是指本罪行为实行后因本罪而实施的行为。例如，盗窃他人背包后发现里面有一支微型猎枪，将猎枪藏于办公室卷柜中。盗窃背包是原因行为，藏匿猎枪是结果行为。

（3）牵连犯数个行为之间具有牵连关系。如何认定有无牵连关系，应当从主客观两方面考量，行为人在主观上具有牵连的意思，在客观上具有方法或结果关系。

（4）牵连犯数个行为必须触犯不同罪名。即牵连犯以实施某一犯罪为目的，其方法行为或结果行为又触犯了其他罪名。在实践中存在两种情况：一是实施一种犯罪，其犯罪所采用的方法行为或者手段行为又触犯了其他罪名。二是实施一种犯罪，其犯罪的结果行为又触犯了其他罪名。如果实施一种犯罪，其犯罪的方法行为、手段行为或结果行为不是触犯其他罪名，而是触犯与本罪相同的罪名，不构成牵连犯。

2. 牵连犯的处断原则

如何处断牵连犯，实践中一般应当按照牵连关系中最重的一个罪从重处罚，即“从一重从重处罚”。因为牵连犯实际上是数罪，对社会的危害性是很大的．按照一重罪从重处罚，符合《刑法》罪刑相适应的基本原则。是牵连犯处断一般原则。

但需要说明的是，《刑法》分则对某些具体犯罪牵连犯的处断作了特别规定，有规定从一重处罚的，有规定从一重从重处罚的，有规定实行数罪并罚的。《刑法》分则条款对处断牵连犯作特别规定的，按照《刑法》分则相关条款的规定处断。如果《刑法》分则规定实行数罪并罚，应依据规定，实行数罪并罚。

（二）吸收犯的解析

吸收犯，是指数个犯罪行为，其中一个犯罪行为吸收其他犯罪行为，仅成立吸收犯罪行为一个罪名的犯罪形态。例如，案例二中，张某伪造印章和伪造发票行为，前一犯罪行为被后一犯罪行为吸收。

1. 吸收犯构成要件要素

（1）吸收犯必须具有数个犯罪行为。如果无数个行为，不存在一个行为吸收另一个行为，不存在吸收犯。吸收犯数个行为必须都是犯罪行为，每个行为都符合《刑法》规定的犯罪构成。犯罪构成可能是基本的犯罪构成，或者是派生的犯罪构成，或者是修正的犯罪构成。只要行为符合上述某种犯罪构成，即属于犯罪行为。如果数个行为中一个是犯罪行为，其他是违法行为，不构成吸收犯。吸收犯是数个犯罪行为，这是吸收犯与想象竞合犯的重要区别。想象竞合犯是一行为触犯数罪名，而吸收犯则是数行为触犯数罪名。

需要说明的是，基本的犯罪构成，就是依据《刑法》的规定，决定某一具体行为的社会危害性及其程度而为该行为构成犯罪所必需的一切主观和客观要件。

派生的犯罪构成，是指以普通的犯罪构成为基础，因为具有较轻或较重社会危害性程度而从普通的犯罪构成中衍生出来的犯罪构成，它包括加重的犯罪构成和减轻的犯罪构成两种情况。

修正的犯罪构成指总则性条文以基本的犯罪构成为基础并对之加以修正而就共犯、未遂犯等所规定的犯罪构成。修正的犯罪构成是相对于基本犯罪构成而言，基本犯罪构成是指《刑法》分则中各具体罪在完成形态下的单独犯罪。修正的犯罪构成则是成立共犯、未完成形态犯的犯罪构成。

（2）吸收犯数个行为之间具有吸收关系。数个犯罪行为之间不存在一个犯罪行为吸收其他犯罪行为的关系，不构成吸收犯。吸收，是指一个行为容纳其他行为，只成立一个行为构成的犯罪，其他行为构成的犯罪失去存在的意义，不再予以定罪。之所以存在吸收，是因为这些犯罪行为之间存在着密切联系，前一犯罪行为可能是后一犯罪行为发展的历经阶段，后一犯罪行为可能是前一犯罪行为发展的必然结果，或者在这一流程中具有其他密切关系。

在《刑法》理论上，存在三种吸收关系：一是重行为吸收轻行为。行为轻重，是根据行为的性质区分。二是实行行为吸收预备行为。预备行为是实行行为的先行阶段，许多犯罪是经过预备然后转入实行行为。预备行为为实行行为所吸收，依实行行为所构成的犯罪定罪。三是主行为吸收从行为。主行为吸收从行为，是指根据共同犯罪人在共同犯罪中的分工和作用区分的。将共犯分为共同正犯、教唆犯、从犯（帮助犯）的情况下，实行行为与教唆、帮助行为比较，实行行为是主行为，教唆、帮助行为是从行为。教唆行为与帮助行为相比较，教唆行为是主行为，帮助行为是从行为。如果主犯或教唆犯的行为是主行为，从犯的行为是从行为。如果先教唆他人犯罪，后又帮助他人犯罪。帮助行为为教唆行为所吸收，应以教唆犯罪处断。如果先教唆或帮助他人犯罪，随后又参与共同实行犯罪，其教唆行为或帮助行为，应为共同实行行为所吸收。

2. 吸收犯的处断原则

对吸收犯，依照吸收行为所构成的犯罪处断，不实行数罪并罚。

图书在版编目（CIP）数据

办理职务违法、职务犯罪疑难案例评析/齐英武著．—北京：中国方正出版社，2023.10

ISBN 978-7-5174-1262-5

Ⅰ．①办…　Ⅱ．①齐…　Ⅲ．①职务犯罪-案例-中国　Ⅳ．①D924.305

中国国家版本馆 CIP 数据核字（2023）第 215293 号

办理职务违法、职务犯罪疑难案例评析

BANLI ZHIWU WEIFA ZHIWU FANZUI YINAN ANLI PINGXI

齐英武　**著**

责任编辑： 赵　茹
责任校对： 周志娟
责任印制： 李惠君

出版发行： 中国方正出版社
（北京市西城区广安门南街甲 2 号　邮编：100053）
编辑部：（010）59598622　出版部：（010）59594625
发行部：（010）66560936　门市部：（010）66562733
邮购部：（010）66560933
网址：www.lianzheng.com.cn
经　　销： 新华书店
印　　刷： 保定市中画美凯印刷有限公司

开　　本： 787 毫米×1092 毫米　1/16
印　　张： 19.5
字　　数： 270 千字
版　　次： 2023 年 11 月第 1 版　2024 年 3 月北京第 2 次印刷

ISBN 978-7-5174-1262-5　　定价：49.00 元